똑똑한 아이들이 노는 법
Things to DO

똑똑한 아이들이 노는 법
Things to DO

TV보다 흥미롭고
게임보다 재미있는
창의 활동

소란i

감수 **신명덕**

공주교육대학교 수학교육과를 졸업하고 동 대학원 초등교육상담 석사 학위를 받았습니다.
현재는 세종특별자치시 가락초등학교에서 아이들의 흥미를 높이고 재능을 발전시키는 교육 활동을 하고 있습니다.

Copyright 2022 Highlights for Children, Inc. All rights reserved.
Highlights for Children, Inc., located at 1800 Watermark Drive, Columbus,
Ohio USA, has authorized Seyoung Publishing to republish this content
originally published by Highlights in the USA, as well as to create the translation.
The Highlights, Things to Do, and 똑똑한 아이들이 노는 법 씽즈 투 두 logos are trademarks
of Highlights for Children, Inc., and are used with permission.
International.Highlights.com Printed in Korea
ISBN 979-11-86641-91-0, First edition, 2022
10 9 8 7 6 5 4 3 2 1

이 책의 한국어판 저작권은 Highlights for Children, Inc.와의 독점계약에 의하여 ㈜세영출판 소란i에 있습니다.
신저작권법에 의하여 한국 내에서 보호를 받는 저작물이므로 무단 전재와 무단 복제를 금합니다.

초판 1쇄 발행 | 2022년 2월 25일
펴낸이 | 심세은
펴낸곳 | 도서출판 소란i
주 소 | 서울시 종로구 필운대로 56 1층
전 화 | 02-737-5252 팩스 | 02-359-5885
E-mail | soran-i@naver.com
ISBN 979-11-86641-91-0
　　　979-11-86641-90-3(set)

일러두기

이 책은 7세 이상의 아이들을 대상으로 합니다. 하지만 아이마다 발달 정도가 다르기 때문에, 아이가 제대로 할 수 있는 활동인지를 보호자가 먼저 판단해야 합니다. 책에 소개된 다양한 활동이 아이들에게 적절한지 충분히 확인한 후 활동해 주세요. 또한 안전을 위해서, 아이들이 활동 중에 보호자에게 도움을 요청해야 할 때를 정확하게 명시해 놓았습니다. 보호자의 도움이 필요하다는 내용이 있는 활동을 할 때는 곁에서 아이를 지켜보면서 아이가 안전하게 활동할 수 있게 도와주세요.

편집자 일동

CONTENTS

6 목차

13 독자 여러분께

14 씽즈 투 두 사용법

실내에서 즐기는 활동
THINGS TO DO INSIDE

- **18** 한번 해 보세요!
- **19** 도전! 신기한 묘기
- **20** 실내에서 즐기는 게임
- **22** 카드 게임
- **24** 음향 효과 내기
- **25** 눈 만들기
- **26** 거꾸로 얼굴
- **27** 바구니 콩트
- **28** 거품 목욕제 만들기
- **29** 유령의 방 꾸미기
- **30** 스트레칭
- **32** 모임을 만들어 볼까요?
- **34** 테이프로 공구 벨트 만들기
- **36** 유용한 매듭 묶기
- **42** 손가락으로 뜨개질하기
- **45** 비밀 언어 만들기
- **46** 행잉 플랜트 만들기
- **48** 청소 게임
- **49** 나만의 타임캡슐 만들기
- **50** 자동차 게임
- **52** 휴대용 체커 만들기
- **53** 세계 문화 탐사하기

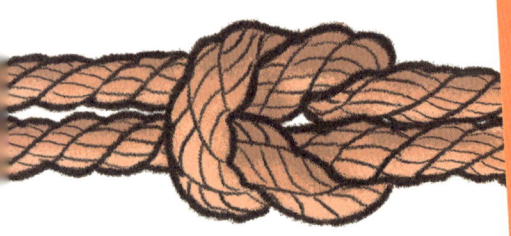

바깥에서 즐기는 활동
THINGS TO DO OUTSIDE

- 56   한번 해 보세요!
- 57   여름 쉼터 만들기
- 59   손가락으로 휘파람 불기
- 60   분필을 이용한 놀이
- 62   기상천외 레이싱
- 64   여름 마을 박람회
- 65   여러 가지 술래잡기
- 66   물 풍선 놀이
- 67   커다란 비눗방울 만들기
- 68   줄넘기 놀이
- 70   캠핑
- 75   야외에서 사진 찍기
- 76   나무 관찰하기
- 80   새 관찰하기
- 84   곤충 관찰하기
- 86   연못과 개울가 생물 관찰하기
- 88   자연물로 작품 만들기
- 89   작은 정원 꾸미기
- 90   동물 발자국 석고 모형 만들기
- 91   나비 리조트 만들기

부엌에서 즐기는 활동
THINGS TO DO IN THE KITCHEN

- 94   한번 해 보세요!
- 95   과일 기르기
- 97   반려동물을 위한 간식 만들기
- 98   가짜 음식 만들기
- 99   여러 가지 방법으로 냅킨 접기
- 104   살사 소스 만들기
- 105   간단하게 라자냐 만들기
- 106   할라 빵 만들기
- 107   스무디 만들기
- 108   남은 음식으로 만드는 파이
- 109   초콜릿 바나나 디저트 만들기
- 110   막대 아이스크림 만들기
- 112   락 캔디 만들기
- 114   알쏭달쏭 간식 퀴즈

그리기 활동
THINGS TO DRAW

- **118** 한번 해 보세요!
- **119** 그림을 그려 볼까요?
- **124** 착시 만들기
- **126** 만화 그리기
- **130** 지도 그리기
- **132** 손 글씨 쓰기
- **134** 플립 북 만들기
- **136** 책 표지 꾸미기
- **137** 드로잉 게임

글쓰기 활동
THINGS TO WRITE

- **142** 한번 해 보세요!
- **143** 암호 만들기
- **144** 메모와 편지
- **149** 일기 쓰기
- **150** 꿈 기록하기
- **151** 노래 가사 바꾸기
- **152** 시
- **155** 다양한 글쓰기
- **156** 글짓기 게임

두뇌 활동
THINGS TO DO WITH YOUR BRAIN

- **160** 한번 해 보세요!
- **161** 혼자서 즐기는 게임
- **162** 브레인 퀴즈
- **164** 발음하기 어려운 문장 읽기
- **165** 신기한 원 그리기
- **166** 진실 혹은 거짓
- **168** 어떻게 분리할까?
- **169** 한번 맞혀 봐!
- **170** 흥미진진 마술
- **174** 상대방 마음 읽기
- **176** 카드 마술

알록달록 색깔 활동
THINGS TO DO WITH COLOR

- **182** 한번 해 보세요!
- **183** 색상환 알아보기
- **184** 물감 놀이
- **188** 무지개 만들기
- **190** 색이 움직여요!
- **192** 색이 번지는 우유
- **193** 길 꾸미기
- **194** 홀치기염색
- **198** 독특한 색칠 방법
- **203** 벽화 그리기
- **204** 크레용 돌멩이
- **205** 분필로 티셔츠 디자인하기
- **206** 클레이 음식 모형

종이로 즐기는 활동
THINGS TO DO WITH PAPER

- **210** 한번 해 보세요!
- **211** 곡예 비행기 접기
- **212** 종이 헬리콥터 만들기
- **213** 회오리 비행체 만들기
- **214** 종이 만들기
- **218** 종이 목걸이 만들기
- **219** 여러 장의 종이로 입체 효과 내기
- **220** 신문지로 과일 그릇 만들기
- **221** 종이 눈 결정 만들기
- **222** 나만의 책 만들기
- **226** 특별한 입체 카드 만들기
- **230** 종이 접기
- **238** 종이 게임
- **242** 종이로 묘기 부리기
- **248** 종이 나무 만들기

여러 가지 만들기 활동
THINGS TO BUILD

- **252** 한번 해 보세요!
- **253** 색종이 대포
- **255** 변신하는 미로
- **256** 카드 집 만들기
- **258** 전동 칫솔 로봇 만들기
- **260** 미니 런처 만들기
- **264** 연쇄 반응 장치 만들기
- **266** 종이비행기 만들기
- **267** 상자 모양 연 만들기
- **272** 새 모이통 만들기
- **274** 벌집 만들기
- **276** 캠 장치 카드 만들기

여러 가지 과학 실험 활동
SCIENCE EXPERIMENTS TO DO

- **280** 한번 해 보세요!
- **281** 물속으로 사라져요
- **281** 비가 내려요
- **282** 물 현미경 만들기
- **283** 무릎, 꼼짝 마!
- **283** 저절로 양팔 벌리기
- **284** 개와 고양이 관찰하기
- **285** 장난꾸러기 컵 만들기
- **286** 물시계 만들기
- **288** 홈메이드 아이스크림
- **290** 사탕의 비밀
- **292** 용암 램프 만들기
- **295** 탄산음료를 마시면 왜 트림을 할까?
- **296** 끊임없는 거품
- **297** 태양열로 만드는 음식
- **298** 레몬 배터리 만들기
- **300** 전기 회로 구성하기
- **302** 보글보글 거품 슬라임

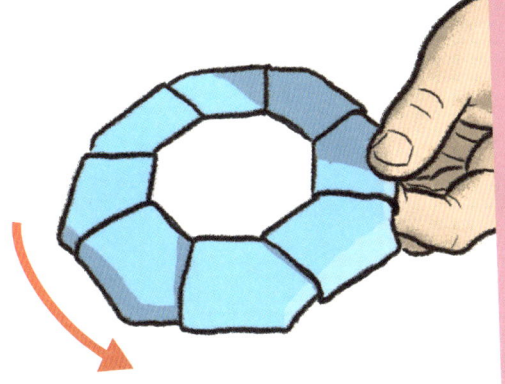

재활용품으로 즐기는 활동
THINGS TO DO WITH RECYCLED MATERIALS

306 한번 해 보세요!
307 플라스틱 병의 재탄생
311 테이블 테더볼
312 한 손으로 즐기는 게임
313 호루라기
314 지렁이 관찰
315 콜라그래프
316 퀼 장식 만들기
318 늘어나는 집게 만들기
319 립밤 만들기
320 독특한 가면 만들기
323 바늘구멍 카메라
324 아이스 랜턴 만들기
326 비행 원반 만들기

의미 있는 활동
DO GREAT THINGS

330 한번 해 보세요!
331 보도에 긍정적인 메시지 남기기
332 긍정적인 해답 구하기
334 친절 달력 만들기
336 브라우니 믹스 선물하기
338 생필품 꾸러미 보내기
339 이달의 선물
340 친절한 돌멩이
342 자신에게 질문하기: 상대방의 말을 집중해서 듣나요?
344 좋은 친구가 되는 법
346 친구와 화해하는 법
348 형제들과 잘 지내는 법
350 화를 다스리는 법
352 슬픔이나 걱정에 대처하는 법
354 아픈 사람을 돕는 법
356 놀림이나 괴롭힘에 대처하는 법
358 새 친구를 환영하는 법
359 우리 가족 취재하기
360 지구를 보호하는 법

364 RESOURCES
370 찾아보기

INTRODUCTION

독자 여러분께

이 책은 아주 단순한 생각에서 시작되었어요. '아이들이 좋아하는 모든 활동을 다뤄 보자. 특히 아이들이 알아 두면 좋은 활동들을 소개하는 책을 만들자.'는 생각이었죠. 그러나 여러 가지 활동을 연구하면 할수록, 결코 쉬운 일이 아니라는 사실을 깨달았어요. 많은 고민 끝에 우리는 하이라이츠 초창기의 정신을 지침으로 삼아 마음을 다잡고 연구에 매진하기로 했습니다. 1946년 하이라이츠의 창립자 캐롤린과 개리 마이어는 하이라이츠 매거진의 이름을 〈My Do Book〉으로 지으려 했어요. 우리는 이 제목이 아주 매력적이라 생각했고, 그 의미를 따르기로 했지요. 무언가를 하는 것(to do)은 매우 중요한 일이기 때문이에요. 이 책에 소개된 모든 활동 뒤에 숨어 있는 추진력은 바로 '무언가를 한다는 것(do)'입니다.

《씽즈 투 두》는 여러분에게 새로운 것을 창작하고, 만들고, 놀고, 발명하고, 발견하고, 탐구하고, 사색하고, 공유하고, 웃을 수 있는 기회를 줍니다. 이 책은 여러분이 지루하거나 할 일이 없을 때 더욱 유용해요. 아마 휴대폰이나 텔레비전을 대신할 수 있을 거예요. 저희는 이 책에 단순한 놀이 이상의 가치가 있다고 생각한답니다.

호기심이 생길 때마다 여러분이 이 책을 찾아보기를 바랍니다. 혹시 손가락을 이용해서 휘파람을 세게 불어 보고 싶다거나, 자신만의 독창적인 인어를 발명해 보고 싶었던 적이 있나요? 아니면 테이프로 공구 벨트를 만들어 보고 싶거나 전동 칫솔로 로봇을 만들어 보고 싶었던 적은요? 여러분은 이 책을 통해 이미 알고 있는 내용도 새로운 관점에서 보게 될 거예요. 물론 대부분은 모르고 있던 사실을 새로 발견하게 되겠지요. 이 책에서 소개하는 수많은 활동을 여러분이 발견할 수 있길 바랍니다.

이 책의 마지막 장은 '의미 있는 활동'입니다. 아마 여러분은 놀라운 방법으로 세상을 변화시킨 사람들의 이야기를 들어 본 적이 있을 거예요. 그렇다고 해서 '의미 있는 일'이 그렇게 획기적이거나 어마어마한 일만을 가리키는 건 아니에요. 다른 사람들에게 자신의 멋진 모습을 보여 주는 것도 '의미 있는 일'이지요. 또한 문제 상황에서 해결책을 담은 자신의 목소리를 내는 것도 바로 '멋진 모습을 보여 주는 일'이 아닐까요? 어렵지 않아요. 다른 사람을 위해 문을 열어 주거나, 몹시 화가 날 때 자신의 마음 속 목소리에 귀를 기울이는 것이 바로 멋진 모습이에요. 즉, 이 책은 우리 모두가 매일 '의미 있는 일을 할 수 있다'는 사실을 알려 주고 있어요. 비록 작은 행동일지라도 더 나은 세상으로 만들 수 있는 힘이 있지요. '하다(do)'라는 말에 담겨 있는 강력한 힘을 느껴 보세요.

저희는 여러분이 이 책에서 재미있고 유용한 활동을 발견하고, 더 많은 정보를 찾을 수 있기를 바랍니다. 또한 이 책을 읽은 여러분이 자신과 다른 사람을 위해서 의미 있는 일을 할 수 있었으면 해요. 이제 여러분이 하고 싶은 일을 찾아보세요!
자, 준비됐나요? 여러분을 즐거운 모험의 세계로 초대합니다.

여러분의 친구,
하이라이츠 편집자 일동

씽즈 투 두 사용법

이 책의 특별한 사용법은 없습니다. 차례대로 봐야 하는 것도 아니에요. 좋아하는 활동이 있는 페이지를 보다가 다른 페이지로 넘어가도 됩니다. 바깥에서 하는 활동에 대해 알고 싶으면 '바깥에서 즐기는 활동'을 펼쳐 보세요. 과학과 관련된 내용이 궁금하다면 '여러 가지 과학 실험 활동'으로 가면 됩니다. 글을 써야 하는데 영감이 필요하다면, '글쓰기 활동'을 참고하세요. 책을 꼼꼼하게 볼 여유가 없다면 각 파트의 앞부분에 나오는 '한번 해 보세요!'를 훑어보면 됩니다. 뭘 해야 할지 모르겠다고요? 괜찮아요. 이 책에 소개된 500가지 이상의 흥미로운 활동이 여러분을 기다리고 있답니다.

어렵다고요? 그래도 포기하지 마세요!

이 책에는 쉬운 것부터 어려운 것까지, 다양한 난이도의 활동이 여러분을 기다리고 있어요. 해결하기 어려운 활동이 있다면, 어른에게 도움을 청해 보세요. 이 책에는 어른의 도움을 받을 때 더 안전하고 재미있게 할 수 있는 활동이 많답니다.

그리고 실패했다고 해도 한 번이라도 시도를 했다는 것이 바로 성공한 것이나 다름없다는 사실을 기억하세요. 무엇이든 한번 해 본 사람은 실패를 두려워하지 않는답니다. 비록 실패했더라도 여러 가지 새로운 사실을 알아냈기 때문이죠. 이를 바탕으로 다른 방법으로 다시 도전해 볼 수 있어요. 282쪽에서 다루는 물 현미경 만들기를 예로 들어 볼까요? 첫 번째 시도에서는 '렌즈'를 대신할 것으로 플라스틱 포장지를 사용했지만, 비닐 포장지는 물체를 충분히 확대하지 못한다는 사실을 알게 될 거예요. 또한 렌즈는 조금 더 매끄럽고, 곡선이 더 휘어야 제 기능을 발휘한다는 사실을 배울 수 있죠. 그 다음에 알아낸 것이 '구글 아이'예요. 구글 아이의 투명한 덮개에 물을 담으면 볼록 렌즈처럼 물체를 확대할 수 있다는 사실을 알 수 있죠. 만약 비닐 포장지로 실패한 경험이 없다면, 결코 물 현미경을 완성할 수 없을 거예요.

재활용품 · 친환경 제품 사용하기

이 책에 소개된 모든 활동은 집에 있는 물건들로도 얼마든지 할 수 있어요. 종이, 널빤지, 플라스틱 병, 플라스틱 용기 등 필요한 재료는 가급적 재활용품이나 친환경 제품을 사용할 것을 권합니다.

플라스틱 빨대 대신 종이 빨대를 사용해도 활동이나 실험 결과가 같은지 확인해 보세요. 만약, 같은 결과를 얻을 수 없다면 한 번 사용한 플라스틱 빨대를 버리지 말고 재활용할 것을 권합니다. 이런 작은 노력을 통해 앞으로의 환경 문제에 대처해 나갈 수 있답니다. 이 책을 통해서 여러분이 사용하는 물건이 무엇으로 만들어졌는지를 알고, 그것이 지구에 어떤 영향을 주는지를 생각해 보는 계기가 되었으면 좋겠습니다.

360쪽에서 지구 환경 보호에 관해 더 많은 정보를 찾아볼 수 있어요. 환경 문제를 인식하고, 잘못된 행동을 하고 있었다면 반성하도록 해요. 그리고 환경을 위한 작은 행동을 실천해 보세요. 재활용하기(362쪽), 물 아껴 쓰기(362쪽), 정부 기관과 정치인에게 편지 쓰기(147쪽) 등 지구를 위한 작은 행동 하나가 세상을 바꾸는 힘이 된다는 사실을 기억하세요.

안전이 제일이에요!

이 책에는 뜨거운 물건이나 날카로운 도구를 다루어야 하는 활동들이 있어요. 따라서 위험한 장비나 도구를 안전하게 사용하는 방법을 익혀야 합니다. 또한 몇몇 활동에는 보호자의 도움이 필요한 부분을 표기해 두었어요. 보호자가 여러분을 대신해서 도구나 장비를 사용해야 하는 경우도 있으니 참고하여 안전하게 활동하도록 해요.

실내에서 즐기는 활동

THINGS TO DO INSIDE

한번 해 보세요!

돋보기로 집안을
샅샅이 살펴봅니다.
돋보기를 가까이 대고 보면
무엇을 찾을 수 있나요?

재미있는 그림이 그려진 양말,
알록달록한 스카프 등
기분 좋아지게 하는
소품을 착용해 보세요.

새로운 휴일을
만들어 봅니다.
무엇을 기념하는 휴일이고
어떻게 기념할지를
정해요.

거울을 보면서 말없이
의사 표현을 해 보세요.
좌절, 흥분, 미안함, 호기심 같은
감정을 표현할 수 있나요?

책, 옷, 인형을 색깔별로
분류해 봅니다.
그런 다음 무지개 색깔 순서대로
정리해 보세요.

관심 있는 쟁점에 대해서
친구나 가족들과
찬반 투표를 해 봅니다.

도전! 신기한 묘기

자유롭게 몸을 움직일 수 있는 공간에서 다음 묘기에 도전해 보세요!

무릎 사이에 공을 끼우세요.
공을 떨어뜨리지 않고 깡충깡충 뛰면서 걸어 보세요. 공을 떨어뜨리지 않고 잘 걸을 수 있나요?

공을 집어 보세요.
단 양 팔꿈치로 바닥의 공을 집어 올리는 거예요.

의자에 똑바로 앉아 인형을 머리 위에 올립니다.
머리 위에 올린 인형이 떨어지지 않도록 천천히 일어나 걸어 봅니다. 그 상태로 제자리 뛰기도 해 보세요.

동전 8개를 준비합니다.
바닥에 앉아 두 다리를 곧게 펴요. 발가락 사이마다 동전을 1개씩 끼우고 떨어뜨리지 않도록 해 보세요. 그리고 한 번에 동전을 1개씩 바닥에 내려 놓아 보세요.

의자에 앉아 손을 쓰지 않고 양말을 벗어 보세요.
성공했다면 손을 쓰지 않고 양말을 신어 보세요.

한 발로 균형을 잡고 서 보세요.
무릎을 올려서 코에 닿게 할 수 있나요? 다른 발로 바꿔서 균형을 잡고 다시 한 번 해 보세요.

왼쪽 귀를 왼쪽 어깨에 닿게 할 수 있나요?
오른쪽 귀도 오른쪽 어깨에 닿게 할 수 있는지 확인해 보세요. 또한 코를 양쪽 어깨에 닿도록 해 보세요.

한 손을 귀 가까이에 대고 팔꿈치를 바닥과 평행하도록 들어 올려요.
다른 손으로 동전을 팔꿈치 위에 올리고 균형을 잡아요. 팔을 재빠르게 내리며 떨어지는 동전을 잡아채 보세요. 성공했다면 동전의 개수를 늘려 시도해 보세요.

실내에서 즐기는 활동

실내에서 즐기는 게임

매일 하는 똑같은 게임이 지겹다면, 다음 게임들을 해 보세요.

던져 봐!
인원 3명 이상

준비물
- 땅콩 또는 팝콘
- 종이컵
- 그릇

1. 땅콩이나 팝콘을 가득 채운 컵을 들고 서로 1m 정도 간격을 두고 원 대형으로 섭니다. 각자 자기 발 앞에 빈 그릇을 놓아요.

2. 한 플레이어가 "시작"이라고 말하면, 플레이어들은 왼쪽에 있는 그릇을 향해서 땅콩이나 팝콘을 1개씩 던지기 시작해요. 그릇에 가장 많이 집어넣는 사람이 이깁니다.

양말 퀴즈
인원 2명 이상

준비물
- 양말 5개
- 작은 물건 5개

1. 깨끗한 양말 5개를 준비해요.

2. 집 안을 살펴보고 작고 안전한 물건 5개를 골라서 양말 속에 집어넣습니다.

3. 상대방은 눈을 가리고 손을 양말 속에 넣어 안에 있는 물건이 무엇인지 알아맞힙니다.

4. 양말마다 다른 물건을 넣어서 차례대로 맞혀 보세요.

5. **보너스 라운드** 양말 겉만 만져 보고 양말 속의 물건을 알아맞혀 봅니다.

단어를 맞혀 봐!

인원 4명 이상

준비물
- 기다란 종이
- 그릇 또는 모자
- 타이머

2명이 한 팀을 이루고, 3라운드의 게임을 통해 가장 많은 단어를 맞힌 팀이 이깁니다. 게임을 시작하면 모든 플레이어는 각자 단어(사람 이름, 지명 또는 물건 이름) 3개씩을 종이 3장에 적어서 접은 뒤, 그릇이나 모자에 집어넣어요. 두 팀 중에서 어느 팀이 먼저 할지를 정하고, 게임을 시작합니다. 상대 팀은 타이머를 1분으로 맞추고 "시작" 구령과 함께 타이머를 켭니다.

1 라운드 한 플레이어가 종이 1장을 꺼내어 확인하고 팀원에게 종이에 적힌 단어를 말로 설명합니다. 팀원이 알아맞히면, 다른 종이를 꺼내어 설명해요. 만약 팀원이 잘 알아맞히지 못하면, 뽑은 종이를 다시 그릇에 집어넣고 다른 종이를 꺼내어 설명해도 괜찮아요. 타이머가 울릴 때까지 계속 진행합니다. 타이머가 울리면, 상대 팀은 "타임"이라고 말하고 그릇을 넘겨받아 똑같은 방식으로 게임을 진행합니다. 종이가 바닥날 때까지 1분씩 교대로 진행해요. 한 라운드가 끝나면, 종이를 다시 접어서 그릇에 넣고 다음 라운드로 넘어갑니다.

2 라운드 플레이어들은 오직 하나의 단어만 사용해서 쪽지에 적힌 단어를 설명해요. 1라운드와 똑같이 각 팀이 1분씩 교대로 게임을 진행합니다.

3 라운드 어떤 말도 하지 않고, 몸짓으로만 단어를 설명해요.

보너스 라운드 난이도를 좀 더 높이고 싶다면, 말이나 몸짓을 하지 않고 오직 하나의 소리만으로 팀원에게 설명해 보세요.

실내에서 즐기는 활동

카드 게임

가족이나 친구들과 함께 쉽게 즐길 수 있는 3가지 카드게임을 소개합니다.

하이, 킹!
인원 2명 이상

1. 모두에게 같은 장수의 카드를 나눠 주고 남은 카드는 치워 두세요. 서로 마주 보고 앉아, 카드를 보이지 않게 뒤집어서 자기 앞에 쌓아 놓습니다. 조커 1장을 테이블 가운데에 펼쳐 놓습니다.

2. 매 라운드마다, 플레이어들은 동시에 카드를 1장씩 펼치고 자기 앞에 쌓습니다. 아래에서 설명하는 특정 카드가 나오면, 플레이어들은 카드를 보자마자 각 카드가 지시하는 행동을 해야 해요. 만약 동시에 특정 카드가 여러 장 펼쳐지면, 가장 높은 카드가 지시하는 행동을 하는 거죠. 가장 늦게 행동한 사람이 벌칙으로 지금까지 펼쳐진 카드를 모두 가져가 자신의 카드 더미 아래에 넣습니다. 더 이상 뒤집을 카드가 없는 사람이 이깁니다.

카드 지시 사항

K가 나오면
"하이 킹"이라고 말합니다.

Q가 나오면
손뼉을 칩니다.

J가 나오면
테이블 위 조커에 손을 댑니다.

10이 나오면
휘파람을 불거나 노래를 부릅니다.

혀 내밀기
인원 4명 이상

이 게임은 빠르게 진행할수록 재미있답니다. 같은 수의 카드 4장을 먼저 모으는 사람이 이겨요. 예를 들면 J 4장이나 A 4장을 먼저 모으는 것이죠.

1. 카드를 섞은 다음 플레이어에게 4장씩 나눠 줍니다. 나머지 카드는 보이지 않게 뒤집어서 쌓아 둡니다.

2. 딜러가 카드 1장을 왼쪽 플레이어에게 보이지 않게 전달하고 자신은 새 카드를 1장 가져옵니다.

3. 딜러 왼쪽에 있는 플레이어도 카드 1장을 자신의 왼쪽에 있는 플레이어에게 줍니다. 그다음 딜러가 준 카드를 받습니다.

THINGS TO DO INSIDE

24 만들기

인원 2명 이상

1. 카드에서 조커와 K, Q, J, A를 모두 빼냅니다.

2. 조커와 K, Q, J, A를 빼고 남은 카드 더미에서 카드 4장을 골라 모든 플레이어가 볼 수 있도록 펼쳐 놓습니다.

3. 모든 플레이어들이 동시에 게임을 시작합니다.

4. 카드 4장에 적힌 4개의 숫자를 한 번씩 사용해서 더하기, 빼기, 곱하기, 나누기를 하여 24를 만들어 보세요. 연산 순서는 어떻게 하든 상관없습니다.

5. 맨 먼저 24라고 말하고 24를 만드는 식을 정확히 설명하는 플레이어가 카드 4장을 모두 가져갑니다. 아무도 24를 만들지 못하면 딜러가 카드 4장 가운데 1장을 카드 더미 가운데로 집어넣고 카드 더미 맨 위 카드 1장을 펼쳐 다시 게임을 시작합니다.

6. 카드가 떨어질 때까지 게임을 계속해서 가장 많은 카드를 갖게 된 사람이 이깁니다.

이렇게 해 보세요

카드 2, 4, 6, 8로 24를 만들 수 있는 식:
2 × 6 + 4 + 8 = 24
8 × 4 − 6 − 2 = 24

4. 딜러 오른쪽에 있는 플레이어까지 차례로 카드를 받습니다. 딜러 오른쪽의 플레이어가 낸 카드는 테이블 중앙에 쌓아 두어요. 그리고 딜러는 새로운 카드를 뽑아 같은 방식으로 왼쪽 플레이어에게 카드를 전달해요. 이런 식으로 계속해서 카드를 전달합니다.

5. 가장 먼저 같은 수의 카드 4장을 모은 플레이어는 조용히 혀를 내밀고 게임을 계속합니다.

6. 혀를 내민 플레이어를 본 다른 플레이어들도 바로 따라서 혀를 내밀고 게임을 계속 진행해요. 이때 혀를 맨 나중에 내민 플레이어가 게임에서 지게 된답니다.

음향 효과 내기

우리 주변에 있는 물건들로 다양한 소리를 낼 수 있어요.
자신만의 독창적인 소리를 만들어 볼까요?

천둥 소리 두 손으로 커다란 게시판이나 금속 쟁반 한쪽 끝을 잡고, 판을 위아래로 흔들어 보세요. 또는 구슬을 플라스틱 용기에 넣은 뒤 뚜껑을 닫고 부드럽게 흔들어 봅니다.

빗소리 쌀 알갱이를 종이봉투에 쏟아부어 소리를 냅니다.

매미 울음소리 나무 막대로 빗살을 문지릅니다.

발자국 소리 쟁반에 자갈을 채우고 그 안에 나무토막을 넣어 이리저리 움직여 보세요. 또는 신발 한 켤레를 손으로 잡고 단단한 바닥에 발뒤꿈치 부분에서 앞부분 순으로 신발을 두드립니다.

불타는 소리 종이봉투를 우그러뜨려요. 비닐봉지를 구겨도 됩니다.

문 여는 소리 물 묻은 손가락으로 부풀어 있는 풍선 표면을 문지르면 삐걱거리며 문 여는 소리가 납니다.

세게 문 여닫는 소리 먼저 문 여는 소리를 내고 이어서 두꺼운 책을 폈다가 쿵 소리가 나도록 세게 덮어 보세요.

도자기 그릇 달가닥거리는 소리 머그잔에 숟가락 2개를 넣고 흔듭니다.

시계 종소리 숟가락으로 부드럽게 유리를 두드립니다.

말발굽 소리 플라스틱 컵 2개를 거꾸로 뒤집어서 딱딱한 바닥에 대고 두드려서 '다가닥다가닥' 하는 소리를 내 보세요.

더 즐겨 봐!
3가지 이상의 음향 효과가 들어가는 장면을 연출해 보세요.

Tip
눈을 가지고 놀기 전에 30분 정도 냉장고에 넣어 두면 차가운 눈을 즐길 수 있어요.

눈 만들기

눈을 기다리는 건 너무 힘든 일이에요. 기다리기 힘들다면 눈을 직접 만들어 볼까요?

준비물
- 액체 풀 1/2컵
- 콘택트렌즈 보존액 2티스푼
- 큰 그릇
- 베이킹 소다 1.5컵
- 면도 크림 1.5컵
- 매직
- 지퍼 백

1. 액체 풀과 콘택트렌즈 보존액을 그릇에 넣고 섞어 주세요.

2. 베이킹 소다와 면도 크림을 넣고 휘저어 섞으면 눈이 됩니다.

3. 눈으로 여러 가지 형상을 만들어 보세요. 매직으로 세밀한 부분도 표현할 수 있어요. 만든 눈은 비닐봉지에 넣어서 보관하세요.

실내에서 즐기는 활동 | 25

거꾸로 얼굴

인원 2명 이상

준비물
- 터틀넥 스웨터 또는 스카프
- 지워지는 수성 펜
- 긴 의자
- 베개

1. 목을 보호하기 위해서 터틀넥 스웨터를 입거나 스카프를 두르고, 보호자는 아이의 목이 너무 조이지 않는지, 자세가 안정적으로 유지될 수 있는지 등 아이의 안전을 확인해요.

2. 턱 밑에 2개의 점을 찍어 코처럼 보이게 해요. 그리고 턱 바로 아래에 눈 2개를 그립니다.

3. 소파에 누워서 머리끝이 바닥에 닿을 때까지 몸을 거꾸로 늘어뜨려 보세요. 베개를 목 아래에 받쳐 주는 것도 좋아요.

4. 얼굴을 거꾸로 한 상태로 다른 사람과 대화를 나눠요. 사진을 찍거나 말하는 모습을 동영상으로 촬영하면 더욱 재미있는 추억이 될 거예요.

더 즐겨 봐!

2개의 소파를 마주보게 놓거나 침대 2개를 나란히 놓고 친구와 거꾸로 얼굴을 만들어 서로 대화해 보세요.

바구니 콩트

바구니와 생활용품을 소품으로 이용해 재미있는 콩트의 주인공이 되어 보세요.

1. **바구니나 커다란 통 2개에 여러 가지 생활용품을 10여 개 담아둡니다.** 사용해도 되는 물건인지 미리 보호자의 허락을 받아야 해요. 예를 들어 모자, 스카프나 넥타이, 선글라스, 가짜 보석, 머리핀, 트로피, 목욕 가운, 손전등, 사진, 돋보기, 쌍안경 등을 활용하면 좋아요.

2. **종이에 콩트 제목을 몇 가지 적어 봅니다.** '감옥 탈출', '사라진 구내식당', '기괴한 수학여행', '역대 최고의 생일', '사진 찍는 날' 등 재미있을 만한 제목은 뭐든 좋아요.

3. **콩트 제목이 보이지 않도록 종이를 뒤집어 놓습니다.**

4. **플레이어들을 두 팀으로 나누고,** 팀마다 콩트 제목이 적힌 종이를 뽑습니다. 그 다음 생활용품이 들어 있는 바구니를 하나씩 받아요.

5. **10분으로 타이머를 맞추고, 그룹별로 자신이 받은 콩트 제목과 바구니 속 생활용품을 연결해서 콩트를 제작합니다.** 10분이 지나면 다른 팀 사람들 앞에서 만든 콩트를 공연합니다.

   팀별 공연이 모두 끝나면 새로 팀을 짜고 새로운 콩트 제목을 만듭니다. 바구니 속 소품도 바꾸어 다시 콩트를 준비합니다. 좋아하는 장르의 콩트를 다양하게 기획해 보세요.

더 즐겨 봐!

콩트 공연 대신 희곡 쓰기를 해 보세요. 제목을 고르고 바구니에서 몇 가지 소품을 꺼낸 다음, 이 소품들이 긴밀하게 연결되는 이야기를 구상해서 써 보세요.

실내에서 즐기는 활동

거품 목욕제 만들기

따뜻한 물에 발을 담그고 거품 목욕제를 넣어 족욕을 해 보세요. 또는 소중한 사람이 기분 좋은 거품 목욕을 즐길 수 있도록 거품 목욕제를 선물해 보는 건 어떨까요?

준비물
- 안경 또는 고글
- 큰 그릇과 작은 그릇 여러 개
- 베이킹 소다 1컵
- 구연산 1/2컵
- 소금 1/2컵
- 옥수수 전분 1/2컵
- 올리브 오일 2큰스푼
- 물 1큰스푼
- 식용 색소
- 바닐라 추출액
- 아이스크림 스쿱
- 페이퍼 타올

1 재료를 섞을 때는 눈을 보호하기 위해 안경(또는 고글)을 쓰는 것이 좋아요. 큰 그릇에 베이킹 소다와 구연산, 소금, 옥수수 전분을 넣고 저어 주세요.

2 작은 그릇에는 올리브 오일과 물을 넣고 저어 주세요.

3 ❷에서 섞은 액체를 1티스푼씩 떠서 ❶에서 섞은 가루가 담긴 큰 그릇에 넣고 빠르게 휘저어 줍니다.

4 섞인 내용물을 여러 개의 작은 그릇에 나누어 담고, 식용 색소를 넣어 각각 다른 색으로 물들여 보세요. 바닐라 추출액 몇 방울을 넣어 향을 가미해도 좋아요.

5 ❹에서 만든 입욕제를 스푼으로 떠서 아이스크림 스쿱에 눌러 담아 모양을 만들어요.

6 거품 목욕제를 페이퍼 타올 위에 조심스럽게 올려 하루 정도 건조시킵니다.

족욕 하기

두 발이 충분히 들어갈 만한 큰 대야에 따뜻한 물을 가득 채웁니다. 거품 목욕제를 넣고 풍성한 거품과 함께 족욕을 즐겨 보세요.

알고 있나요?

베이킹 소다와 구연산을 함께 물에 넣으면 화학 반응이 일어납니다. 이때 이산화탄소가 발생하면서 물에서 거품이 만들어져요.

유령의 방 꾸미기

조금만 꾸미면 어느 방이든지 으스스한 유령의 방으로 만들 수 있어요. 기괴한 소리나 음악, 불빛 장식 등으로 방을 꾸미고 친구나 가족을 초대해 보세요. 방을 꾸며도 되는지 부모님의 허락을 받는 걸 잊지 마세요.

기어 다니는 벌레 징그러운 장식이나 장난감을 이용해 보세요. 예를 들면 가짜 거미줄이나 거미 모형 등으로 으스스한 분위기를 낼 수 있어요.

기괴한 실루엣 검은색 종이에 쥐를 커다랗게 그려서 오린 다음, 벽에 테이프로 붙이거나 바닥에 세워 둡니다.

날아다니는 박쥐 검은색 판지에 박쥐를 그려서 오리고, 날개를 안쪽으로 접어요. 박쥐의 몸통을 벽에 붙이고 날개가 활짝 펼쳐지게 합니다.

섬뜩한 표지판 벽에 경고 표지를 붙이거나 휴지통에 무서운 그림 라벨을 붙입니다. '손대지 마시오!'나 '가까이 오지 마시오!' 등 강한 금지 표현이 좋아요. 표지판에 거미줄을 그리면 한층 더 섬뜩한 느낌을 줄 수 있어요.

으스스한 그림자 나뭇가지나 나뭇잎을 가져와 방을 꾸며 보세요. 해가 진 뒤, 조명을 최대한 어둡게 하고, 손전등 앞에 나뭇가지를 놓아 방안에 으스스한 느낌의 나무 그림자를 만들어 보세요.

기이한 소리들 기이한 느낌의 오르간 소리나 천천히 걸어오는 둔탁한 걸음 소리, 고양이의 날카로운 울음소리 등 소름 끼치는 소리를 직접 녹음해서 틀어 보세요. (24쪽의 '음향 효과 내기'를 참조하세요.)

무서운 분장 귀신이나 유령 분장을 하고 화장실이나 가구 뒤에 숨어 있다가, 갑자기 뛰쳐나와 사람들을 깜짝 놀라게 해요.

스트레칭

스트레칭은 집중력과 근력, 유연성, 균형감을 향상시키는 데에 도움을 줘요.

시작하기 전에

- 식사 직후에는 스트레칭을 하지 않는 것이 좋아요.
- 천천히 자세를 바꾸세요. 아프지 않다면 가능한 오랫동안 자세를 유지해 보세요. 너무 무리하지는 말아요.
- 유연성과 근력을 기르고 싶은 신체 부위에 집중하도록 합니다.
- 숨을 참을 필요는 없어요. 편하게 호흡하면서 긴장을 풀고 스트레칭 해 보세요.
- 스트레칭 자세를 풀 때는 반대 순서로 하면 됩니다.

다리 스트레칭

앉아서 한쪽 다리를 앞으로 쭉 펴고, 발끝을 세워요. 다른 쪽 다리는 무릎을 굽혀 발바닥을 펴진 다리의 허벅지 안쪽에 붙여요.
두 손은 펴진 다리 아래에 둡니다. 척추를 곧게 펴고 상체를 앞으로 서서히 굽히며 스트레칭을 합니다. 상체를 굽힌 자세에서 심호흡을 한 후, 천천히 숨을 내쉬면서 상체를 다리와 밀착시켜 보세요. 두 손으로 펴진 다리를 잡고 천천히 몸을 일으켜 세웁니다.
다리를 바꿔서 같은 방법으로 스트레칭을 해 보세요.
이 자세는 엉덩이와 등, 다리 근육을 늘려 주어, 다리 근육과 위장을 튼튼하게 하는 데 도움을 줍니다.

균형 잡기

두 다리를 엉덩이 너비만큼 벌리고 똑바로 서 보세요. 허리를 곧게 펴고, 상체를 앞으로 조금 기울여 보세요. 두 팔은 등 뒤에 두고, 손가락을 벌려요. 시선은 앞을 향합니다. 살며시 눈을 감고 발뒤꿈치를 들어 발가락으로 몸을 지탱하면서 균형을 잡아 보세요. 자세가 흐트러졌다면 호흡을 가다듬고 다시 시도해 보세요.
이 자세는 등과 엉덩이, 다리, 발목 관절을 강화시켜 줘요. 또한 어깨와 팔 근육을 튼튼하게 해 주는 효과가 있어요.

거북이 자세

앉아서 발을 바닥에 대고 무릎을 구부려 세운 상태에서, 엉덩이보다 조금 넓게 무릎을 벌려 보세요. 팔을 무릎 안쪽으로 넣어 바깥으로 빼낸 뒤, 두 발바닥을 맞대고 무릎을 바닥 쪽으로 더 내립니다. 양손을 펴서 바닥을 짚고, 상체를 앞으로 조금 굽혀 보세요. 호흡을 편하게 하면서 거북이 머리가 등딱지 안으로 들어간 것처럼 몸을 웅크립니다. 머리를 아래로 내리고, 숨을 내쉬면서 거북이 자세를 유지해 보세요.

거북이 자세는 엉덩이와 허벅지 뒤, 등, 어깨 근육을 튼튼하게 하는 데 도움을 줍니다.

쪼그려 앉아 걷기

두 발을 바닥에 대고 쪼그려 앉은 뒤, 두 손바닥을 마주 댑니다. 양 엄지를 이마에 대고 나머지 네 손가락은 서로 깍지를 껴요. 양 팔꿈치는 좌우로 벌려 주세요. 이 자세에서 천천히 앞으로 걸어 보세요. 등을 곧게 세우고, 엉덩이를 한쪽씩 번갈아 들어 올려 조금씩 움직여 보세요.

쪼그려 앉아 걷기는 어깨와 손목, 등, 엉덩이, 발목을 튼튼하게 해 줍니다.

더 즐겨 봐!

마음에 드는 스트레칭 자세를 자주 해 보세요. 처음에는 힘들지만 꾸준히 연습하면 오랫동안 안정적으로 자세를 유지할 수 있게 된답니다.

낙타 자세

무릎을 꿇고, 무릎과 허리가 일직선이 되도록 몸을 똑바로 세워요. 척추를 곧게 유지하고 양 무릎은 허리 너비만큼 벌려 주세요. 두 손을 엉덩이에 대고 골반과 허벅지를 밀어내듯이 지그시 눌러 줍니다. 무릎과 허리가 일직선으로 유지된 상태에서 가슴을 위로 내밀고, 턱을 위로 들어 고개를 들어 올려요. 허리 뒤에 있는 커다란 통에 몸을 기대는 느낌으로 최대한 몸을 뒤로 젖혀 보세요. 목을 길게 늘리고 시선은 위를 향해요. 목을 뒤로 젖히지는 마세요.

몇 초간 자세를 유지한 다음, 몸을 조금 더 뒤로 기울이고 양팔을 뒤로 뻗어서 발뒤꿈치를 잡아 보세요. 골반을 앞으로 당기고 심호흡을 합니다. 다시 천천히 두 손을 엉덩이에 댑니다. 발목에 있던 손을 올릴 때, 몸이 옆으로 기울지 않게 주의하세요.

낙타 자세는 가슴과 배, 허벅지 앞부분을 튼튼하게 해 주고, 등과 코어 근육을 강화해 줘요.

모임을 만들어 볼까요?

여러 사람들과 재미난 일을 할 수 있는 모임을 만들어 보고 싶다고 생각해 본 적 있나요? 아래 모임들 가운데 하나를 만들어 보거나 직접 새로운 모임을 만들어 보세요.

나누고 배우는 모임

친구들이나 가족을 회원으로 모집해요. 회원 각자가 좋아하는 음식 만들기나 슈퍼 영웅 그리기, 소설 쓰기 등 각자 잘하는 일을 적어 봅니다. 그 다음 누가 누구에게 무엇을 가르칠지 정해요.

2명씩 짝을 지어서 각자의 장기를 상대방에게 가르쳐 주거나, 한 사람이 모든 사람에게 가르쳐 줍니다. 모든 회원들이 자신이 잘하는 일을 다른 회원들에게 가르쳐 줄 때까지 모임을 지속합니다.

독서 모임

책을 읽고 이야기하기 좋아하는 친구들을 모아요. 먼저 책을 고르는 방법을 정해요. 토론이나 투표를 통해 정하거나, 1명씩 돌아가며 1권씩을 골라오게 해도 좋아요. 그 외에도 좋은 방법이 많을 거예요. 각자 정한 책을 읽고 모여서 서로 대화를 나눠요. 대화를 나누기 전에, 공통 질문들을 미리 정해요. '어떤 단어로 책을 묘사했나요? 마음에 드는 인물은 누구인가요?', '이후에는 등장인물에게 어떤 일이 일어날까요?', '책 내용 중에서 바꾸고 싶은 부분이 있나요?', '책 표지를 다르게 바꾼다면 어떻게 바꾸고 싶나요?' 책에 상을 준다면, 어떤 상을 줄지도 생각해 보세요. 예를 들어 '경이로운 화제의 책', '지상 최고의 모험', '주인공이 가장 멋진 책' 등이 있겠네요.

영화 모임

영화를 좋아하는 친구들을 모아요. 일정한 기준으로 영화를 분류하여 감상합니다. 예를 들면 코미디, 액션 등의 장르, 고전이나 현대 등의 시대, 배우, 감독, 또는 영화의 배경이 되는 장소 등 다양한 기준으로 나눠요. 영화를 감상하는 장소를 매번 바꿔도 좋아요. 영화가 끝나면 엔딩 크레디트까지 감상하도록 해요. 그리고 질문을 던져 보세요. 영화에서 가장 마음에 드는 부분은 어디인지, 의상과 무대 배경, 음악은 어땠는지 등, 영화에 대해 서로 대화를 나눠 보세요.

사회를 위한 모임

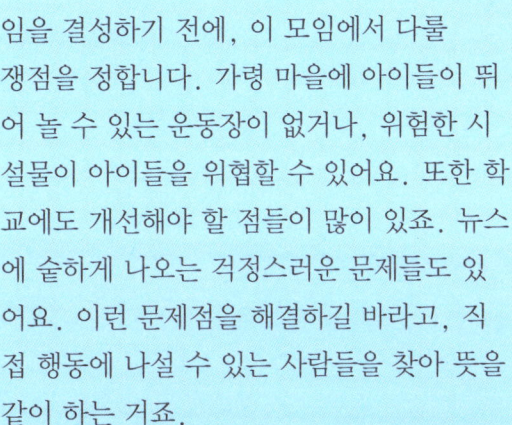

많은 사람들이 학교나 마을, 그리고 지구촌이 더 나아지길 바라요. 우리 주변이나 사회의 중요한 문제, 또는 해결해야 할 쟁점들이 있나요? 그렇다면 '사회를 위한 모임'을 만들어 보세요. 모임을 결성하기 전에, 이 모임에서 다룰 쟁점을 정합니다. 가령 마을에 아이들이 뛰어 놀 수 있는 운동장이 없거나, 위험한 시설물이 아이들을 위협할 수 있어요. 또한 학교에도 개선해야 할 점들이 많이 있죠. 뉴스에 숱하게 나오는 걱정스러운 문제들도 있어요. 이런 문제점을 해결하길 바라고, 직접 행동에 나설 수 있는 사람들을 찾아 뜻을 같이 하는 거죠.

우선 이 모임의 운영을 도와 줄 어른이 필요합니다. 학교 선생님이나 지역 사회의 지도자, 부모님 등 믿을 만한 어른에게 도움을 청해 보세요. 이들은 다양한 문제를 해결해 하기 위한 효과적인 방법이나 새로운 아이디어를 제안해 줄 거예요.

모임에서 집중적으로 다루려는 쟁점에 대해 의견을 나눠 보세요. 그리고 목표를 구체적으로 세워 봅니다. 목표는 나중에 바뀔 수도 있지만, 명확한 목표가 있어야 활동이 원활하게 진행될 수 있어요.

테이프로 공구 벨트 만들기

강력 접착테이프와 지퍼 백으로 공구 벨트를 만들어서 공구나 학용품 등 작은 물건을 보관해 보세요.

준비물

- 줄 또는 노끈
- 가위
- 강력 접착테이프
- 지퍼 백 2개
- 스테이플러

1. 허리를 한 바퀴 감을 수 있을 정도의 길이로 줄을 잘라요. 강력 접착테이프는 줄보다 조금 짧은 길이로 자릅니다. 강력 접착테이프의 접착 부분이 위를 향하도록 펼쳐 놓고, 테이프의 중앙에 줄을 붙여요.

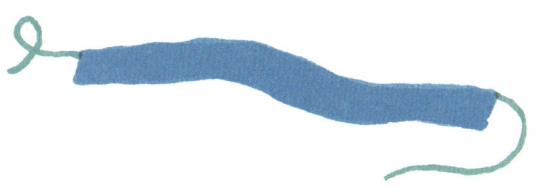

2. 줄을 붙인 테이프를 반으로 접어 주세요. 이것이 벨트가 됩니다.

4. 지퍼 백 뒷면에 벨트 너비 정도의 구멍을 2개 냅니다. 지퍼 백 윗부분까지 잘라내지 않도록 주의하세요.

3. 이제 포켓을 만들어요. 지퍼 백의 앞뒤를 강력 접착테이프로 붙여요.

5. 구멍에 벨트를 넣어 연결하면 공구 벨트가 완성돼요.

더 즐겨 봐!

스테이플러로 포켓 중앙을 세로로 박아서 수납 공간을 둘로 나눌 수 있어요. 포켓 왼쪽과 오른쪽, 아래 가장자리를 따라서 1cm 간격으로 스테이플러를 박아 줍니다.

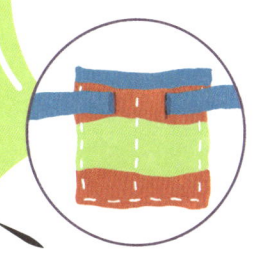

실내에서 즐기는 활동 | **35**

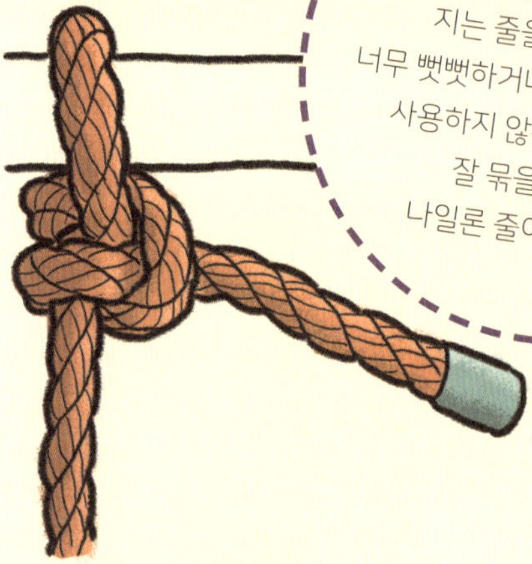

Tip

매듭을 묶을 때는 잘 구부러지는 줄을 사용하세요. 너무 뻣뻣하거나 잘 늘어나는 줄은 사용하지 않는 것이 좋아요. 잘 묶을 수 있는 나일론 줄이 적당해요.

유용한 매듭 묶기

매듭은 신발 끈을 묶는 것과는 달라요. 매듭을 묶는 4가지 방법을 익혀 보세요. 어떤 매듭을 어느 때 사용하면 좋은지 알아보세요.

시작하기 전에

워킹 엔드

스탠딩 파트

줄 끝부분은 워킹 엔드라고 부르며, 매듭을 묶을 때 가장 많이 잡고 움직여야 하는 부분입니다. 스탠딩 파트는 줄 양 끝 사이의 줄 전체를 일컬어요.

THINGS TO DO INSIDE

8자 매듭

후드 티셔츠나 줄이 달린 바지의 허리춤을 조일 때 줄이 빠지지 않게 도와주는 8자 매듭입니다.

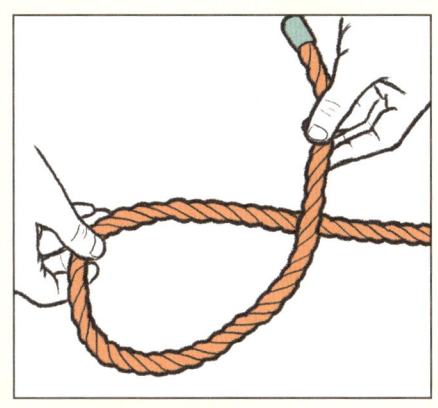

1. 줄을 구부려 고리를 만듭니다. 줄의 워킹 엔드가 반드시 스탠딩 파트 위로 가게 해요.

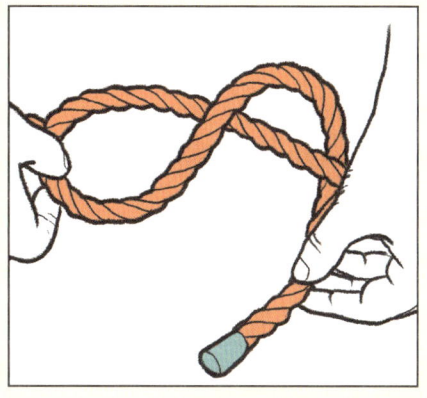

2. 줄의 워킹 엔드를 스탠딩 파트 위로 넘긴 뒤 다시 스탠딩 파트 아래로 집어넣어 통과시켜요.

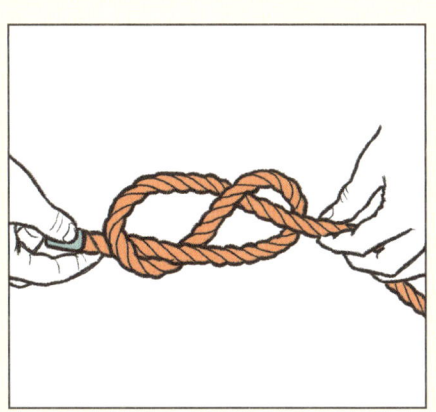

3. 워킹 엔드를 처음 만든 고리 안으로 끼워 넣고 천천히 당겨요.

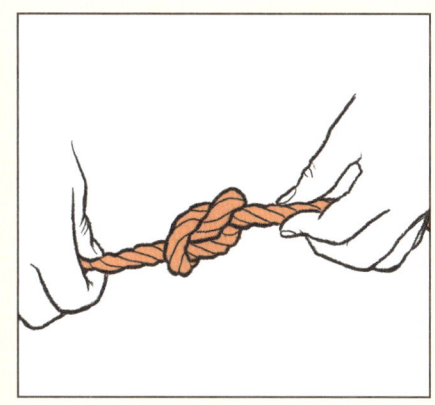

4. 줄을 양쪽에서 잡아당겨 8자 매듭을 단단하게 만들어요.

실내에서 즐기는 활동

바우라인 매듭

바우라인 매듭은 크기가 일정한 고리 매듭으로 나무에 해먹을 매달거나 부두에 보트를 정박시킬 때 사용하면 좋아요. 오랫동안 뱃사람들이 사용해 온 매듭이기도 해요. 암벽 등반용 안전벨트에도 바우라인 매듭이 사용된답니다.

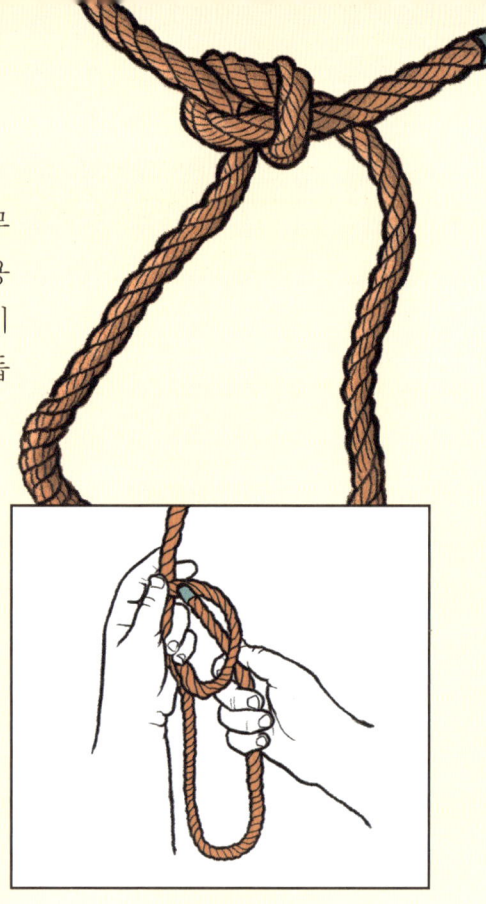

1. 줄을 정면으로 놓고 그림과 같이 고리를 만듭니다. 워킹 엔드를 고리 위치보다 15~30cm 정도 더 길게 뺀 자리에 위치시켜요.

2. 워킹 엔드를 고리 아래에서 집어넣고 위로 빼내요.

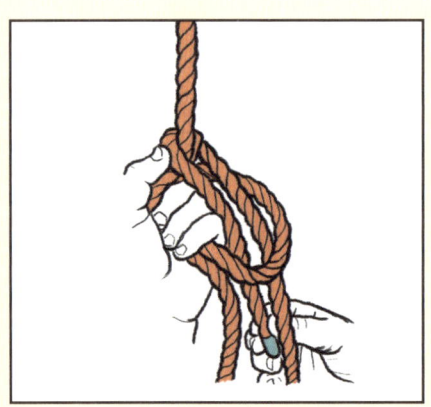

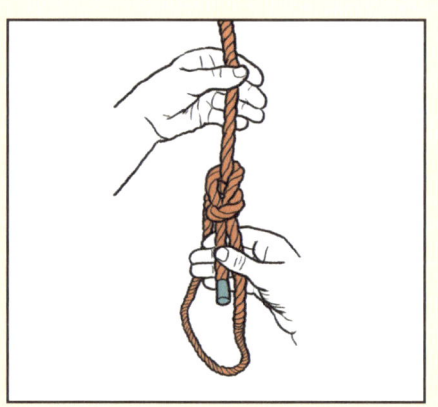

3. 워킹 엔드로 고리 위 스탠딩 파트를 감고 워킹 엔드를 고리 안으로 집어넣어 밑으로 빼내요.

4. 고리를 중심으로 줄 양쪽을 잡아당겨 매듭을 단단하게 만들어요.

2회 반 매듭

2회 반 매듭은 방수포나 빨래줄, 해먹 등을 설치하기 위해 나무나 기둥을 줄로 묶어야 할 때 유용합니다.

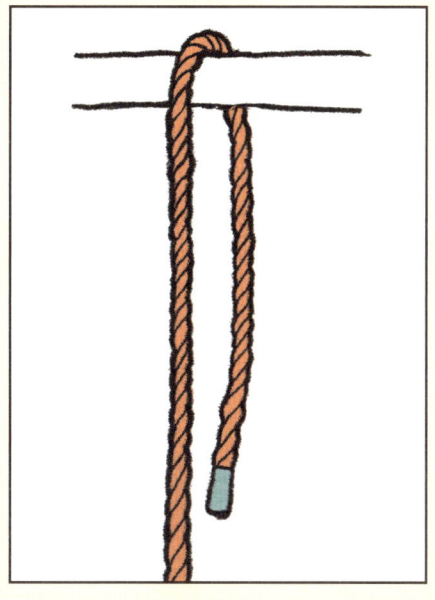

1. 워킹 엔드가 뒤로 가도록 줄을 나뭇가지나 기둥에 걸어요.

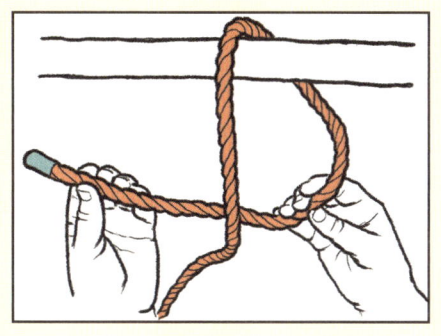

2. 워킹 엔드를 스탠딩 파트 뒤에서 십자가 모양으로 교차시켜요.

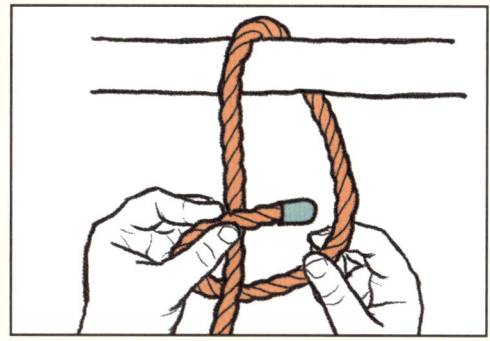

3. 십자가 모양으로 교차한 워킹 엔드로 스탠딩 파트를 감으며 고리 안으로 집어넣어요.

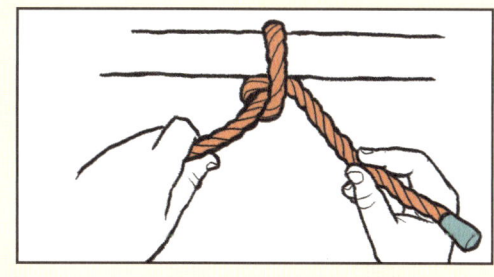

4. 줄 양쪽을 잡아당겨 첫 번째 매듭을 단단히 조여요.

5. 다시 2번 과정을 반복해서 워킹 엔드를 스탠딩 파트 뒤로 교차시킵니다.

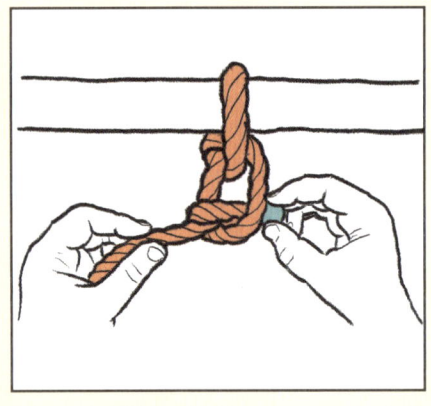

6. 3번 과정을 반복해서 워킹 엔드가 두 번째 고리를 통과하게 해요.

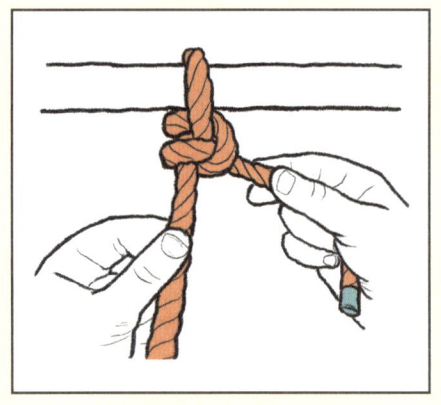

7. 줄 양쪽을 잡아당겨 매듭을 단단히 조여요.

사각 매듭

사각 매듭은 줄의 양 끝을 묶거나 줄 2가닥을 하나로 이을 때 사용해요. 이 매듭은 선물 포장이나 꾸러미를 묶을 때처럼 가벼운 용도로만 써야 합니다. 무거운 물건을 끌거나 들어올릴 때 사용해서는 안 돼요.

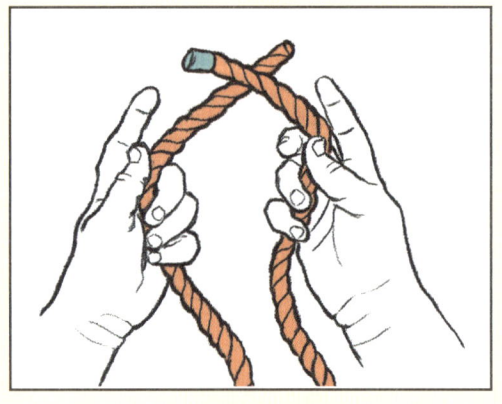

1. 워킹 엔드가 스탠딩 파트 위로 오도록 줄 양끝을 서로 교차해요.

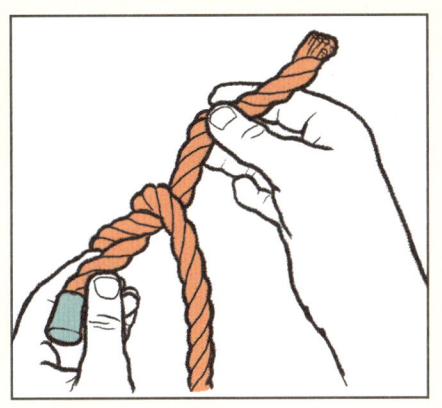

2. 워킹 엔드로 스탠딩 파트를 감아요.

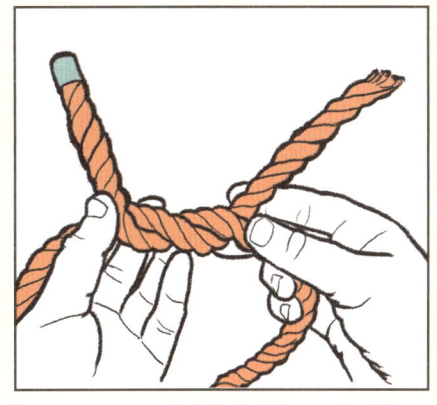

3. 스탠딩 파트를 감으며 아래를 향하고 있는 워킹 엔드를 위로 잡아당겨요.

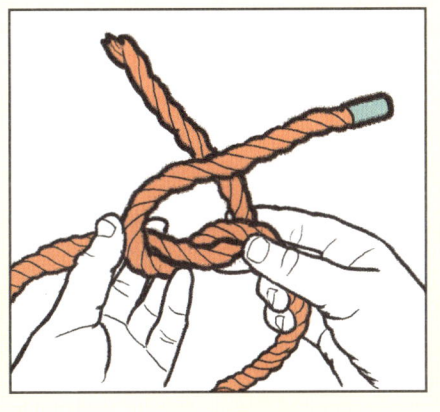

4. 워킹 엔드가 스탠딩 파트 위로 가도록 두 줄을 다시 교차시켜요.

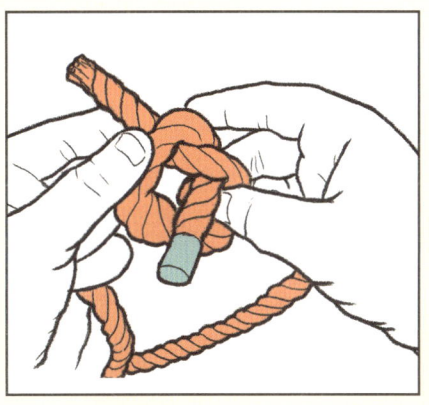

5. 워킹 엔드로 스탠딩 파트를 감으며 고리 안으로 집어넣고 잡아당겨요.

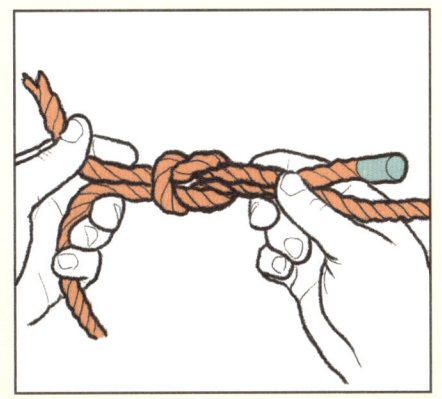

6. 고리가 매듭으로 변할 때까지 워킹 엔드를 잡아당기고, 매듭의 네 갈래 줄을 잡고 단단하게 조여 주세요.

손가락으로 뜨개질하기

뜨개질바늘 없이도 털실로 뜨개질을 할 수 있어요. 맨손으로 뜨개질을 해 보세요.

준비물
- 털실 한 타래(털실이 두꺼울수록 더 촘촘하게 뜨개질을 할 수 있어요.)
- 가위

1. 왼손 손바닥이 보이도록 손을 폅니다.(왼손잡이라면 오른손을 펴세요.) 엄지와 검지 사이에 털실 가닥을 놓아요. 손가락 사이에서 손바닥으로 빠져나온 털실의 길이는 10~15cm가 적당해요. 이 부분은 뜨개질에 사용하지 않는 부분이에요.

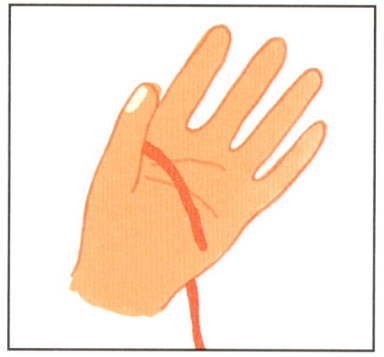

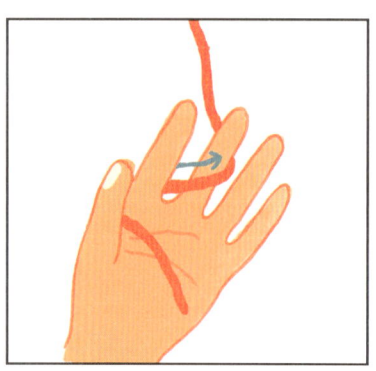

2. 손등 쪽의 털실은 검지와 중지 사이를 통과해 중지와 약지 사이로 빠져 나가게 해요.

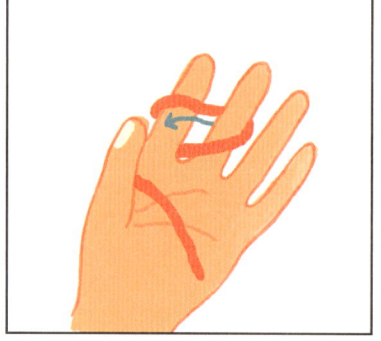

3. 중지와 약지 사이로 빠져 나온 털실을 다시 검지와 중지 사이로 통과시키면서 검지를 감아 줍니다.

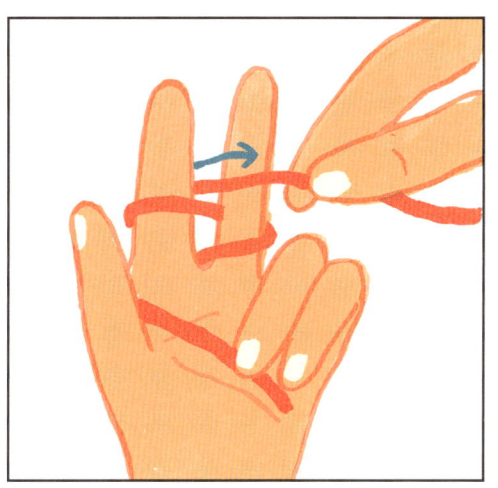

4. 다시 2번 과정을 반복해요. 검지와 중지 사이를 털실이 지나가게 한 뒤 중지 앞뒤를 감아 주세요.

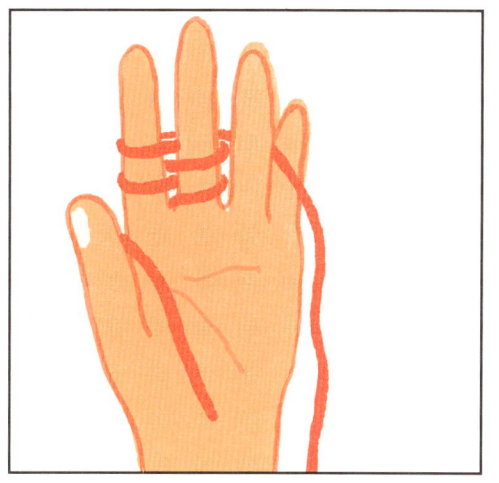

5. 3번 과정을 반복해서 털실로 검지를 감아 검지와 중지에 각각 2개의 털실 고리가 걸려 있게 해요. 털실을 약지와 소지 사이에 끼우고, 손가락 사이를 붙여 움직이지 않도록 고정해요.

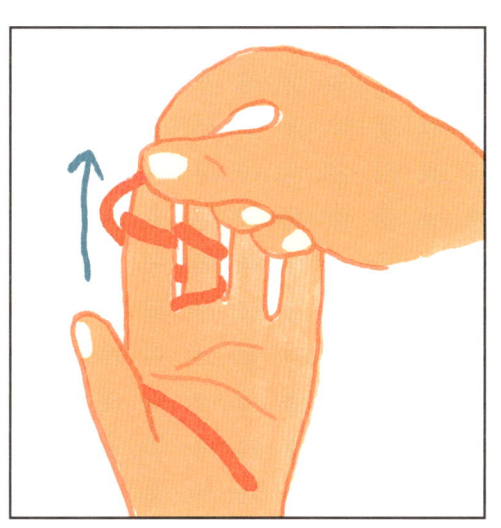

6. 검지에 있는 고리 2개 가운데 아래 고리를 위로 잡아당기며 손가락에서 고리를 빼내요. 첫 번째 스티치가 완성되었어요.

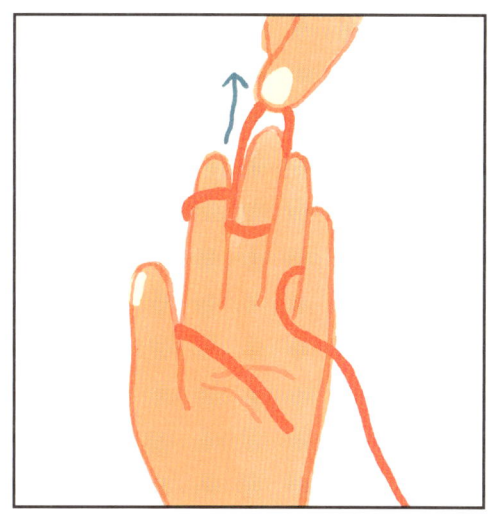

7. 중지도 똑같이 반복해요. 아래 고리를 손가락 위로 빼내요. 털실 양쪽을 부드럽게 잡아당기며 방금 만들어진 스티치를 단단하게 조여 주세요.

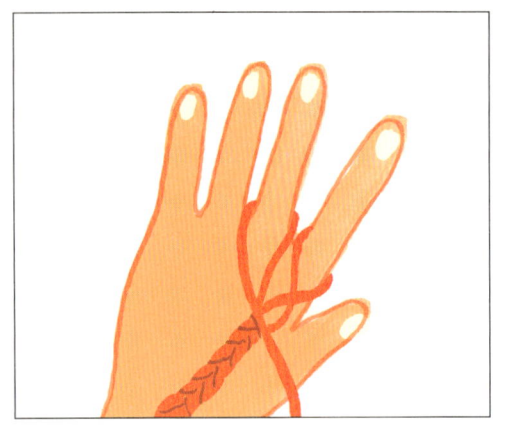

8. 약지와 소지 사이에 고정해 둔 털실을 다시 잡고 원하는 길이가 만들어질 때까지 4~7번 동작을 반복해요.

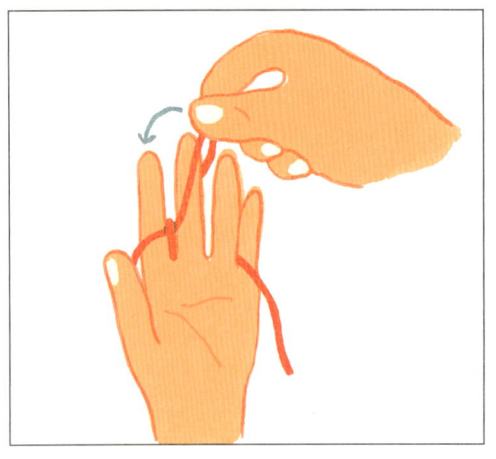

9. 뜨개질을 마치려면 손가락에 고리가 하나씩 걸린 상태에서 털실 15cm 정도를 남기고 잘라 줘요. 이어서 중지에 있는 고리를 빼내 검지로 옮겨요.

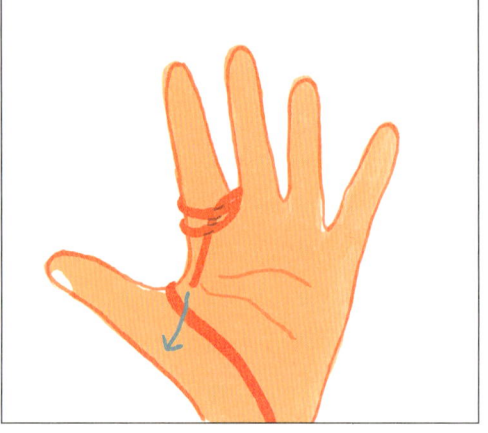

10. 털실을 검지에 걸린 고리 2개 밑으로 집어넣은 다음, 위로 잡아당겨 검지에서 고리를 벗겨내고 털실을 잡아당겨서 매듭을 만들어요.

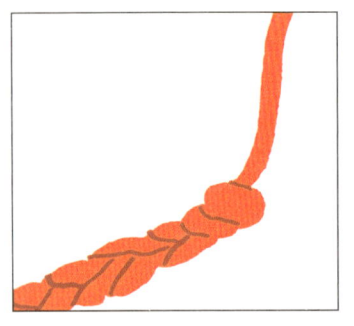

Tip

뜨개질한 기다란 직물을 끈으로 묶어서 더 큰 직물로 만들어 보세요. 털실을 잘라서 직물 가닥에 연결한 다음 2개의 직물을 털실로 엮어요. 엮은 털실을 잡아당겨서 2개의 직물이 단단히 이어지도록 해요.

THINGS TO DO INSIDE

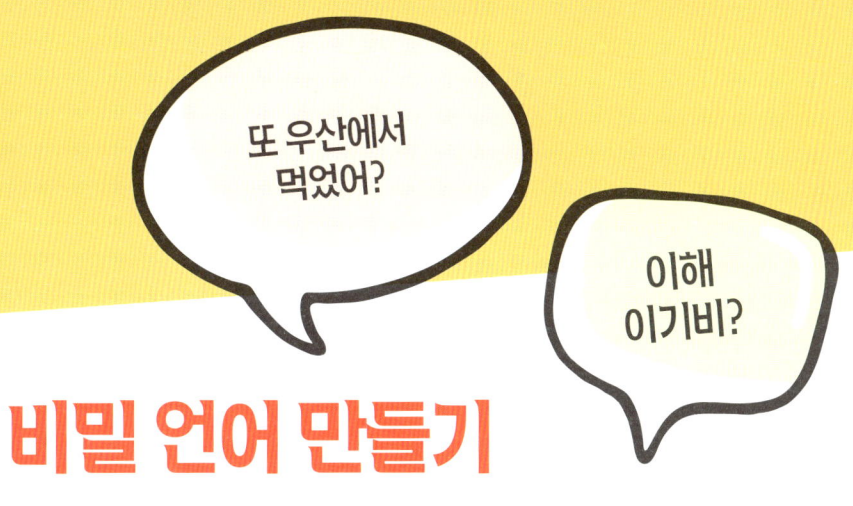

비밀 언어 만들기

비밀 언어를 만들어 보고 싶지 않나요? 어려울 것 같다고요? 그렇지 않아요. 생각보다 쉽게 만들 수 있답니다.

자음이나 모음을 더하거나 위치를 바꿔서 새로운 언어를 만들 수 있어요. 단어 첫 글자의 자음을 맨 뒤로 옮겨 모음 '이'를 붙이고, 받침이 있는 글자는 받침을 뒤로 떼어 모음 'ㅣ'와 결합하는 거죠. 예를 들어 '비행기'라면 '이해이기비', '자동차'라면 '아도이차지', '장난감'이라면 '아이나니가미지'가 된답니다.

단어에 음절을 추가해서 새로운 언어를 만들 수도 있어요. 첫 번째 글자 다음에 '구'를 붙이는 방법이죠. 예를 들어 '배가 고파서 샌드위치를 먹었어.'라는 문장은 '배구가 고구파서 샌구드위치를 먹구었어.'라고 하는 거예요.

문장 안에 있는 단어를 완전히 다른 단어로 바꿔서 새로운 언어를 만들 수도 있어요. 서로 관련이 없고 뜻이 전혀 다른 단어로 대체하는 것이죠. 바뀐 단어의 목록을 잘 정리해 두어야 나중에 의미를 헷갈리지 않아요. 먼저 게임과 같이 모두가 관심 있어 하는 놀이를 정해요. 게임을 할 때 사용하는 용어를 정리한 다음, 게임과 전혀 상관없는 단어들로 바꾸는 거예요. 예를 들면 '게임기' 대신 '쓰레기통', '지다' 대신 '먹다', '자동차 게임' 대신 '우산' 등으로 바꾸는 거죠. 그러면 문장이 다음처럼 달라져요.
"또 우산에서 먹었어? 이제 쓰레기통을 이리 줘."
이 문장은 원래 이런 의미예요.
"또 자동차 게임에서 졌어? 이제 게임기를 이리 줘."

행잉 플랜트 만들기

실내에 식물이 있으면 기분이 상쾌해져요. 예쁘게 만든 행잉 플랜트로 집안 분위기를 바꿔 보세요. 선물용으로 만들어 봐도 좋아요.

준비물

- 비닐 시트 또는 비닐 테이블보
- 작업용 장갑
- 작은 식물(담쟁이덩굴이나 어린 양치식물이 좋아요. 선인장이나 다육식물은 추천하지 않아요.)
- 흙(분재용)
- 양동이 2개
- 물
- 마른 물이끼
- 긴 노끈 2가닥

1. 작업 공간을 확보하여 비닐 시트를 바닥에 깔아요. 식물 뿌리를 조심스레 흔들어 흙을 털어 냅니다. 양동이에 분재용 흙을 넣고 흙덩어리가 뭉쳐질 때까지 물을 뿌려 주세요. 다른 양동이에는 물을 받아 건조시킨 물이끼를 5분 정도 담가 둡니다.

> **Tip**
> 흙을 만져야 하기 때문에 옷이나 손이 지저분해지기 쉬워요. 작업복을 입고 장갑을 끼는 게 좋아요.

2. 한 손으로 식물을 잡고, 뿌리에 진흙을 붙여 동그랗게 흙덩어리를 만들어요. 흙덩어리의 크기는 식물의 크기에 맞춰서 조절해요. 흙이 뿌리에 잘 달라붙을 수 있도록 단단하게 뭉쳐 주세요. 흙이 잘 뭉쳐지지 않으면 물을 조금씩 뿌려도 좋아요.

3. 물에 불린 물이끼를 꼭 짜서 물기를 없애고, 흙덩어리 표면에 물이끼를 붙여 꾹꾹 눌러 주세요.

4. 물이끼를 흙덩어리에 잘 고정시키기 위해 아래 그림처럼 노끈으로 묶어 주세요. 여러 방향으로 단단히 묶고, 매듭을 만들어 고정해 주세요. 다른 노끈을 흙덩어리와 연결해 햇빛이 잘 드는 곳에 매달아 놓아요.

행잉 플랜트에 물 주기
뿌리 흙덩어리에 햇빛이 비치면 물을 주세요. 흙덩어리를 물에 잠시 담갔다가 빼내어 물이 더 이상 떨어지지 않을 때까지 접시에 올려 두거나 밖에 매달아 둡니다.

청소 게임

재미있게 놀면서 청소하는 법을 소개합니다.

제한 시간 안에 청소 끝내기

방청소를 하는 데에 시간이 얼마나 걸리나요? 5분? 10분? 청소 시간을 예상해 보고, 예상 시간을 타이머로 맞춰 보세요. 타이머를 작동시켜서 타이머가 울리기 전에 청소를 끝내는 거예요. 타이머가 먼저 울렸다면, 예상 시간을 조절해서 다시 도전해 보세요.

노래 멈추기

여러 명이 함께 할 수 있어요. 한 사람을 DJ로 정해 노래를 틀게 해요. 다른 사람들은 빠르게 청소를 합니다. DJ가 음악을 멈추면 청소를 멈추고, 음악을 틀면 다시 청소를 시작해요. 첫 노래가 끝나면 다른 사람이 DJ 역할을 하고, 나머지 사람들은 청소를 시작해요. 방 전체 청소가 끝날 때까지 계속해서 진행합니다.

막대 뽑기

방을 둘러보고, 무엇을 정돈해야 하는지 찾아보세요. 정돈이 필요한 부분을 조그만 막대에 적어요. 적은 부분이 보이지 않도록 막대를 컵에 넣고 잘 섞은 다음, 막대를 뽑아 정돈할 내용을 확인하고 정돈을 시작합니다. 정돈이 끝나면 다시 막대를 뽑아 다음 정돈할 곳을 정해요. 막대를 모두 뽑고 나면 방이 깨끗이 정돈되어 있을 거예요.

나만의 타임캡슐 만들기

1. 타임캡슐함으로 사용할 빈 구두 상자를 준비해요.

2. 오늘 자신에게 중요한 의미를 가졌던 물건을 모두 찾아서 상자에 넣어요. 예를 들면 사진, 영화 티켓, 친한 친구 명단, 미래를 상상해서 적은 글, 인기 TV 프로그램이나 영화 목록, 이들에 대한 자신의 생각을 정리한 노트 등을 넣을 수 있어요. 단, 음식저럼 상할 수 있는 것은 넣지 마세요.

3. 상자를 닫아 밀봉하고, 겉면에 이름과 날짜를 적어요.

4. 창고 등 서늘하고 건조한 곳에 상자를 보관해요. 다음 해 또는 몇 년 후에 열어 보세요. 무엇이 어떻게 변했고 자신이 상상한 일들이 잘 실현되었는지 알아보면 재미있을 거예요.

Tip

물건들을 분류해요.
빈 상자에 서류, 미술품, 스포츠 장비 등 항목 이름을 라벨로 만들어 붙이고, 물건을 분류합니다. 필요 없는 물건도 한 상자에 모아서 '버릴 것'이라고 적어 두세요. 방 안에 있는 모든 물건을 분류 상자에 담아 정리해요.

버리거나 재활용해요.
더 이상 사용하지 않는 물건은 버리거나 재활용해요.

어디에 보관할지 생각해 봐요.
한 번에 한 상자씩 분류해요. 보관할 곳이 있다면 그대로 두고, 보관할 곳이 없다면 새로 정해요.

청소하는 습관을 만들어요.
자주 청소할수록 일거리가 줄어들어요.

실내에서 즐기는 활동

자동차 게임

오랜 시간 차를 타고 여행을 갈 때, 즐기기 좋은 게임을 소개합니다.

집(ZIP)
인원 2명 이상

게임을 시작하기 전에 한 플레이어가 1에서 9까지의 숫자 중 하나를 선택하고, 모든 플레이어에게 알려 줘요. 플레이어들은 차례대로 수를 말합니다. 첫 번째 플레이어가 '1'이라고 말하면 다음 플레이어는 '2'라고 차례로 말해요. 그러다가 선택된 숫자가 나오면 수를 말하는 대신 '집(zip)'이라고 말해야 해요.

예를 들어 선택된 수가 '3'이라면, 3, 13, 23과 30대의 모든 수에서 '집'이라고 말해야 하죠. 3이 들어간 수에서 '집'을 말하지 못한 사람은 아웃이에요.

한 단계 수준을 높여 게임을 즐겨 보세요. 3, 6, 9, 12 등 선택한 숫자 3의 배수가 나올 때에도 '집'이라고 말하거나, 수를 이루는 숫자를 더해서 3이 되는 수(12, 21, 30, 102 등)에서 '집'이라고 말하는 식으로 규칙을 바꿀 수 있어요.

세 글자 끝말잇기
인원 2명 이상

게임을 처음 시작하는 플레이어가 세 글자로 된 단어를 말해요. 다음 플레이어는 앞사람이 말한 단어의 끝 글자로 시작하는 세 글자 단어를 생각해서 말해요. 차례대로 계속해서 세 글자 끝말잇기를 진행하다가, 자기 차례에서 단어를 말하지 못하면 탈락이에요. 끝까지 단어를 말하는 플레이어가 이기게 됩니다.

신호등 야구
인원 2명 이상

플레이어들은 차례로 타석에 들어섭니다. 자동차가 교통 신호 파란 불을 통과할 때에 타석에 들어선 사람이 점수를 얻어요. 빨간 불이나 일단 정지 신호에서는 아웃이 됩니다. 3번 아웃이 되면 플레이어가 타석에 들어서서 똑같은 방식으로 교통 신호에 따라 득점과 아웃 카운트를 계산해요. 모든 플레이어들이 같은 횟수로 타석에 들어가서 게임을 진행하고 가장 많은 점수를 획득한 플레이어가 이겨요.

표지판 3개 · 제한 시간 3분
인원 2명 이상

운전자가 아닌 한 플레이어가 3분 동안 시간을 재요. 3분 동안 모든 플레이어들이 속도 제한이나 고속도로 진출, 도로 번호 등 숫자로 표시된 도로 표지판을 찾아요. 표지판을 발견하면 표지판에 있는 수를 큰 소리로 외쳐요. 수를 먼저 외친 플레이어가 수를 기록하고, 다음에 발견한 같은 표지판의 수와 더해요. 그 다음 표지판도 마찬가지로 더합니다. 3분 동안 각기 다른 세 종류의 표지판 수를 합해서 가장 많은 점수를 기록한 플레이어가 이깁니다.

가상 숨바꼭질
인원 2명 이상

한 플레이어가 숨을 장소를 머릿속에 떠올리고, 다른 플레이어가 찾아내는 거예요. 플레이어들은 '예-아니오'로 답할 수 있는 질문을 던져 숨은 장소를 찾아냅니다. 게임을 시작하기 전에 질문 개수를 미리 정해서 시작해도 됩니다.

휴대용 체커 만들기

어디든지 가져 갈 수 있는 체커를 만들어 볼까요?

인원 2명 이상

준비물

- 양모 펠트 천(길이 가로 25cm × 세로 40cm)
- 접착제
- 아이스크림 막대 12개
- 가위
- 연필
- 자
- 다른 색깔 펠트 천
- 벨크로 천
- 12개씩 2가지 색의 단추 24개

1. 접착제로 펠트 천에 아이스크림 막대 12개를 나란히 붙이고 잘 말려요.

2. 펠트 천에 막대를 붙이고 남은 부분은 잘라 내요.

3. 연필과 자로 펠트 천 위에 체커 판을 그려요. 색깔이 다른 펠트 천으로 작은 정사각형을 오려서 체커 판 도면에 올려놓고 1칸씩 간격을 띄어서 접착제로 붙여요.

4. 24개의 단추 밑에 벨크로 천을 붙여 체커를 만들어요.

세계 문화 탐사하기

지도나 지구본에서 관심 있는 나라를 찾아서 그 나라에 대해 알아보세요.

1 관심 있는 나라의 언어 가운데 몇 가지 단어와 문장들을 배워 봅니다.

2 그 나라에서 아침 식사로 무엇을 먹는지 알아보고 아침으로 먹는 음식을 준비해 보아요.

3 그 나라 어린이들이 즐겨하는 놀이를 알아보고, 직접 해 보세요.

4 그 나라에서 중요하게 여기는 공휴일에 대해서 조사해요.

1 마지막 도전!

털실과 동전, 젓가락을 이용해서 새로운 게임을 개발해 보세요.

실내에서 즐기는 활동

바깥에서 즐기는 활동
THINGS TO DO OUTSIDE

한번 해 보세요!

30초 안에 옆으로 재주넘기를 몇 번이나 할 수 있는지 세어 보세요.

여러 가지 자연물을 채집해 보세요.

녹음 기능이 있는 스마트폰이나 태블릿, 녹음기를 가지고 야외로 나가 한 장소에서 움직이지 않고 자연의 소리를 녹음해 보세요. 얼마나 다양한 소리를 녹음할 수 있을까요?

각종 공을 사용해서 자신만의 운동 경기를 만들어 보세요. 예를 들면 테니스 공으로 축구를 하거나 비치볼로 야구를 할 수 있을 거예요.

넓은 들판에 누워 천천히 흘러가는 구름을 관찰해 보세요.

분필을 사용해서 인도나 차고 진입로, 공원 등에 미로나 장애물 코스를 그려 보세요.

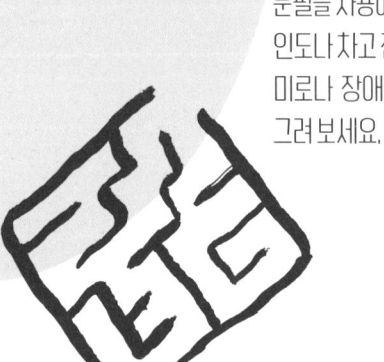

THINGS TO DO OUTSIDE

여름 쉼터 만들기

봄이 되어 날이 따뜻해지면 바깥에 자신만의 공간을 만들어 보세요. 선택한 장소에 따라 다르지만, 여름이 되면 식물이 풍성하게 자라 아늑한 쉼터가 마련될 거예요. 자신만의 공간에서 편하게 독서를 하거나 자신만의 시간을 가져 보세요.

준비물

- 삽
- 비료
- 막대 3개(지름 약 3cm, 길이 약 3m)
- 가위
- 약 1.5m 길이 노끈 3가닥, 약 3m 길이 노끈 6가닥, 약 60cm 길이 노끈 1가닥
- 제비콩 덩굴 1봉지
- 눌

1. 집 밖에서 햇빛이 잘 드는 장소를 찾아요. 그곳에 은신처를 만들어도 되는지 어른에게 물어 봅니다.

2. 삽으로 땅을 파고 잘 고른 다음 비료를 뿌려 주세요.

3. 원뿔 모양으로 기둥 3개를 세우고, 각 기둥을 10~15cm 정도 땅속에 박아 고정시켜요.

바깥에서 즐기는 활동 | 57

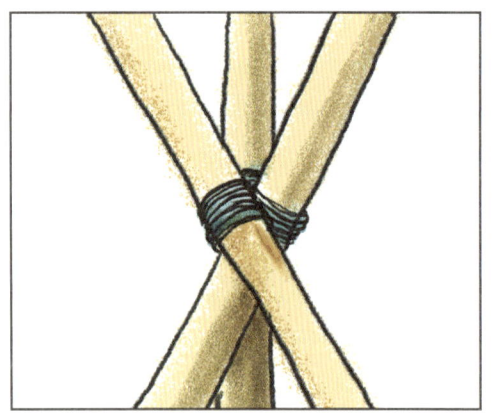

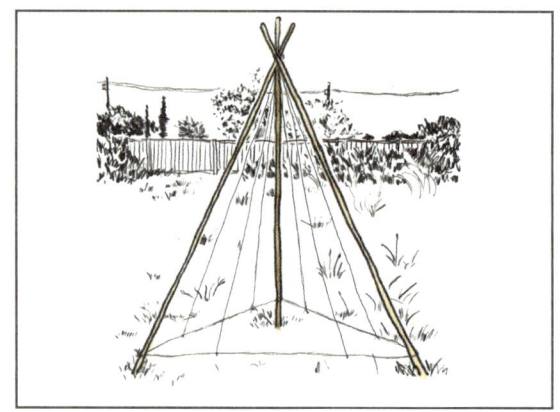

4. 약 60cm 길이의 노끈으로 기둥 3개가 교차하는 부분을 단단히 묶어 주세요.

5. 기둥 아랫부분의 흙을 잘 다져 주세요.

7. 약 3m 길이 노끈으로 원뿔 꼭대기와 기둥 아래 노끈을 서로 연결하고 묶어 주세요. 꼭대기와 아래를 연결하는 노끈은 각 기둥 사이에 2개씩 연결해 줍니다.

8. 기둥과 7번 과정에서 묶어 준 노끈의 아랫쪽 바닥에 약 3cm 깊이의 구멍을 파고, 구멍마다 제비콩 덩굴 씨앗을 2알씩 심습니다.

9. 처음 일주일은 하루에 1번씩 물을 주고 다음엔 일주일에 2번 물을 주세요.

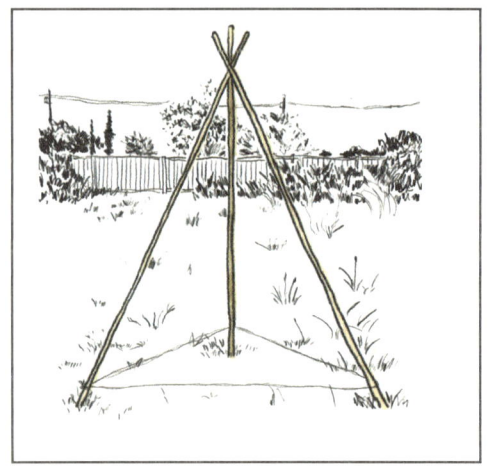

6. 기둥 3개의 아랫부분을 1.5m 길이의 노끈으로 연결해서 묶어 주세요.

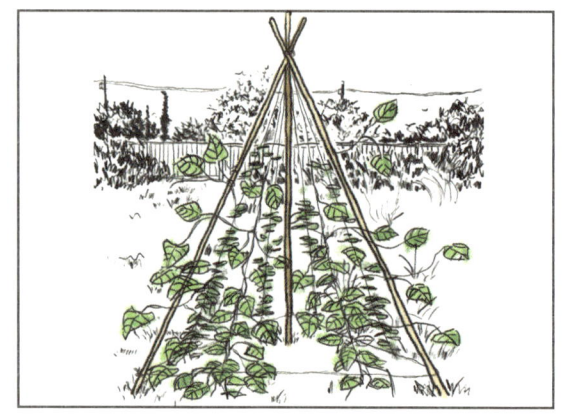

10. 제비콩 덩굴이 자라면서 덩굴손이 기둥과 노끈을 감싸고 원뿔 꼭대기까지 오르게 됩니다. 여름철 멋진 쉼터가 될 거예요!

손가락으로 휘파람 불기

휘파람 부는 법을 배워서 큰 소리로 힘차게 불어 볼까요? 아래 설명을 따라 소리가 잘 날 때까지 연습해 보세요.

1. 손을 깨끗이 씻어요.

2. 양손의 검지 또는 소지로 거꾸로 된 V자 모양을 만들어 보세요.

3. 거꾸로 된 V자 손가락을 혀 끝 아래에 갖다 대요.

4. 손가락을 안으로 조금 밀어서 혀가 뒤로 구부러지게 합니다.

5. 손가락 주위로 입술을 바짝 오므려서 내쉬는 숨이 손가락 사이의 작은 삼각형 구멍을 통과하게 합니다.

6. 힘껏 숨을 내쉬어 휘파람을 불어 보세요!

Tip

휘파람을 세게 불 수 있고 부드럽게 불 수도 있지만 그건 중요하지 않아요. 손가락을 이리저리 움직여서 소리나는 부분을 찾아보세요. 알아내는 데에 며칠이 걸리기도 합니다. 포기하지 말고 끝까지 도전해 보세요.

분필을 이용한 놀이

사각형 공놀이

인원 4명 이상

바닥이 평평한 넓은 공간에 가로세로 약 2.5m 정도의 커다란 정사각형을 그리고, 이를 작은 정사각형 4개로 나눕니다. 왼쪽 상단의 사각형부터 시계방향으로 1~4번으로 번호를 붙여요. 그리고 사각형 하나에 1명씩 들어갑니다.

1번 사각형에 들어간 플레이어가 사각형 안에서 공을 튕기고, 그 공을 쳐서 다른 사각형으로 보내요. 공은 한 번만 튕기고 쳐야 합니다.

쳐낸 공이 커다란 사각형 밖으로 나가면 아웃이에요. 공을 2번 이상 튕기거나 한 번도 튕기지 않고 바로 넘겨도 아웃입니다. 아웃된 플레이어는 4번이 적힌 사각형으로 가고, 나머지 플레이어들은 각자 움직여서 빈자리를 채워요. (5명 이상이 참가할 경우, 아웃된 플레이어는 밖으로 나가고, 새로운 플레이어가 4번으로 들어가요.) 1번 사각형의 플레이어가 서브를 넣는 것으로 다시 경기를 시작해요.

이 게임에서는 승자와 패자를 가리지 않아요. 플레이어들이 원할 때까지 경기를 계속해 보세요.

자갈 던지기

인원 2명 이상

바닥이 고른 운동장이나 마당에 커다란 삼각형을 그려요. 삼각형을 아래 그림처럼 5구역으로 나누고 1~5번의 번호를 매겨요. 그리고 삼각형 아래에서부터 3m 정도 떨어진 곳에 선을 긋습니다.

플레이어들은 선 뒤에 서서 차례대로 삼각형 안으로 자갈을 3개씩 던져요. 던진 자갈이 들어간 칸의 숫자를 모두 더한 것이 점수예요. 최고 점수를 얻은 사람이 이겨요.

가짜 입체 구덩이 그리기

1. 시멘트 바닥에 검정 분필이나 목탄으로 울퉁불퉁하고 커다란 구멍을 그리고, 몇 발자국 떨어진 곳에 X를 그려요.

2. 구멍 안에 선 몇 개를 그어요. X에서 가장 멀리 떨어진 가장자리에서 X쪽을 향해 구멍 안에 선을 그어 주세요. 지그재그 형태의 각진 곳에서 시작하는 선을 그리되, 원 밖으로 선이 넘어가지 않게 해요.

3. 입체감을 주기 위해 음영을 넣어요. X에 가까운 쪽은 더 어둡게 칠해 보세요. 검게 칠한 부분을 손가락으로 문질러서, 아주 어두운 곳에서부터 덜 어두운 곳까지 음영을 다르게 표현해 주세요.

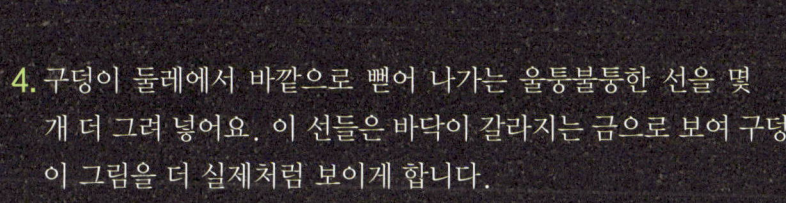

4. 구덩이 둘레에서 바깥으로 뻗어 나가는 울퉁불퉁한 선을 몇 개 더 그려 넣어요. 이 선들은 바닥이 갈라지는 금으로 보여 구덩이 그림을 더 실제처럼 보이게 합니다.

5. X 표시 위에 서서 구덩이를 바라보고 진짜 구덩이 같은지 확인해 보세요!

바깥에서 즐기는 활동

기상천외 레이싱

너른 들판에서 친구들과 어울려 다양한 레이싱을 해 볼까요? 우선 출발선과 도착선을 그리고, 로프와 수건, 막대를 이용해 레이싱 코스의 경계를 표시합니다.

기차역 레이싱
인원 2명 이상

공원이나 운동장에 임의로 6개의 역을 지정하고 각 역마다 특정 미션을 준비해요. 예를 들어 첫 번째 역에서는 '제자리 팔 벌려 뛰기'를 10회 하고, 두 번째 역에서는 사방치기를 하는 것이죠. 또 세 번째 역에서는 축구공으로 표적을 맞춰야 하는 식이에요.
각 플레이어들이 레이스를 끝내기까지의 시간을 재어 누가 가장 빨랐는지를 알아보세요.

발 없는 레이싱
인원 2명 이상

발을 제외한 다른 신체 부위로 움직여 도착점까지 달리는 게임입니다.

팔꿈치와 무릎 닿기 레이싱
인원 2명 이상

팔꿈치를 무릎에 붙인 자세로 성큼성큼 걸으면서 레이싱을 합니다.

배꼽 위로 레이싱
인원 2명 이상

배꼽이 하늘을 향하도록 자세를 취합니다. 이 자세로 도착점까지 움직여요. 게가 걷는 모습을 상상하며 열심히 움직여 보세요.

비치볼 레이싱
인원 4명 이상

2명이 한 팀을 이루어 두 사람의 머리 사이에 비치볼을 끼우고, 비치볼을 떨어뜨리지 않도록 협력하여 도착점까지 달려요. 가장 빠르게 도착한 팀이 이깁니다.

발가락 터치 레이싱
인원 2명 이상

신발을 벗고 엄지발가락을 손으로 잡아요. 엄지발가락을 잡은 채로 도착점까지 달립니다.

여름 마을 박람회

친구와 가족, 이웃들과 함께 즐거운 하루를 보낼 수 있는 장소를 골라 보세요.

더 즐겨 봐!

레모네이드와 쿠키 또는 컵케이크를 테이블 위에 진열하고 사람들에게 판매해 보세요.

준비물

- 넓은 야외 공간
- 야외용 책상과 의자
- 빈 백 의자, 작은 양동이, 고무공
- 공예품
- 카드, 퀴즈 게임 등 여러 가지 게임들
- 장난감과 더 이상 사용하지 않는 소품

먼저 여름 마을 박람회를 개최하는 이유를 생각해 보세요. 가능한 많은 마을 사람들이 함께 즐길 수 있는 행사를 준비합니다. 부스를 설치할 때에도 여러 사람들의 의견을 모아 보세요. 공 던지기 게임을 하거나 공예품 전시를 할 수도 있고 중고 장난감이나 장신구를 판매할 수도 있겠죠.

박람회에서 즐기면 제격인 스프링클러 트리비아 게임을 소개해요. 간단한 질문에 대답을 하지 못한 사람은 물이 뿜어져 나오는 스프링클러 가운데를 통과해야 해요. 아주 더운 날에는 정답을 맞힌 사람이 스프링클러로 달려갈 수도 있어요.
종이 상자나 가구를 이용한 장애물 게임도 아주 재미있답니다.

여러 가지 술래잡기

뻔한 술래잡기도 규칙을 조금만 변형하면 한층 더 새로운 재미를 느낄 수 있답니다. 3명 이상의 친구들이 모였을 때, 다음의 색다른 술래잡기를 즐겨 보세요. 참여하는 친구들이 많을수록 더 재미있답니다.

체인 술래잡기

술래에게 맨 처음 잡힌 플레이어는 술래와 손을 잡고 함께 뛰어요. 손을 잡은 둘은 다른 플레이어들을 잡으러 쫓아다녀요. 술래에게 잡힌 플레이어들은 모두 서로 손을 잡고 아직 잡히지 않은 다른 플레이어들을 계속 추적합니다.

특이한 걸음 술래잡기

술래는 게임을 시작하기 전에 특이한 걸음 한 가지를 정해요. 특이한 걸음으로는 게걸음이나 까치걸음, 줄넘기 뛰듯이 걷기, 한 발로 뛰기 등이 있어요. 모든 플레이어들은 술래가 정한 걸음으로만 움직여야 합니다. 술래 역시 자신이 정한 방식으로 움직이며 다른 플레이어들을 잡아야 해요. 술래가 다른 플레이어를 잡으면, 잡힌 플레이어가 술래가 되어 다시 새로운 방식의 걸음을 정해서 게임을 진행해요.

그림자 술래잡기

술래가 플레이어를 잡는 대신에 플레이어의 그림자를 밟아 아웃시키는 방식이에요. 이 놀이는 해가 진 뒤, 체육관이나 가로등이 있는 마당에서 하면 좋아요. 움직일 때마다 그림자의 형태가 변하기 때문에 한층 더 재미있게 술래잡기를 즐길 수 있어요.

용 꼬리 술래잡기

일렬로 줄을 서서 앞사람의 허리를 잡아요. 용의 머리(맨 앞 플레이어)가 꼬리(맨 뒤 플레이어)를 잡는 게임이에요.

숨바꼭질 술래잡기

모든 플레이어들은 서로의 목소리가 들리는 범위 내에서 몸을 숨겨요. 술래가 찾아낸 플레이어들은 발견된 차례로 번호를 크게 외치고, 그 자리에 그대로 있어요.

숨어 있던 플레이어들을 모두 찾은 후, 술래가 '출발!'이라고 큰 소리로 외치면, 플레이어들은 자기 번호보다 하나 더 높은 번호의 플레이어를 찾아 붙잡아요. (가장 높은 번호의 플레이어는 1번을 추적해요.) 만약 다른 번호의 플레이어를 잡았다면 다시 자신이 찾아야 할 번호의 플레이어를 찾아 계속 게임을 진행해요. 이때 술래는 참가하지 않아요. 끝까지 붙잡히지 않은 플레이어가 이깁니다.

물 풍선 놀이

물 풍선 놀이로 무더운 여름철 열기를 식히고 즐거운 시간을 보내요.

물 풍선 볼링
인원 2명 이상

빈 깡통이나 플라스틱 병을 핀으로, 물 풍선을 볼링 공으로 이용해요. 평평한 곳에 핀을 세우고 물 풍선으로 몇 개의 핀을 쓰러뜨릴 수 있을지 도전해 보세요.

물 풍선 던지기
인원 2명 이상

자 4개(또는 표식이 될 만한 물건)를 일정한 간격으로 바닥에 놓아요. 물 풍선을 얼마나 멀리 던질 수 있는지 알아보세요.

물 풍선 술래잡기
인원 3명 이상

물 풍선을 던져 사람을 맞추는 게임이에요. 술래가 플레이어를 향해 던지고, 물 풍선이 터지지 않았을 경우, 맞은 사람이 술래가 돼요. 단, 풍선을 던질 때에는 얼굴을 피해 몸통 쪽으로만 던지도록 합니다.

물 풍선 테니스
인원 2명 이상

테니스 라켓으로 물 풍선을 부드럽게 쳐서 날려 보세요. 물 풍선 치기를 성공할 때마다 한 걸음씩 뒤로 물러서서 도전해 봅니다. 물 풍선을 터뜨리지 않고 얼마나 멀리 날려 보낼 수 있는지 알아보세요.

커다란 비눗방울 만들기

오랫동안 터지지 않는 커다란 비눗방울을 만들어 볼까요?

비눗방울 용액 만들기

준비물
- 연수 또는 증류수 3컵
- 깨끗한 양동이
- 주방 세제 6스푼
- 글리세린 3스푼

1. 양동이에 물을 부어요.
2. 양동이에 주방 세제와 글리세린을 넣습니다. 글리세린은 비눗방울이 잘 터지지 않게 해 줘요.
3. 양동이 안의 액체를 부드럽게 저어서 섞어 주세요. 단 거품이 일지 않도록 살살 저이 주세요.
4. 용액 안의 성분들이 잘 섞이고 이물질은 바닥에 가라앉게 하기 위해 섞은 용액을 하룻밤 정도 그대로 두어요.

Tip
서늘하고 습도가 높으며 바람이 불지 않은 날이 비눗방울을 불기 좋아요. 덥고 건조하거나 바람이 세게 부는 날에는 수분이 빨리 증발해서 비눗방울이 쉽게 터져 버리기 때문이지요.

비눗방울 막대 만들기

준비물
- 가위
- 털실(또는 면실)
- 빨대 2개(플라스틱, 스테인리스 등의 단단한 소재)

1. 털실을 빨대의 6배 길이로 잘라요.
2. 2개의 빨대에 실을 꿰어요.
3. 실 양 끝을 매듭으로 연결하고 매듭은 빨대 안으로 밀어 넣어요.
4. 실로 연결된 빨대를 비눗방울 용액 속에 푹 담가서 빨대와 털실에 용액을 충분히 묻혀요.(손에도 용액을 묻혀요.) 빨대 2개를 서로 맞댄 상태로 비눗방울 용액에서 빼내요. 그리고 천천히 두 빨대를 떼어내 대형 비눗방울 막을 만들어요. 이 상태에서 빨대 사이로 공기가 지나가도록 움직이면 커다란 비눗방울이 생겨요. 이때 두 빨대를 빠르게 다시 맞대어 비눗방울을 공중으로 날려 보냅니다.

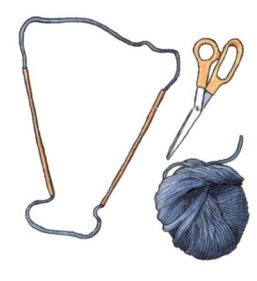

줄넘기 놀이

기다란 줄을 준비해서 많은 사람들이 함께 즐길 수 있는 줄넘기 놀이를 해 보세요. 줄넘기에 여러 가지 규칙을 더하면 한층 더 재미있게 즐길 수 있답니다.

기역은 기차
인원 1명 이상

이 놀이의 또 다른 이름은 '빠르게 생각하기'예요. 혼자 할 수도 있고 친구와 함께 할 수도 있어요. 줄넘기를 하면서 한글 자음을 순서대로 외치며 해당 자음으로 시작하는 단어를 빠르게 생각해 말하는 거죠. 예를 들면 아래와 같이 말할 수 있어요.

"ㄱ은 기차,
ㄴ은 나무,
ㄷ은 다람쥐……"

ㄱ부터 ㅎ까지의 한글 자음이 모두 끝날 때까지 계속합니다. 줄넘기를 2번 넘을 때까지 단어를 말해야 해요. 줄에 걸리거나 단어를 생각해 내지 못하면 처음부터 다시 시작해요. 마지막 ㅎ까지 도전해 볼까요?

규칙을 바꾸어 볼 수도 있어요. 다른 사람이 생각나는 대로 자음을 불러주면 다음 번 줄을 넘을 때 그 자음으로 시작되는 단어를 말하는 방식이에요.

생일은 언제일까?
인원 2명 이상

누군가의 생일을 생각해 두어요. 반려동물의 생일이나 부모님, 형제의 생일도 상관없어요.

줄넘기를 하면서 다음 문장을 외칩니다. 줄을 2번이나 4번 뛰어넘을 때까지 문장을 말해야 해요. 가령 엄마의 생일을 생각했다면,

"내 동생의 생일이 언제일까?"

"한번 맞혀 봐!"

"내가 생일에 맞춰 줄넘기를 하고"

"너희가 맞히는지 확인해 볼게."

네 문장을 다 말한 후에 "몇 월?"이라고 먼저 말해요. 줄을 한 번 넘을 때마다 한 단어씩만 말해야 해요. 줄을 한 번 넘을 때 "몇!"이라고 하고, 다음 번 줄을 넘을 때 "월?"이라고 하는 거죠. 그리고 생일의 월에 해당하는 횟수만큼 줄을 뛰어 넘어요. 가령 생일이 3월이라면 줄을 3번 넘어요.

월의 수만큼 줄넘기를 했으면 이제 "며칠일까?"라고 말합니다. 줄을 처음 넘을 때 "며칠!", 두 번째 넘을 때 "일까?"를 외치는 거죠. 그 다음 생일 날짜만큼 줄넘기를 합니다.

친구들은 여러분이 떠올린 생일이 언제인지 맞힐 수 있을까요?

하이 워터 · 로우 워터
인원 4명 이상

하이 워터
바닥에 놓인 줄의 양 끝을 두 플레이어가 각각 집습니다. 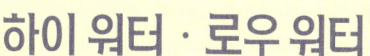 줄을 위아래로 흔들어 줄이 물결처럼 요동치도록 해요. 플레이어들은 차례대로 줄에 몸이 닿지 않게 줄을 넘어야 합니다. 모든 플레이어가 무사히 줄을 건너면, 줄을 조금 더 높이 올려서 물결을 높게 만들고, 플레이어들은 다시 줄 위를 건넙니다. 줄에 몸이 닿은 플레이어는 바로 아웃되며, 마지막까지 살아남은 플레이어가 이깁니다.

로우 워터
로우 워터는 물결처럼 움직이는 줄이 어깨 높이에서 시작해 점차 아래로 내려가면, 플레이어들은 줄에 닿지 않게 줄 아래를 통과해야 합니다. 모든 플레이어가 통과하면 줄의 높이는 한 단계 낮아집니다. 난이도를 높여서 손을 바닥에 대지 않고 통과해 보세요. 줄에 닿은 플레이어는 바로 아웃되며, 마지막까지 살아남은 플레이어가 이깁니다.

캠핑

집 마당도 좋고 가까운 공원도 좋아요. 어디서든 캠핑을 즐길 수 있답니다.

36쪽의 매듭 묶기를 참고하세요.

스스로 텐트 치기

혼자서 간단하게 쉼터를 만들 수 있어요. 단, 반드시 비가 오지 않는 날에 하도록 해요.

1. 두 나무 사이에 로프를 맵니다.
2. 로프 아래 바닥에는 낡은 천을 깔아 놓습니다.
3. 시트의 가운데를 로프에 걸쳐요.
4. 시트 끝자락을 바닥의 천 위로 당기고 가장자리에 큰 돌멩이를 올려 시트를 고정시켜요.

해 위치로 동서남북 찾기

동쪽에서 떠서 서쪽으로 지는 해의 위치를 파악하면 방향을 찾을 수 있어요. 해가 뜨는 곳을 오른쪽, 해가 지는 곳을 왼쪽으로 하여 서 보세요. 얼굴 방향이 북쪽, 등 방향이 남쪽이에요.

안전을 위한 Tip

절대로 해를 바로 쳐다보지 마세요. 망원경이나 쌍안경으로도 해를 봐선 안돼요. 해를 직접 볼 경우 눈에 심각한 손상을 입을 수 있답니다.

별 위치로 방향 찾기

별을 따라 모험을 떠나기 전에 어디로 가야 할지 별 위치로 방향을 확인해 보세요.

1. 아래 그림에서 북두칠성을 찾아보세요. 냄비 부분 가장자리에 있는 지표별을 확인합니다. 2개의 지표별 사이에 가상의 선을 긋습니다.

2. 지표별 사이 가상의 선을 바깥으로 연장하면 가장 밝게 빛나는 별과 만나는데 이 별이 북극성입니다.

3. 북극성과 마주 보았을 때, 얼굴 방향이 북쪽이고 뒤가 남쪽, 오른쪽이 동쪽, 왼쪽이 서쪽입니다.

캠핑장에서 불 피우기

캠핑장에서 파이어 링이나 화로, 그릴 등에 불을 피울 때 알아 두어야 할 사항들을 정리해 볼까요? 우선 불을 피울 때는 반드시 캠핑장의 허락을 받아야 해요. 또한 꼭 어른의 보호와 감독을 받도록 합니다.

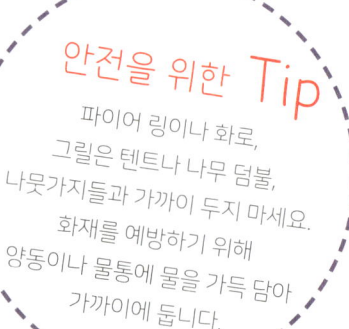

안전을 위한 Tip

파이어 링이나 화로, 그릴은 텐트나 나무 덤불, 나뭇가지들과 가까이 두지 마세요. 화재를 예방하기 위해 양동이나 물통에 물을 가득 담아 가까이에 둡니다.

필요한 재료

부싯깃
잔가지, 마른 낙엽, 마른 소나무 잎 등을 섞어 만든 것

불쏘시개
작은 나뭇가지나 막대기

장작
커다란 목재나 나무

1. 불을 피우려면 부싯깃, 불쏘시개, 장작이 필요해요. 다른 지역의 나무를 가져오지 않고 캠핑장 부근의 목재를 사용해서, 다른 지역의 해충들이 캠핑장으로 번지는 것을 예방해요.

2. 파이어 링 한가운데에 부싯깃을 모아 두어요.

3. 부싯깃 주위에 불쏘시개를 원뿔 모양으로 쌓아 올려요. 나뭇가지 사이에 틈이 있어야 공기가 잘 통해서 불이 잘 붙어요. 조금 더 큰 나뭇가지를 두세 겹으로 둘러싸 줍니다.

4. 원뿔 모양의 불쏘시개 주변에 통나무집이나 정사각형 형태로 장작을 쌓아요.

5. 바닥 가운데 있는 부싯깃에 불을 붙여요. 성냥불을 켜서 불쏘시개 안으로 조심스레 집어넣어요.

6. 불이 붙으려면 산소가 필요하므로, 바닥에 엎드려서 부싯깃을 향해 숨을 불어 넣어 줍니다. 불에 너무 가까이 가지 않도록 주의하세요. 불꽃에 공기를 불어 넣어서 재나 먼지가 날리지 않게 합니다. 불이 충분히 피어오를 때까지 계속 불어 주세요.

7. 불이 강해지면 더 큰 장작을 넣어 주세요. 장작을 통나무집 형태로 쌓아 올려도 되고 원뿔 형태로 세워 쌓아도 돼요. 불이 사그라지려 하면 장작을 더 넣어 줍니다.

8. 불을 끄려면 20분 이상의 충분한 시간이 필요해요. 많은 양의 물을 파이어 링 안에 붓고 긴 막대기로 재와 잔불을 고르게 펴 줍니다. 물을 더 뿌려도 좋아요. 마지막까지 재가 식었는지, 잔물이 남아 있지 않은지를 확인하세요. 수증기가 올라오거나 '피시식' 하는 소리가 나면 아직 불이 다 꺼지지 않은 거예요.

바깥에서 즐기는 활동

캠핑 음식 만들기

맛있는 간식을 만들어 보아요. 음식을 만들 때는 반드시 보호자의 도움을 받도록 해요.

297쪽에 태양열을 이용한 조리법을 소개하고 있어요.

멜팅 치즈 샌드위치

식빵 2조각과 버터, 치즈를 준비합니다. 식빵 1장에 버터를 바르고 다른 1장에 치즈를 얹고 겹쳐서 샌드위치를 만들어요. 샌드위치를 알루미늄 호일 3겹으로 싸고, 집게로 집어서 불 위에 올립니다. 3분 동안 익힌 다음 뒤집어서 3분 더 구워요. 잘 식혀서 먹도록 해요!

속이 가득 찬 스모어

마시멜로와 초콜릿 칩, 크래커를 준비합니다. 칼로 마시멜로 위에 길고 가느다란 칼집을 내고, 초콜릿 칩을 끼워 넣어요. 초콜릿 칩을 끼워 넣은 마시멜로를 다시 막대기에 꽂아서 불 위에 구워요. 갈색으로 변한 마시멜로를 통밀 크래커 사이에 넣어서 샌드위치처럼 만들어 맛있게 먹어요.

야외에서 사진 찍기

야외에서 사진 찍는 팁을 소개합니다. 눈길을 사로잡는 멋진 작품 사진을 촬영해 보세요.

- 카메라는 수평을 유지하고 흔들리지 않게 단단히 잡아요.
- 숨을 천천히 내쉬면서 셔터를 부드럽게 눌러요.
- 카메라 렌즈는 부드러운 극세사 천으로 닦아요. 절대 손가락으로 닦지 마세요.
- 이른 아침이나 늦은 오후에 부드럽고 따뜻한 느낌의 사진을 찍을 수 있어요. 이 시간대는 그림자 형태와 색깔도 다양하답니다.

- 촬영하고 싶은 장면을 선택하고 초점을 맞춰 보세요.
- 해가 떠 있으면 해를 등지고 사진을 찍어 보세요. 흐린 날이라면 옆이나 뒤에서 빛이 비추도록 자리를 잡아요.
- 어린이나 동물을 찍을 때는 무릎을 꿇고 자세를 낮춰서 찍어요.
- 찍으려는 대상의 머리가 잘리지 않고 전체가 뷰파인더에 나오게 해요.

변화하는 가을을 사진에 담기

가을철, 집이나 학교의 나무 중 하나를 골라 잎이 어떤 색으로 변하는지 살펴보세요. 일주일에 한두 번 규칙적으로 같은 장소에서 같은 각도로 나무 사진을 찍어 봅니다.

촬영한 사진들을 작게 인화하여 순서대로 포개어 놓고, 사진 왼쪽면을 스테이플러로 찍어서 묶음으로 만들어요. 사진을 차례로 1장씩 넘기며 나무가 표현하는 계절의 변화를 느껴 보세요. 크게 출력해서 감상해도 좋아요.

나무 관찰하기

나무는 여러 가지 역할을 해요. 사람에게는 목재와 열매를, 야생 동물에게는 쉴 곳을 제공하죠. 무더운 여름에는 시원한 그늘을 제공합니다. 그리고 동물에게 가장 중요한 산소를 내뿜죠. 우리 주변에서 볼 수 있는 대표적인 나무 5가지를 소개합니다.

수양버들

수양버들은 독특하면서도 아름다워요. 키가 작게는 10m에서 크게는 20m까지 자라는데, 옆으로도 거의 비슷한 너비로 자란답니다. 길고 가늘며 구부러지는 잎이 특징인데, 잎 겉면은 초록색이지만 안쪽은 희끗희끗한 녹색이에요. 비가 오면 수양버들의 늘어진 가지에서 떨어지는 빗방울이 마치 나무가 우는 것처럼 보이기도 한답니다.

유심히 살펴보면 수양버들 주위에는 다른 나무들이 없다는 사실을 깨닫게 될 거예요. 땅속 깊이 넓게 뻗어있는 수양버들뿌리에서 엄청난 양의 물을 빨아들여 다른 나무들이 물을 빨아들일 수 없기 때문이에요. 이런 이유 때문에 수양버들은 주로 물가에서 자라요. 성장 속도가 무척 빨라 1년에 약 2.5m까지 자라기도 해요.

아스피린은 수양버들 나무껍질에서 추출한 성분을 연구해서 만들어졌어요. 고대 그리스인과 아메리카 인디언들은 수양버들 나무껍질을 씹어 진통제로 사용했거든요. 다만 복통을 일으키는 부작용이 있었어요. 과학자들이 수양버들 나무껍질 성분을 분석해 같은 종류의 화학물질을 합성한 약을 만들어 내어 아스피린이라고 이름 짓게 되었답니다.

소나무

많은 종류의 소나무가 우리나라를 비롯한 세계 각국에서 자라고 있어요.
소나무는 침엽수의 일종이에요. 침엽수(conifers)라는 단어는 라틴어에서 유래했는데, '솔방울을 가진 자'라는 뜻이에요. 소나무는 상록수라고도 불려요. 잎이 항상 녹색을 띄고 있기 때문이죠. 그리고 생명력이 강해서 보통 100~200년 정도 자라는데, 일부 소나무는 1,000년 이상을 사는 경우도 있답니다.

모든 침엽수는 씨앗이 솔방울에 있으며, 암컷 솔방울과 수컷 솔방울이 같이 달려 있지요. 수컷 솔방울에는 꽃가루가 있고 암컷 솔방울에는 씨앗이 있는데, 바람이 불거나 중력에 의해서 수컷 솔방울의 꽃가루가 날리며 암컷 솔방울 씨앗으로 전해져요. 다른 나무의 꽃가루가 날아 오는 경우도 많아요. 모든 침엽수는 잎이 길고 가느다란 바늘 모양인데, 보통 가지마다 2~5개 다발의 뾰족한 잎이 자란답니다.

소나무 목재는 건물, 가구, 종이 등을 만드는데 사용됩니다. 사람들은 일부 소나무의 큰 씨앗을 먹기도 하는데 이를 '파인 너트'라고 불러요. 또한 소나무의 윗부분을 잘라 크리스마스트리로 장식하기도 하죠.

나무에는 왜 나이테가 있을까?

나이테는 그 나무가 살아온 환경에 대한 여러 가지 정보를 알려 줍니다. 나이테는 나무가 성장한 기간 별로 층이 나뉜 것으로, 해마다 당시의 기후가 나무에 어떤 영향을 끼쳤는지를 알 수 있습니다. 나이테는 사람의 지문과 비슷한 역할을 한다고 할 수 있어요.

봄철에 나무는 물을 많이 흡수하고 쑥쑥 자랍니다. 나무는 세포를 크게 만들어서 물이 빨리 지나갈 수 있게 해요. 이때 만들어진 나이테는 넓고 밝은 색을 띄게 됩니다. 여름과 가을에는 물과 영양분이 충분하지 못하기 때문에 성장도 더뎌요. 그래서 세포가 작고 촘촘해져 좁고 어두운 색의 나이테가 형성되지요. 하나의 밝은 나이테와 다른 하나의 어두운 나이테는 1년 동안 나무가 어떻게 성장했는지를 보여줍니다. 과학자들은 나이테를 연구해서 나무가 자란 시기의 기후에 대해 많은 정보를 알아낼 수 있어요. 보통 따뜻하고 비가 많이 내릴 때에는 나이테가 넓어지고, 춥고 건조할 때에는 나이테가 좁아집니다. 비가 전혀 내리지 않을 때는 나무의 성장이 멈추기도 한답니다.

바깥에서 즐기는 활동

떡갈나무

우리나라에는 여러 종류의 떡갈나무가 있어요. 작은 도토리에서 시작한 떡갈나무는 1년에 약 2,000개의 도토리를 생산해요. 그러나 그 많은 도토리가 나무로 성장할 확률은 1/10,000에 불과합니다. 대부분 다람쥐, 새, 사슴 등 동물의 먹이가 되기 때문이죠.

떡갈나무의 잎은 침엽수와 달리 하나의 잎 주위에 마치 여러 개의 작은 잎이 뻗어 있는 넓은 잎사귀 모양입니다. 가운에 잎맥에서 좌우로 작은 잎이 펼쳐지는 형태이지요. 잎 끝은 둥글거나 뾰족합니다.

떡갈나무 목재는 매우 강하고 단단해서 건축자재나 드럼을 만들 때 주로 쓰입니다. 과거에는 배를 만들 때 떡갈나무를 쓰기도 했어요. 가지가 길고 잎이 무성한 떡갈나무는 더운 여름철 시원한 그늘을 제공해 주어요. 또한 우람한 떡갈나무는 힘과 장수의 상징이기도 해요.

사시나무

바람이 불면 사시나무는 벌벌 떠는 듯 요란하게 흔들려요. 대부분의 나무들은 잎이 동그랗게 말린 모양인데 반해 사시나무는 잎 전체가 평평하지요. 이러한 특징 때문에 조금만 바람이 불어도 이파리가 파르르 떨리면서 나무 전체가 심하게 흔들리는 것처럼 보입니다.

사시나무 잎은 전체적으로 둥근 모양인데 끝이 뾰족합니다. 겉은 부드러운 느낌의 밝은 연두색이고, 뒷면은 칙칙한 녹색이에요. 가을이 되면 사시나무 잎은 노랑, 주황, 빨강 등 화려한 색으로 바뀌어요.

미루나무는 사시나무와 친척 관계입니다. 미루나무는 씨앗이 하얀 솜으로 덮여 있어서 영어로 'cotton-wood'라고 불린답니다.

단풍나무

전 세계에는 128종이나 되는 다양한 종류의 단풍나무가 있어요.

단풍나무는 잎이 다섯 갈래로 나뉘어져 있어요. 단풍나무 잎의 다섯 갈래와 잎맥은 한 점에서 퍼져 나가는데, 중앙에서 좌우로 뻗어 나가는 떡갈나무의 잎과는 조금 다른 모양이랍니다. 가을이 되면 단풍나무는 화려한 색으로 변해요. 밝은 주황색에서 노랑, 빨강, 갈색 등으로 화려하게 치장하지요.

단풍나무는 200년 이상 살 수 있어요. 그리고 단풍나무의 씨앗에는 날개가 달려 있어서 헬리콥터처럼 날개를 펄럭이면서 떨어집니다.

단풍나무로는 주로 야구 방망이, 악기, 종이 등을 만들어요.

새 관찰하기

새는 종류에 따라 울음소리가 각기 다를 뿐만 아니라 습성과 능력도 제각각입니다. 알아 두면 좋은 새 6마리에 대해 알아보아요.

박새

크기 약 15cm
모양 둥근 몸집, 가느다란 꼬리, 커다란 머리, 짧고 검은 부리
색 검은 머리, 검은 목, 흰 뺨, 짙은 회색 날개, 새하얀 흰색 배

우리나라에는 4종의 박새가 살고 있어요. 바로 박새, 쇠박새, 진박새, 곤줄박이랍니다. 박새는 모두 생김새와 습성이 비슷해요.

박새는 호기심이 많고 활동적이에요. 따라서 쉬지 않고 여기저기로 날아다니죠. 박새는 나뭇잎 사이에서 씨앗이나 곤충의 알을 찾아다녀요. 그렇게 찾은 먹이는 나무껍질 사이에 숨겨 두지요. 따뜻한 날이면 숲이나 나뭇잎이 쌓인 곳에서 한 마리씩 차례로 씨앗을 물고 날아오르는 박새의 모습을 볼 수 있어요.

추운 겨울에도 박새를 볼 수 있어요. 겨울이 되면 박새는 곤충이나 거미의 알을 먹고 살아가요. 물론 미리 숨겨 놓은 씨앗을 먹기도 한답니다.

박새를 영어로 'chickadee'라고 해요. 이는 박새가 위험에 처했을 때 큰 소리로 내는 울음소리인 "chi-cka-dee"에서 유래했답니다. 박새의 울음소리를 따라해 본 적 있나요? 사람들이 박새의 울음소리를 따라하면, 박새는 화답하듯이 울음소리를 내기도 해요.

놀라운 사실 박새는 나뭇가지에 옆으로 매달리듯 앉을 수 있어요. 심지어 박쥐처럼 거꾸로 매달릴 수도 있지요.

까마귀

크기 약 50cm
모양 늘씬한 몸통, 크고 두꺼운 부리, 중간 길이의 꼬리
색 깃털, 부리, 다리 모두 검은색

까마귀는 이름에서 느껴지듯 부리부터 다리까지 모두 새까만 새입니다. 까마귀는 지능이 뛰어난 새 중 하나예요. 아주 건조한 사막 지역을 제외하고는 전 세계 곳곳에서 까마귀를 발견할 수 있답니다. 우리나라에서도 나무 꼭대기나 건물 옥상, 농촌의 들녘이나 도로가 등 어디에서나 까마귀를 볼 수 있어요.

까마귀는 지능뿐만 아니라 사회성도 뛰어난 편이에요. 다양한 울음소리로 동료들에게 "나 여기 있어!", "올빼미가 있어!", "쫓아 버리자!" 등 자신의 의사를 전하기도 하죠. 또한 까마귀는 도구를 사용하기도 해요. 나뭇가지를 꼬챙이처럼 다듬어서 곤충의 애벌레를 찔러서 잡아 먹기도 한답니다.

놀라운 사실 실험을 통해 까마귀가 문제를 푸는 능력도 있다는 사실이 밝혀졌어요.

어치

크기 약 30cm
모양 뾰쪽한 머리 볏 장식과 꼬리는 중간 길이
색 파란색 바탕에 흑백의 무늬가 있는 꼬리와 날개

어치는 우리나라 전역에 번식하는 흔한 텃새입니다. 주로 숲에 살지만 공원이나 주택가에서도 종종 볼 수 있어요. 까마귀의 사촌격인 어치는 까마귀처럼 여러 가지 울음소리를 낼 수 있어요.
어치는 잡식성으로 작은 새의 알이나 곤충을 먹기도 하지만, 대부분 씨앗이나 나무열매 등을 먹고 산답니다. 어치는 숲에 있는 도토리나 나무 열매를 멀리 운반해서 잎 아래에 숨겨두고 나중에 먹기 때문에, 숲의 나무들이 번식하는 데에 도움을 주는 고마운 새이기도 해요.

놀라운 사실 어치는 평생 암컷과 수컷이 부부로 함께 살아요.

바깥에서 즐기는 활동

개똥지빠귀

크기 약 25cm
모양 계란형 몸통, 중간 길이 꼬리, 짧은 부리
색 적갈색 가슴, 회갈색 날개, 검은 머리, 노란 부리

개똥지빠귀는 우리나라 전역에서 흔히 볼 수 있는 겨울 철새로 이동 시기인 봄과 가을에 많이 볼 수 있어요. 이동할 때는 약 10~20마리가 무리지어 날아간답니다. 개똥지빠귀는 땅 위를 이리저리 종종거리면서 먹이를 찾아다녀요. 고개를 돌리고 곁눈질로 바닥에 있는 벌레를 찾고, 벌레를 발견하면 부리로 쪼아서 들어 올린 뒤 꿀꺽 삼켜버려요. 파리, 딱정벌레, 나비, 메뚜기 등 곤충이나 열매 종류를 즐겨 먹는답니다.

개똥지빠귀는 5~6월 경에 4~5개의 알을 낳아요. 개똥지빠귀의 알은 매우 아름다운 청색을 띠고 있어요. 사람들은 이 색을 표현하기 위해 많은 노력을 기울이고 있죠. 이 색에는 '개똥지빠귀 알 청색'이라고 이름이 붙기도 했답니다.

놀라운 사실 개똥지빠귀는 땅 위에 둥지를 짓기도 해요.

벌새

크기 약 7~20cm
모양 날씬한 몸통, 짧은 꼬리, 길고 가는 부리
색 대부분 녹색이고 배 아래는 흰색 또는 녹색, 화려하고(주로 빨간색) 무늬가 있는 턱 부분

세계에서 가장 작은 새로 꼽히는 벌새는 기다란 부리와 혀로 꽃에서 꿀을 빨아먹는 동안 공중에서 제자리를 맴돈답니다. 벌새의 날갯짓은 1초에 80회에 달할 정도로 매우 빨라서 잘 보이지 않을 정도예요. 날갯짓을 할 때면 '윙윙'하고 벌이 날 때 나는 소리가 나기 때문에 벌새라는 이름이 붙었어요.
대부분의 새들은 앞으로만 날 수 있지만 벌새는 유일하게 뒤로도 날 수 있답니다. 세계에는 약 320종에 달하는 다양한 벌새가 있지만, 대부분 매우 작아서 거의 곤충처럼 보인다고 해요.
아쉽게도 우리나라에서는 벌새를 볼 수 없어요. 벌새는 미국을 비롯한 열대 지방에서

파랑새

크기 약 20cm
모양 계란형 몸통(박새처럼 동그랗지는 않음), 짧은 꼬리, 짧고 검은 부리
색 머리와 날개는 파란색이지만 나머지 부분은 종마다 색깔이 다름

동화 속에 등장해 신비한 느낌을 주는 파랑새. 푸른빛이 아주 매력적인 새로 아쉽지만 우리나라에서는 쉽게 보기 힘든 새입니다. 일본이나 인도, 오스트레일리아 등지에서 주로 서식한답니다. 파랑새는 공중에서 곤충을 발견하기 쉬운 탁 트인 들판이나 초원에 살아요. 주로 나무 위나 목재 울타리 등에 둥지를 짓는데, 파랑새의 둥지는 특별한 구조로 되어 있어서 너구리 등의 동물로부터 알과 새끼를 보호하는 역할을 한답니다.

파랑새 암컷은 5~7월 사이에 4~7개의 알을 낳아요. 암컷이 알을 낳으면 수컷은 부지런히 매미나 딱정벌레, 나비 등의 곤충을 잡아서 암컷에게 가져다주지요.

놀라운 사실 파랑새는 날아다니거나 공중에서 곤충을 잡는 중에도 먹이를 먹을 수 있어요.

많이 서식한답니다. 일부 벌새들은 여름에는 북아메리카에서 지내다가 가을이 되면 멕시코 등의 중남미 지역으로 이동하기도 해요.

놀라운 사실 벌새는 매일 자신의 몸무게와 같은 양의 꿀을 마신다고 해요. 활동량이 많고 초당 수십 회에 달하는 날갯짓으로 엄청나게 많은 에너지를 소모하기 때문이랍니다.

곤충 관찰하기

숲이나 정원에서 볼 수 있는 곤충들을 관찰해 보세요.

Tip
나뭇잎이나 풀잎을 주의 깊게 살피며 곤충과 작은 동물을 찾아보세요. 돋보기를 사용하는 것이 좋아요. (단, 절대 돋보기로 해를 비추어 보지 마세요.)

귀뚜라미

해가 진 뒤, 귀뚜라미 울음소리가 나는 곳을 찾아가 보세요. 귀뚜라미가 울 때마다 소리가 나는 곳을 향해 몇 발짝씩 살그머니 다가갑니다. 소리가 멈추면 다시 소리가 들릴 때까지 가만히 서서 기다리세요. 소리가 났다가 멈추기를 몇 번 반복하면 어느새 귀뚜라미에 가까이 다가갈 수 있습니다. 조용히 기다리세요. 귀뚜라미는 작은 불빛에도 반응하며 날개를 펼치고 울기 시작할 거예요.

반딧불이

반딧불이는 몸에서 화학반응을 일으켜 불빛을 냅니다. 새가 울음소리로 짝을 찾는 것처럼, 반딧불이는 몸의 빛으로 자신의 위치를 알려서 짝을 찾아요.

초여름 밤, 반딧불이를 찾아보세요. 반딧불이는 목초지나 습지처럼 다습한 지역에 서식합니다. 반딧불이를 찾다가 스스로 빛을 내는 어린 반딧불이를 발견할 수도 있어요. 어린 반딧불이는 마치 땅 속에 있는 벌레나 유충이 빛을 내면서 기어다니는 것처럼 보인답니다.

나비와 나방의 차이점

비슷해 보이지만 나비와 나방은 분명한 차이점이 있어요.

나방
- 더듬이에 솜털이 나 있어요.
- 날지 않을 때는 날개가 아래로 쳐져요.
- 야행성으로 밤에 활동해요.
- 어두운 밤, 가로등 불빛 주위에서 발견할 수 있어요.

THINGS TO DO OUTSIDE

꽃등에

꽃등에는 식물에 해를 끼치는 진딧물과 작은 곤충을 잡아먹고, 꽃가루를 옮겨주는 유익한 곤충입니다. 꽃등에를 벌이나 말벌로 착각하는 이유는 꽃등에에게도 검은색과 노란색의 줄무늬가 있기 때문이에요. 그러나 꽃등에는 침을 쏘지 않고, 멈춰 있을 때 날개가 바깥으로 펼쳐져 있습니다.(반면 벌은 날개가 등 위로 접혀 있지요.) 이 줄무늬 때문에 대부분의 포식자들이 벌로 착각해서 꽃등에를 잡아먹지 않고 내버려둔답니다.

매미

매미는 땅속에서 대부분의 삶을 보내며, 약 2년 동안 흙속에서 지내다가 밖으로 나옵니다. 어떤 매미는 17년이나 흙속에서 살기도 해요. 매미는 나무뿌리 수액을 먹고 살지요. 우리는 매 여름마다 매미 울음소리를 들을 수 있답니다.

더 알아 봐!

곤충들이 많이 모여 윙윙거리는 때는 언제인지 알아보세요!

나비

- 길고 가느다란 더듬이 끝에 전구처럼 둥근 마디가 있어요.
- 날지 않을 때는 두 날개를 모아 위로 세워요.
- 주로 낮에 활동해요.
- 한낮에 꽃밭에서 발견할 수 있어요.

바깥에서 즐기는 활동

연못과 개울가 생물 관찰하기

가까운 연못이나 개울가에서 자갈이나 물에 잠긴 바위 밑을 들춰 보거나 수생 식물의 줄기를 관찰해 보세요. 옮긴 돌이나 바위는 다시 제자리에 두어 생물들이 서식처로 돌아갈 수 있게 합니다.

달팽이

달팽이는 칼슘 성분이 있는 물질을 내뿜어 단단한 껍데기를 만들어요. 껍데기는 포식자로부터 달팽이를 보호해 줘요. 달팽이는 물속에 살기도 하지만 대부분은 축축한 땅에서 살아갑니다. 땅이 건조해지면 달팽이는 껍데기 속에 웅크리고 들어가 비가 올 때까지 기다립니다.

습지나 낙엽 아래 등, 축축한 곳에서 다양한 달팽이를 찾아보세요. 달팽이를 관찰한 다음에는 반드시 원래 살던 장소로 보내 주도록 해요.

소금쟁이

소금쟁이는 물 위에 떠서 성큼성큼 걸어 다닙니다. 소금쟁이를 영어로 Water Strider라고 하는데, 물 위를 떠다니는 모습을 표현한 것이라 할 수 있어요. 소금쟁이의 움직임을 보려면 무릎을 굽히고 연못 위를 자세히 들여다보세요. 소금쟁이가 움직이면서 물 표면에 만들어 내는 작은 흔적들을 볼 수 있을 거예요.

하루살이

하루살이가 물 위를 낮게 날아가는 모습을 종종 볼 수 있어요. 하루살이는 수백만 마리가 무리지어 한꺼번에 날아오르기도 해요. 유충일 때는 물속에 살면서 필요한 것을 먹지요. 어른이 되면 물 바깥으로 나와서 짝짓기를 하고 알을 낳아요. 하루살이는 알을 낳은 뒤 불과 몇 시간, 길게는 며칠 안에 죽게 됩니다.

지렁이

땅을 조금 파 보거나 낙엽 아래, 바위 밑, 물가의 통나무 등 축축한 곳을 살펴보면 지렁이를 찾을 수 있어요. 지렁이는 사람의 인기척을 감지하기 때문에 소리 나지 않게 다가가야 해요. 비가 온 후에는 길 곳곳에서 지렁이를 볼 수 있어요. 지렁이가 지나간 자국 또한 발견할 수 있답니다. 지렁이는 땅속으로 구멍을 뚫고 들어가 물과 공기를 공급받으며 식물 뿌리까지 다다릅니다. 지렁이는 해를 피해서 땅속으로 숨는데, 그 이유는 몸이 건조해지면 말라 죽어 버리기 때문이에요. 축축한 피부를 유지하고 있어야 산소를 공급받을 수 있지요. 지렁이는 연약한 생물이므로 조심스레 다루어 주세요.

> 지렁이 집 만드는 법은 314쪽을 참고하세요.

더 알아 봐!

연못이나 개울가를 조용히 관찰해 보세요. 움직이는 무언가가 보이나요? 한 마리가 보이는지, 떼 지어 다니는 무리가 보이는지 확인해 보세요. 또 어떤 소리가 들리나요?

바깥에서 즐기는 활동

자연물로 작품 만들기

나뭇잎, 꽃잎, 열매 등 다양한 자연물을 이용해 특별한 작품을 만들 수 있어요. 밖에 나가서 눈을 크게 뜨고, 땅에 떨어져 있는 자연의 조각들을 골라 멋진 작품으로 만들어 보세요.

시작하기 전에

식물은 살아 있는 생명체임을 잊지 마세요. 땅에 떨어져 있는 것들만 모아서 활용하고, 자연을 훼손하지 않도록 주의합니다.

1. 재료를 수집해요. 도토리와 돌멩이, 낙엽처럼 형태와 크기가 비슷한 것들을 모아 보거나, 형태와 크기, 색깔에 상관없이 다양하게 수집해 보세요.

2. 넓은 공간에 수집한 재료를 두고, 멋진 작품을 만들어 보세요. 나선형이나 부채 모양, 꽃 모양을 만들어 보거나, 단어나 문자로 표현해 보아도 좋아요. 무엇이든 멋진 작품이 될 수 있답니다.

3. 완성된 작품을 다른 사람들과 함께 감상해 보세요. 자연의 아름다움을 멋진 작품으로 느껴 보며 떠오르는 생각들을 이야기해 보세요.

작은 정원 꾸미기

정원이나 작물을 심을 땅이 없어도 괜찮아요. 양동이나 커다란 통 몇 개만 있으면 충분히 멋진 정원을 꾸밀 수 있어요.

준비물

- 플라스틱 양동이나 커다란 통
- 망치
- 못
- 자갈
- 흙
- 모래
- 초탄
- 각종 씨앗(상추, 당근, 무, 근대, 바질, 딜 등)
- 물

1. 더 이상 밤에 서리가 내리지 않는 포근한 날씨가 계속될 때, 작은 정원을 꾸며 보세요.

2. 망치와 못으로 플라스틱 양동이의 바닥에서 5cm 정도 높이에 구멍 12개를 뚫어요. 물이 빠져나가는 구멍이에요. 구멍을 뚫을 때는 반드시 어른에게 도움을 청하도록 합니다. 구멍을 뚫은 부분까지 돌멩이나 자갈을 채워요. 그 위에 흙과 모래, 초탄을 넣고 서로 뒤섞어 주세요. 위에서 5~8cm 정도는 공간을 남겨 둡니다.

3. 5~8cm 간격으로 씨를 심고, 그 위에 흙을 5mm 정도 두께로 덮어 줍니다. 흙을 살포시 두드린 후 물을 조금 뿌려 주세요. 일주일 안에 싹이 틀 거예요. 잎이 4~6장 정도 나기 시작하면 가위로 잘라 다른 식물들이 잘 자랄 수 있게 해요.

4. 햇볕이 잘 드는 장소에 양동이를 놓고 물을 충분히 주세요. 손으로 흙을 만졌을 때 건조한 느낌이 없어야 해요.

5. 작물을 잘 키워서 신선한 채소를 수확해 보세요.

동물 발자국 석고 모형 만들기

아무리 작은 식물이나 동물도 땅에 흔적을 남기기 마련이에요. 석고 모형으로 식물의 흔적을 본떠서 관찰해 보는 건 어떨까요?

준비물
- 골판지 상자 또는 우유팩
- 가위
- 소석고
- 물
- 지퍼 백

3. 소석고 2컵에 물을 1컵 비율로 넣고 섞어 주세요. 덩어리가 뭉치지 않도록 잘 으깨어 섞고, 석고 반죽을 지퍼 백에 담아요. 동물 발자국 위에 놓아둔 틀에 석고 반죽을 쏟아 붓습니다.

1. 진흙길에 찍혀 있는 동물 발자국을 찾아요. 발자국 주변을 깔끔하게 정돈합니다.

4. 석고 반죽이 굳을 때까지 최소 15분에서 최대 1시간까지 가만히 둡니다. 석고가 굳는 시간은 날씨에 따라 달라요. 석고가 굳으면 틀을 제거하고 밑에 묻은 흙을 털어 내요.

2. 석고 모형으로 본뜨고 싶은 부분에 골판지 상자 틀을 올리고 바닥에 잘 고정되도록 눌러주세요. 우유팩 중간 부분을 5cm 높이로 잘라 석고틀로 이용할 수 있어요.

더 즐겨 봐!

석고 모형을 좋아하는 색으로 예쁘게 칠해 보세요.

THINGS TO DO OUTSIDE

나비 리조트 만들기

간단한 방법으로 나비를
집 마당으로 끌어들여 보세요.

- 햇빛이 잘 드는 곳에 바위를 놓아 나비들이 놀 수 있게 합니다.
- 접시에 물을 조금 붓고 바위 옆에 놓아둡니다.
- 설탕과 뜨거운 물을 4 대 1 비율로 섞어서 나비 먹이를 만듭니다.
  접시 위에 목화송이 몇 개를 올려놓고 그 위에 설탕물을 부어 주세요.
  접시를 바위와 물 접시 옆에 나란히 놓습니다.

1 마지막 도전!

나무 막대 3~4개를 바닥에 놓고, 나무 막대로 다양한 모양을 만들어 보세요. 막대를 부러뜨려서 작은 막대 여러 개로 나누어 만들어도 좋아요.

부엌에서 즐기는 활동
THINGS TO DO IN THE KITCHEN

나무나 땅에서 나는 식재료로
간식을 만들어 보세요.

한번 해 보세요!

약간의 꿀과 요구르트, 얼린 과일을
같은 비율로 믹서기에 넣고 갈아 줍니다.
섞인 음료를 아이스바 틀에 붓고
칸마다 막대를 하나씩 꽂아
냉동실에 넣어 얼립니다.
얼린 아이스바를 맛있게 즐겨 보세요.

레모네이드에 깨끗이 씻은 민트 잎과
수박, 으깬 딸기를 넣어 보세요.
한층 더 맛있는 레모네이드를
맛볼 수 있어요.

바나나 껍질을 이쑤시개로 그어 보면
갈색으로 변한답니다.
이를 이용해 바나나 껍질에
재미있는 그림을 그려 보세요.

온 가족이 함께
맛있는 음식을 만들어 보세요.

지금까지 먹어 본 적 없는 음식에 도전해 보세요.
익숙하지 않은 음식이라면
평소 좋아하는 음식에 곁들여 먹어 봐도 좋아요.

과일 기르기

과일을 먹고 나면 씨앗이 남죠. 이 씨앗을 버리지 말고 직접 과일로 길러 보는 건 어떨까요? 쉽게 기를 수 있는 방법을 알아볼까요?

자몽

1. 자몽에서 통통한 씨앗을 골라 하룻밤 동안 따뜻한 물에 담가 둡니다.

2. 정원 흙을 5cm 정도 담은 화분에 자몽 씨앗을 뿌리고 꾹꾹 눌러 줍니다. 씨앗 위로 흙을 더 뿌려 씨앗을 덮어 줍니다.

3. 물을 뿌려 흙을 촉촉하게 적십니다. 2~3주가 지나면 싹이 돋아날 거예요.

아보카도

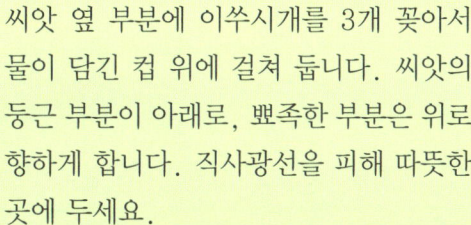

1. 아보카도 씨앗을 깨끗이 씻어주세요. 씨앗 옆 부분에 이쑤시개를 3개 꽂아서 물이 담긴 컵 위에 걸쳐 둡니다. 씨앗의 둥근 부분이 아래로, 뾰족한 부분은 위로 향하게 합니다. 직사광선을 피해 따뜻한 곳에 두세요.

2. 씨앗 밑부분이 물에 잠겨 있어야 합니다. 2~6주가 지나면 싹이 돋아나요. 뿌리가 나고 줄기가 자라기 시작하면 씨앗이 갈라지게 됩니다. 줄기가 15cm 정도로 길어지면 반을 잘라 줍니다.

3. 뿌리가 점차 굵어지고 줄기에 새 잎이 생기면, 지름 25cm 정도 되는 큰 화분으로 옮겨 심어 보세요. 씨앗 일부가 흙 위로 조금 튀어나오게 합니다. 흙이 축축해질 만큼 물을 주고, 햇빛이 내리쬐는 곳에 화분을 놓습니다.

파인애플

1. 파인애플 윗부분을 5cm 길이로 자르고, 잎은 달린 채로 둡니다.
중간 부분을 제외한 과육을 파내고, 하루나 이틀 정도 말립니다.

2. 맨 아래에 달린 잎을 몇 장 잘라 냅니다. 파인애플 속이 마르면 흙을 채운 화분에 심어요. 파인애플 몸체를 흙 속에 완전히 파묻고 잎만 드러나게 해요. 새 잎이 자랄 때까지 자주 물을 주고, 햇빛이 잘 드는 곳에 놓아둡니다.

각종 향신료

대부분의 향신료는 식물의 씨앗이에요. 카더멈, 샐러리, 아니스, 겨자, 깨 등을 주방에서 찾아보세요.

향신료 씨앗을 심어서 잘 자라는지 확인해 봅시다. 달걀판에 화분용 흙을 채우고 칸마다 여러 가지 씨앗을 심어요. 아이스크림 막대를 반으로 잘라 이름을 써서 꽂아 두면 싹이 돋은 뒤에 식물을 식별하기 쉬워요.

흙이 마를 때마다 물을 주고, 햇볕 드는 곳에 놓습니다. 싹이 나서 성냥개비 길이 정도로 자라면 큰 화분으로 갈아 주세요.

과일일까? 채소일까?

식물이 과일인지 채소인지를 판단하는 것은 요리를 하는 관점에서 보느냐, 아니면 식물학의 관점에서 보느냐에 따라 달라요. 요리사는 달콤하거나 시큼한 식물을 과일이라 여기고, 달지 않지만 먹을 수 있는 부분을 채소라고 생각할 거예요.

반면 과학자는 식물의 기능에 따라 과일인지 채소인지를 구분합니다. 식물학자들은 잎, 줄기, 꽃, 뿌리 등 식물의 부분을 나누어 말해요. 식물학에서 과일은 씨앗을 품은 부분이에요. 따라서 식물학자들은 토마토를 과일이라고 부르지만, 요리사는 토마토를 채소라고 하죠.

사실 어떻게 부르는지는 중요하지 않아요. 과일이나 채소는 모두 우리 몸에 좋답니다.

THINGS TO DO IN THE KITCHEN

반려동물을 위한 간식 만들기

소중한 친구들에게 특별한 간식을 만들어 생일을 축하해 주세요!

안전을 위한 Tip
- 반려동물에게 새로운 음식을 주기 전에, 먹을 수 있는 음식인지 수의사의 의견을 들어 봅니다.
- 칼처럼 날카로운 도구를 사용할 때는 어른의 도움을 받습니다..

고양이를 위한 스낵

1. 참치 2스푼과 잘게 썬 치즈 1스푼, 오트밀 1티스푼을 잘 섞습니다.

2. 섞은 음식을 컵에 담고 눌러서 모양을 만들어요. 컵을 조심스레 두드리며 꺼내어 접시에 담아요.

3. 맨 위에 사료를 올립니다.

강아지를 위한 케이크

1. 말린 사료 2스푼, 땅콩버터 1스푼, 으깬 바나나 1스푼을 섞어 줍니다.

2. 컵에 넣고 눌러서 모양을 만듭니다. 조심스레 꺼내서 접시에 담아요.

3. 바나나 조각을 더하고, 사료를 올립니다.

토끼를 위한 간식

1. 토끼가 좋아하는 과일과 채소를 얇게 잘라요.

2. 칼로 썬 과일과 채소 조각을 탑처럼 쌓아요.

3. 토끼 사료를 맨 위에 올립니다.

부엌에서 즐기는 활동

가짜 음식 만들기

만우절까지 기다릴 필요가 없어요. 가짜 음식으로 기발한 장난을 쳐 볼까요?

디저트 나초

디저트로 나초를 만들어 보세요. 노란 식용 색소를 요거트에 넣어 치즈 소스로 만들고, 코코넛 플레이크에 녹색 색소를 입혀 상추로 둔갑시키고요. 얇은 크래커 위에 치즈 소스와 상추를 올린 후, 토마토 대신 자른 딸기, 검은콩 대신 건포도를 올려 줍니다. 새콤한 사워크림 대신 바닐라 요구르트를 곁들여 주면 달콤한 디저트 나초가 완성됩니다.

브라운 E's

두꺼운 갈색 종이를 오려서 E자 모양으로 만들어요. 이를 갈색 냄비에 넣고 포일로 덮어 둡니다. 가족에게 초콜릿인 것처럼 속여서 먹도록 권해 보세요.

oh, no!

빈 마요네즈 병에 바닐라 푸딩을 채웁니다. 누군가가 오면 마요네즈 병에 담긴 푸딩을 그릇에 가득 담고 먹기 시작합니다. 사람들의 놀라는 표정을 즐기며 맛있게 푸딩을 먹어 보세요.

상자 속의 배

상자 안에 과일 배 1개를 넣고 친구에게 주며 말해요.
"바다에서 엄청 멋진 배 하나를 봤는데, 네가 좋아할 것 같아서 배를 사버렸어. 상당히 비싼 거지만 기꺼이 네게 줄게."

여러 가지 방법으로 냅킨 접기

냅킨으로 멋지게 접어 식탁을 예쁘게 꾸며 보세요.
커다란 정사각형 냅킨이나 종이 타월을 이용하면 됩니다.

Tip
접힌 부분의 주름을 잘 눌러 줘야 접은 냅킨의 모양이 잘 유지돼요.

식기 포켓 접기

1. 냅킨 오른쪽 면이 왼쪽 면과 만나도록 반으로 접어요.

2. 아랫면이 윗면과 만나도록 다시 반으로 접어요.

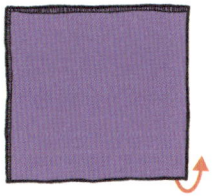

3. 접은 냅킨의 가장 윗 장을 대각선으로 접어 내려요.

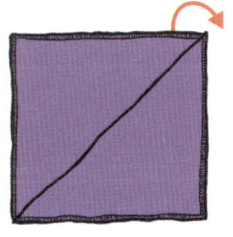

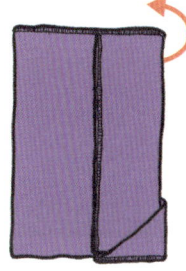

4. 냅킨 전체를 왼쪽으로 뒤집어 주세요. 오른쪽 가장자리가 중앙에 위치하도록 접어요.

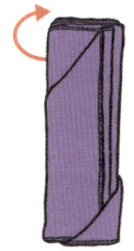

5. 왼쪽 면도 오른쪽으로 반 정도 접은 다음 아래 꼭짓점 부분을 삼각형 안으로 집어넣어 주세요.

6. 냅킨을 뒤집으면 식기를 넣을 수 있는 포켓이 완성됩니다.

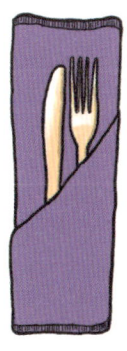

보트 모양 냅킨 접기

1. 냅킨을 위에서 아래로 반으로 접어요.

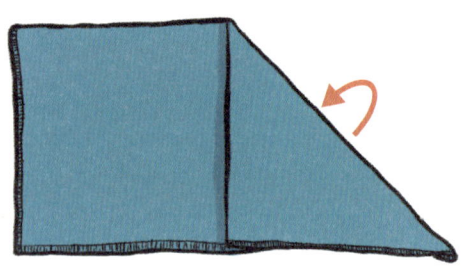

2. 오른쪽 위 꼭짓점 부분을 대각선으로 접어서 냅킨 아래쪽 가운데로 오게 해요.

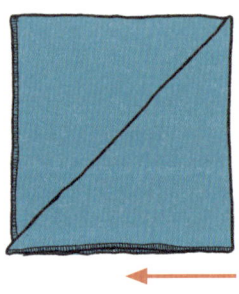

3. 오른쪽 아래 꼭짓점을 왼쪽으로 접어서 왼쪽 아래 꼭짓점과 만나게 해요.

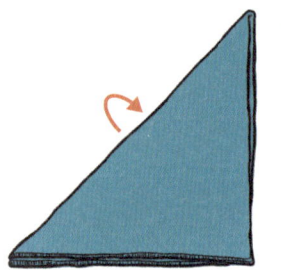

4. 왼쪽 윗부분을 대각선으로 접어서 오른쪽 아랫부분과 겹치게 해요.

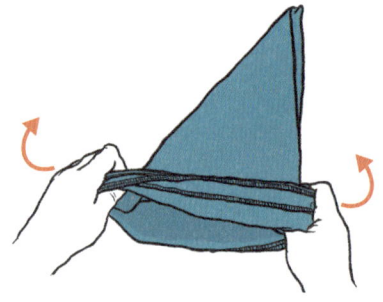

5. 냅킨 아랫부분에서 트인 부분을 둥글게 벌린 뒤, 모서리를 위로 젖혀 보세요. 소매를 접어 올리는 것처럼요.

6. 아랫부분을 많이 접어 올려서 보트 모양을 만들고 잘 세워 보세요. 완성된 냅킨 보트를 식탁에 올려 보세요. 단, 물이나 수프 위에 띄워선 안 돼요!

와이셔츠 모양 냅킨 접기

1. 정사각형 냅킨의 네 꼭짓점을 가운데로 향하도록 접어요.

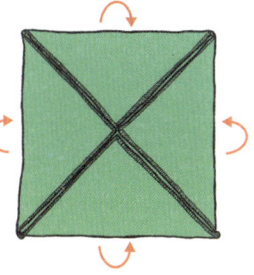

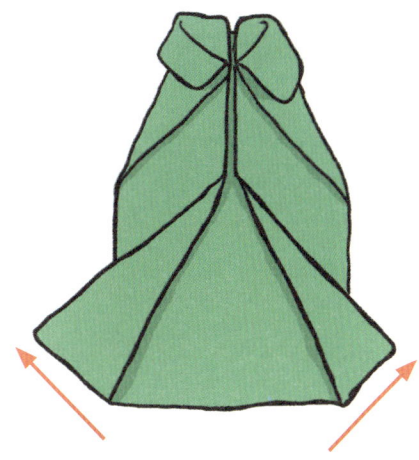

2. 냅킨 양쪽 가장자리를 안쪽으로 접어요.

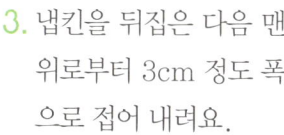

5. 양쪽 아랫부분을 바깥 방향으로 접어서 와이셔츠의 소매 부분을 만들어요.

3. 냅킨을 뒤집은 다음 맨 위로부터 3cm 정도 폭으로 접어 내려요.

6. 냅킨 아랫부분을 위로 접어 올려서 모서리를 셔츠 칼라 아래로 밀어 넣어 주세요. 셔츠 모양 냅킨이 완성되었어요.

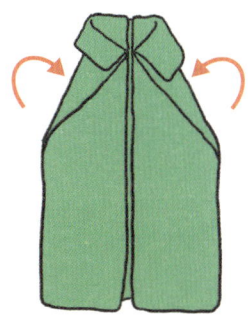

4. 다시 냅킨을 뒤집어서, 위쪽 꼭짓점 2개가 안쪽을 향하도록 완만한 대각선으로 접으면 셔츠 옷깃 모양이 만들어져요.

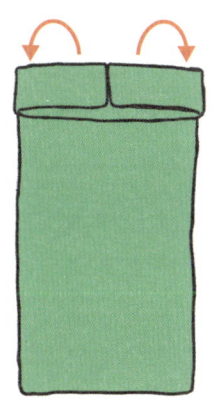

왕관 모양 냅킨 접기

1. 노란 냅킨을 위로 접어 올려요.

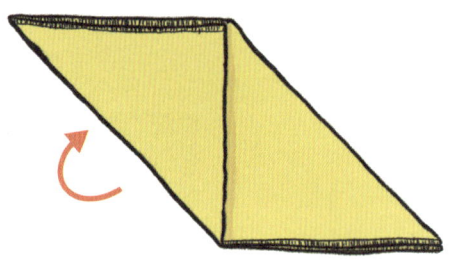

3. 왼쪽 아랫부분을 대각선으로 접어 올려 꼭짓점이 직사각형의 가운데 위에 오게 해요.

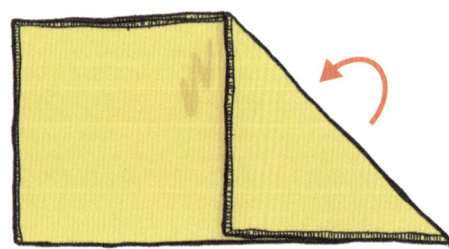

2. 오른쪽 윗부분을 대각선으로 접어 내려 꼭짓점이 직사각형 가운데 밑부분과 맞닿게 해요.

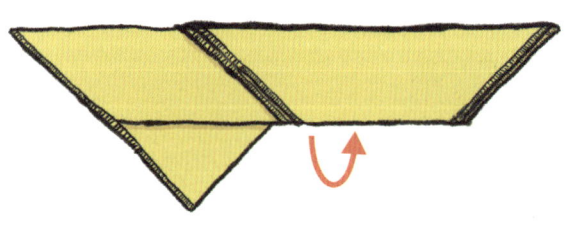

4. 냅킨을 뒤집어 2개의 긴 변이 평행이 될 때까지 시계 방향으로 돌려요. 아랫변 전체를 위로 접어 올려 윗변에 맞닿게 해요. 왼쪽 작은 삼각형 하나는 아래를 향하게 해요.

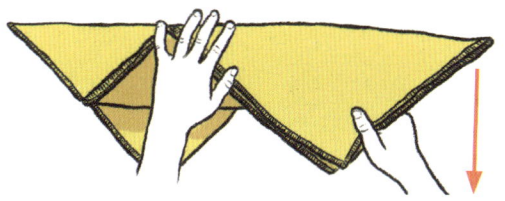

5. 냅킨 오른쪽의 접힌 부분을 아래로 끌어당기며 펼쳐서 커다란 삼각형을 만들어요.

8. 커다란 삼각형을 다시 아래로 접어 내려요.

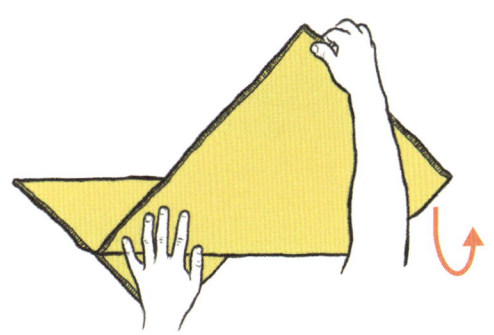

9. 냅킨의 위아래가 바뀌도록 뒤집어요.

6. 만든 삼각형에서 아래로 향하는 꼭짓점을 위로 올리며 펼쳐요.

10. 오른쪽 뾰족한 부분을 왼쪽의 덮개 안으로 밀어 넣고 접어요.

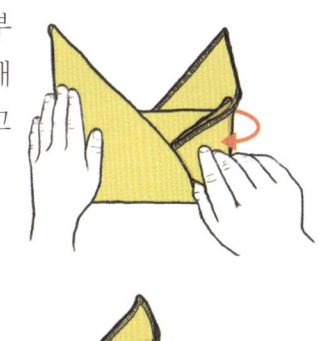

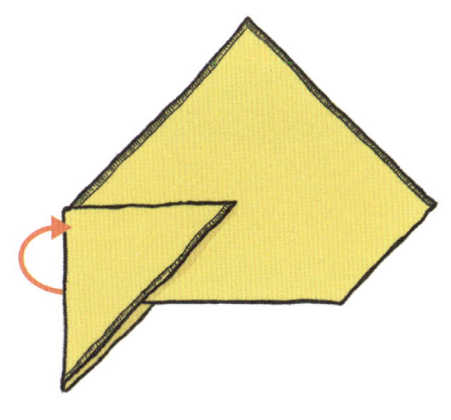

7. 왼쪽의 작은 삼각형을 반으로 접어 주세요.

11. 냅킨을 동그랗게 벌려 모양을 만들어요. 손님의 접시마다 멋지게 접은 냅킨을 올려 주세요.

부엌에서 즐기는 활동 | **103**

살사 소스 만들기

3가지 방법으로 살사를 만들어 보세요. 칼이나 가위 등 날카로운 도구를 사용할 때는 어른 도움을 받아야 해요.

준비물
- 깍둑 썬 피망 1/2컵
- 깍둑 썬 토마토 1/2컵
- 깍둑 썬 붉은 양파 1/4컵
- 라임 주스 1스푼
- 잘게 썬 고수 잎 또는 파슬리 1스푼
- 소금 1/2티스푼
- 올리브오일 1티스푼

달콤한 살사
준비한 재료를 그릇에 담아요.
- 추가로 으깬 파인애플 1/4컵, 발사믹 식초 1티스푼, 깍둑 썬 망고 1/2컵을 넣고 저어 주세요.

베이식 살사
준비한 재료를 그릇에 담아요.
- 여기에 추가로 옥수수 알 1/2컵, 통조림 검정콩 1/2캔(통조림 안의 물은 따라 내고 검정콩은 잘 씻어 줍니다.), 다진 마늘 1티스푼, 깍둑 썬 아보카도 1/2컵, 잘게 썬 할라페뇨 1티스푼을 넣고 잘 섞어 주세요.

매콤한 살사
준비한 재료를 그릇에 담아요.
- 구운 토마토 퓌레 1/2컵, 다진 마늘 1티스푼, 할라페뇨 2티스푼을 넣어 퓌레로 만들어 주세요.
- 만든 퓌레에 껍질을 벗기고 깍둑 썬 오이 1/2컵과 매운 소스 2~3방울을 더 넣고 저어 주세요.

* 할라페뇨를 다듬을 때는 어른의 도움을 받도록 해요. 고추 기름이 눈이나 피부에 닿으면 아프답니다.

간단하게 라자냐 만들기

치즈가 듬뿍 들어간 이탈리아 음식은 어때요? 맛있는 라자냐를 만들어 볼까요? 1시간 정도면 만들 수 있어요.

준비물

- 정사각형 오븐용 접시
- 파스타 소스 1병(약 700g)
- 해동한 라비올리 약 300g
- 잘게 조각낸 모차렐라 치즈 1컵
- 각종 채소(시금치, 얇게 썬 검정 올리브, 깍둑 썬 빨강 피망, 얇게 썬 버섯 등)
- 말린 파슬리 가루
- 알루미늄 포일

1. 오븐을 180도로 가열해요. 파스타 소스를 오븐용 접시 바닥에 얇게 발라 주세요.

2. 소스 위에 라비올리를 한 겹 올려요. 라비올리 위로 치즈 1/4컵을 뿌리고 채소를 원하는 만큼 더 얹어요.

3. 소스, 라비올리, 치즈, 채소 순으로 계속 쌓아 주세요.

4. 마지막으로 치즈를 뿌리고, 파슬리 가루를 뿌려 장식해 주세요.

5. 알루미늄 포일로 접시를 덮어 주세요.

6. 약 30~35분 정도, 거품이 보글보글 날 때까지 오븐에 구워 줍니다. 포일을 제거하고 나서도 약 5분간, 치즈가 희미한 갈색으로 변할 때까지 더 구워 주면 맛있는 라자냐가 완성됩니다.

할라 빵 만들기

할라 빵(이스라엘 전통 빵)은 달콤하면서 부드럽고 쫀득쫀득한 빵입니다.

준비물

- 큰 그릇 1개, 작은 그릇 1개
- 따뜻한 물 1컵 + 1스푼
- 건조 이스트 1봉지
- 식물성 기름 1/4컵
- 꿀 1/4컵
- 소금 1.5티스푼
- 달걀 3개
- 밀가루 4컵 이상
- 깨끗한 천
- 베이킹 시트
- 버터(또는 쿠킹 스프레이 오일)
- 달걀 1알

1. 따뜻한 물과 이스트를 큰 그릇에 넣고 이스트가 녹을 때까지 저어요.
2. 식물성 기름과 꿀, 소금을 집어넣고 저어요.
3. 달걀을 깨서 작은 그릇에 모은 다음 큰 그릇에 넣고 저어요.
4. 밀가루를 1번에 반 컵씩 큰 그릇에 넣으면서 저어요.
5. 깨끗한 바닥에 밀가루를 흩뿌리고 5분 동안 반죽을 잘 주물러요. 반죽이 바닥에 달라붙지 않을 때까지 밀가루를 조금씩 더 넣으면서 반죽 농도를 맞춰 주세요.
6. 밀가루 반죽을 큰 그릇에 넣고 물에 적신 깨끗한 천으로 덮어 2시간 동안 두면, 반죽이 점차 부풀어 올라요.
7. 오븐을 약 180도로 예열해요. (어른의 도움을 받아요.)
8. 사발에 담긴 반죽을 꾹꾹 눌러 주고 원하는 토핑을 넣어요.
9. 반죽을 1/3씩 3덩이로 나눠요. 셋으로 나눈 반죽을 주물러서 긴 로프 모양으로 늘이고 이 3가닥을 서로 땋아서 크게 한덩이로 만들어요.

10. 베이킹 시트에 버터를 바르거나 쿠킹 스프레이 오일을 뿌리고 그 위에 땋은 반죽을 올려요. 반죽 끝부분은 밑으로 집어넣어요.
11. 달걀노른자와 물 1티스푼을 작은 그릇에 넣고 저은 뒤 브러시로 빵 반죽에 발라 줘요.
12. 반죽을 올린 베이킹 시트를 오븐에 넣고 25~35분 정도 굽습니다. 빵 위가 연한 갈색을 띠면 오븐에서 꺼내요.

풍미를 더해요

달콤하고 향긋한 빵을 만들기 위해 다음과 같은 재료를 섞어 8번 과정에서 빵 반죽에 넣어 보세요.

시나몬 애플
시나몬 파우더 2티스푼,
깍둑 썬 사과 1/4컵, 꿀 1/4컵

초콜릿 마시멜로
초콜릿 헤이즐넛 스프레드 1/2컵,
마시멜로 크림 1/2컵

달콤한 과일향
갈색 설탕 1/4컵, 석류 씨앗 3/4컵

브루스케타 브레이드
잘게 썬 건조 토마토 1컵,
다진 마늘 2티스푼

스무디 만들기

맛있는 녹색 스무디를 간단하게 만들어 보아요.

준비물

- 우유 1컵
- 싱싱한 시금치 1컵
- 통조림 파인애플 1컵
- 망고 1컵
- 믹서기

믹서기에 모든 재료를 넣고 부드러워질 때까지 갈아 주세요. 어른의 도움을 받도록 해요.

부엌에서 즐기는 활동

남은 음식으로 만드는 파이

파티 후에 남은 음식으로 맛있는 파이를 만들어 보세요.

준비물
- 머핀 컵 12개
- 버터(또는 쿠킹 스프레이 오일)
- 정사각형 퍼프 페이스트리 12개
- 휘저은 달걀흰자 1개
- 파티 후 남은 음식

으깬 감자
으깬 감자 1/2컵,
그레이비소스 2스푼

양념 고구마
삶은 고구마 2/3컵, 메이플 시럽 2스푼, 시나몬 파우더 1/2티스푼

치킨
닭고기 1/3컵, 스터핑* 1/4컵,
그레이비소스 2스푼

*스터핑: 고기나 채소 생선 등 식재료 안에 양념과 함께 다른 재료를 채워 넣은 음식

1. 오븐을 약 200도로 예열해요.
2. 머핀 컵 12개에 버터를 바르거나 쿠킹 스프레이 오일을 뿌려요.
3. 퍼프 페이스트리 시트를 녹여서 평평하게 편 다음 한 변이 10cm인 정사각형 모양으로 12개 정도 잘라내요.
4. 정사각형 페이스트리 조각을 머핀 컵에 넣어요.
5. 오른쪽에 소개하는 재료로 3가지 소를 만들어요. 소 종류별로 미니 파이를 3개씩 만들어 보세요.
6. 페이스트리 시트 안에 남은 음식으로 만든 소를 채워요. 시트의 꼭짓점 4개를 가운데로 모아 접어요.
7. 달걀흰자를 브러시에 묻혀 파이에 발라요.
8. 오븐에 넣고 15~20분 정도 구워요. 파이 윗부분이 연한 갈색으로 변하면 오븐에서 꺼내요.

초콜릿 바나나 디저트 만들기

바나나와 초콜릿, 좋아하는 토핑으로 달콤한 디저트를 만들어 보세요.

준비물

- 바나나 4개
- 버터 나이프
- 베이킹 시트
- 기름종이
- 아이스크림 막대 8개
- 초콜릿 칩 1컵
- 각종 토핑: 그래놀라, 사탕, 견과류, 스프링클스

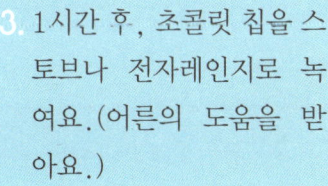

1. 바나나 껍질을 벗겨서 반으로 잘라요. 베이킹 시트에 기름종이를 깔고 그 위에 바나나를 올립니다.
2. 깨끗한 아이스크림 막대를 바나나에 꽂아 1시간 동안 냉동고에 넣어둬요.
3. 1시간 후, 초콜릿 칩을 스토브나 전자레인지로 녹여요.(어른의 도움을 받아요.)
4. 바나나를 꺼내서 조심스럽게 녹은 초콜릿에 담갔다 빼내고, 좋아하는 토핑을 초콜릿 위에 뿌려줍니다.
5. 다시 베이킹 시트에 바나나를 올리고 3~5시간 동안 냉동고에서 얼립니다. 디저트를 맛있게 즐겨보세요.

부엌에서 즐기는 활동

막대 아이스크림 만들기

달콤하고 시원한 막대 아이스크림을 만들어 보아요. 손쉽게 만들 수 있어요!

준비물
- 막대 아이스크림 틀(또는 종이컵 여러 개)
- 아이스크림 재료
- 알루미늄 포일과 나무 막대(종이컵을 사용 시)

1. 손을 깨끗이 씻으면서 과일도 함께 씻습니다. 날카롭거나 뜨거운 물건을 다룰 때는 어른의 도움을 받아요.
2. 다음에 소개하는 재료 중 하나를 골라 아이스크림을 만들어 보세요. 막대 아이스크림 틀이나 종이컵으로 만들 수 있어요. 종이컵을 사용할 경우에는, 알루미늄 포일로 종이컵을 씌운 다음 얼리기 전에 아이스크림 막대로 포일을 뚫어 컵에 꽂아주세요.
3. 재료가 얼어서 딱딱하게 굳으면 틀에서 막대 아이스크림을 꺼냅니다.

베리 나이스

준비물
- 신선한 딸기 또는 냉동 딸기 1컵 (꼭지 제거)
- 우유 1/2컵
- 꿀 2스푼
- 믹서

1. 믹서에 딸기, 우유, 꿀을 집어넣고 크림 상태가 될 때까지 갈아 주세요. (어른의 도움을 받아요.)
2. 믹서로 갈아 낸 내용물을 아이스크림 틀에 가득 따릅니다. 막대를 꽂아 냉동고에 넣어요.

트로피컬

준비물
- 망고 셔벗
- 잘게 썬 파인애플
- 오렌지 주스

1. 망고 셔벗 1스푼을 아이스크림 틀에 넣어요. 파인애플을 용기의 2/3 정도 채워 주세요.
2. 오렌지 주스를 가득 붓고, 막대를 꽂아 냉동고에 넣어요.

코코아 쿨러

준비물
- 코코아 믹스
- 뜨거운 물
- 마시멜로(또는 마시멜로 크림)

1. 코코아 믹스와 물을 섞어 코코아를 만들고, 마시멜로(또는 마시멜로 크림)를 넣어 코코아가 식을 때까지 실온에 두어요.
2. 코코아를 아이스크림 틀에 가득 채우고, 막대를 꽂아 냉동고에 넣어요.

레모네이드 프리즈

준비물
- 핑크 레모네이드 파우더
- 물
- 신선한 산딸기 또는 냉동 산딸기

1. 핑크 레모네이드 파우더에 물을 섞어 레모네이드를 만들어요. 정량보다 3/4 정도 적게 넣어 주세요.
2. 아이스크림 틀에 산딸기를 반 정도 넣고 핑크 레모네이드를 가득 부어요. 막대를 꽂아 냉동고에 넣어요.

그레이트 아이시 그레이프

준비물
- 잘게 자른 포도
- 포도 주스

1. 아이스크림 틀에 자른 포도 알을 반 정도 채워요.
2. 포도 주스를 가득 따르고 막대를 꽂아 냉동고에 넣어요.

락 캔디 만들기

설탕으로 결정이 반짝이는 락 캔디를 만들어 보세요.

안전을 위한 Tip
뜨거운 물과 설탕은 화상을 일으킬 수 있으므로, 어른의 도움을 받도록 해요.

준비물
- 설탕 2컵 + 2~3스푼
- 접시
- 약 15cm 길이 나무 꼬챙이 3개
- 물
- 철사 선반
- 주둥이가 넓은 내열 유리병 또는 내열 유리컵 3개
- 중간 냄비
- 나무 숟가락
- 식용 색소(선택)
- 향료(바닐라 또는 박하)
- 스프링 달린 빨래집게
- 마스킹 테이프

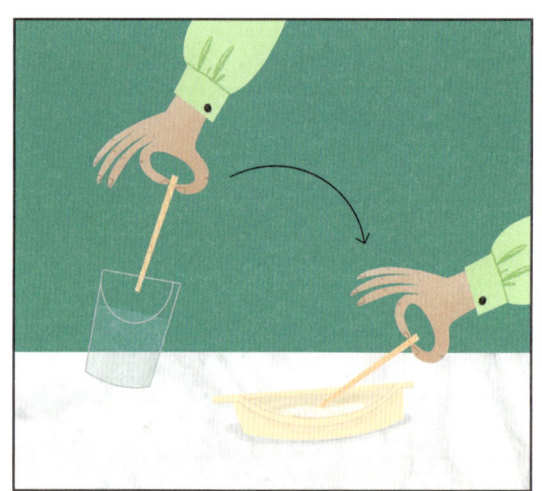

1. 설탕 2~3스푼을 접시에 담습니다. 꼬챙이 끝을 물에 적신 뒤, 접시에 올려 설탕을 묻혀 주세요. 꼬챙이 끝에서 3~4cm 정도까지 설탕을 묻히고, 선반에 올려 말려요.

2. 병에 뜨거운 물을 채워요. (어른의 도움을 받아요.)

THINGS TO DO IN THE KITCHEN

3. 냄비에 물 1컵을 넣고 끓입니다.(어른의 도움을 받아요.) 설탕 1컵을 더 넣고 천천히 저어 주세요.(물방울이 튀면 화상을 입을 수 있으니 주의해요!) 설탕이 다 녹으면 설탕 1컵을 더 넣고 저어 주세요. 끓기 시작하면 1~2분간 더 끓인 다음, 따뜻해질 때까지 20분 정도 식혀 줍니다.

5. 꼬챙이를 병에 수직으로 꽂아요. 꼬챙이 끝이 병 바닥으로부터 1cm 정도 떠 있도록 위치를 잡고, 빨래집게를 꼬챙이에 꽂아 꼬챙이를 고정해 주세요. 빨래집게에도 테이프를 붙여 움직이지 않게 고정합니다.

4. 병에 있는 물을 비우고 병 안에 식용 색소와 향료를 2~3방울 떨어뜨려요. 그리고 따뜻한 설탕물을 병에 붓고 잘 저어 줘요.(어른의 도움을 받아요.)

6. 햇볕이 들지 않는 실온에 병을 놓아요. 짧게는 5일, 길게는 2주 정도가 걸려요. 굳어 있는 설탕물 윗부분을 깨뜨리고 설탕물을 쏟아낸 뒤 캔디를 꺼내 보세요. 병을 따뜻한 물에 담가서 조금 녹인 뒤, 캔디를 꺼내도 좋아요.

어떤 원리일까?

설탕이 녹아 있는 따뜻한 설탕물 안에는 아주 미세한 설탕 조각이 많이 녹아 있어요. 작은 설탕 조각들이 충돌하며 서로 달라붙어 설탕 결정이 만들어진답니다.

알쏭달쏭 간식 퀴즈

과일이나 과자 등 다양한 간식으로 다음과 같은 퍼즐을 만들고 풀어 보세요.

1. 자른 바나나 9조각을 3조각씩 3줄로 배치해요. 이 상태에서 바나나 4조각으로 이루어진 바나나 3줄이 되도록 바나나를 옮겨 보세요.

2. 그림과 같이 막대 과자로 작은 정사각형 9개를 만들어요. 정사각형 2개가 남도록 막대 과자 8개를 먹어 보세요.

3. 유리컵 6개를 일렬로 놓아요. 3~5번째 컵에는 주스가 들어있고, 나머지 컵은 비어 있어요. 컵 하나를 움직여서 주스가 든 컵과 빈 컵이 교대로 나오게 해 보세요.

정답

1. 바나나 조각 2개를 옮겨야나 끝 귀퉁이에 있는 바나나 조각 4개를 원끝에 모아요. 2. 마름모 둘러싸고 있는 정사각형 조각 8개를 먹어요. 3. 네 번째 컵에 있는 주스를 첫 번째 컵에 옮겨 담고 네 번째 컵을 원래 자리에 다시 놓아요. 4. 표고 3줄씩 2나란히 놓인 상태에서 양 끝에 위치한 3줄의 마지막 조각을 가운데 줄 위에 차례대로 올려놓아 세 줄로 포개어 놓습니다. 5. 정사각형 안에 있는 막대 과자 8개를 먹어 위쪽과 오른쪽에 더 큰 정사각형 1개를 만듭니다. 6. 10등 쪽에서 TEN을 읽어 과자 9개를 만들 수 있습니다.

114 THINGS TO DO IN THE KITCHEN

4. 탁자 위에 빈 컵 3개가 놓여 있고, 비닐봉지에는 포도 9알이 들어 있어요. 컵마다 포도를 3알씩 넣고, 비닐봉지에도 포도 3알이 남아 있게 할 수 있나요?

5. 그림과 같이 크래커 5조각을 배치해요. 여기에 크래커 1조각을 더 추가해서 대각선마다 크래커가 4조각이 되도록 해 보세요.

6. 막대 과자 9개를 일렬로 놓아요. 막대 과자를 부러뜨리지 않고 10으로 만들어 보세요.

마지막 도전!

혼자 해도 좋고, 친구들과 함께 해도 좋아요. 손을 씻고 당근, 오이, 포도, 치즈 등 다양한 식재료가 담긴 접시를 하나씩 가져요.
3분 내에 주어진 식재료들로 다양한 이미지를 표현해 보세요. 인상적인 장면, 추상적인 이미지, 사람 얼굴 등 무엇이든 좋아요.

그리기 활동
THINGS TO DRAW

한번 해 보세요!

필기구나 종이 없이,
오직 기다란 줄 하나로 그림을
표현해 보세요.

알파벳 중 하나를 크게 쓰고,
그 문자를 덧칠하거나 그림을 덧붙여
우리 주위의 친숙한 대상으로 표현해 보세요.

그리고 싶은 대상을 정해요.
연필과 종이를 보지 않고 대상만을 응시하며
그림을 그려 보세요.

사진을 보거나
거울 앞에 앉아서
자신의 모습을 그려 보세요.

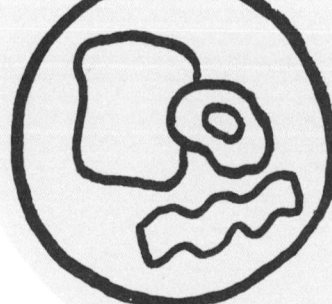

오늘 아침 식사로 먹은 음식을
천천히 그려 보세요.

지금의 기분을
다양한 색으로 표현해 보세요.

그림을 그려 볼까요?

기억이나 상상 속 무언가를 그리는 것은 쉬운 일이 아니에요.
하지만 조금만 연습하면 누구나 할 수 있어요.

준비물
- 메모지 또는 연습장
- 연필
- 지우개
- 매직 또는 색연필

선 그리기

선은 점이 걸어가는 것이라고 생각해 보세요. 종이 위에 점을 찍고, 점을 천천히 이동시켜 보세요.

직선은 삶지 않은 스파게티 면이나 공항의 활주로처럼 보이지 않나요?

곡선은 언덕이나 파도, 또는 도시의 스카이라인처럼 보여요.

연필심을 부러뜨리지 않고 얼마나 짙게 선을 그을 수 있나요?

잘 보이지 않을 정도로 아주 희미하게 선을 그어 보세요.

지그재그로 선을 그어 뾰족한 각을 만들어 보세요. 부드러운 곡선도 그려 보세요. 이렇게 다양한 모양의 선을 그리면 우울하거나 흥분된 마음을 진정시키는 데에 도움이 된답니다.

그리기 활동 | **119**

모양 그리기

주변에 어떤 모양들이 있는지 알아보고, 선으로 모양을 만들어 보세요. 다양한 선을 긋고 원하는 대로 배치해서 멋진 그림을 완성해 보세요.

3개의 선으로 삼각형을 만들고, 선 몇 개를 더해 나무를 완성할 수 있어요. 자신만의 독특한 나무를 완성해 보세요.

네모난 소, 동그란 돼지 등 여러 가지 모양으로 동물을 그려 보세요.

단순한 모양들로 멋진 그림을 완성해 보세요.

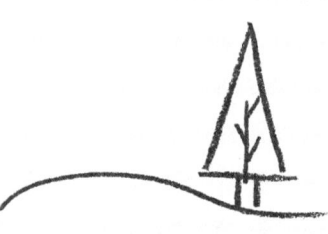   

THINGS TO DRAW

무늬 그리기

우리는 주변에서 다양한 무늬를 찾을 수 있어요. 우리가 입는 옷이나 생활용품에도 선이나 모양이 반복된 여러 가지 무늬들이 있죠.

이 무늬들을 따라 그려 보세요.
자신만의 독창적인 무늬를 만들어 봐도 좋아요.

명암 표현하기

평평한 종이에 그린 물체에서도 입체감을 느낄 수 있어요. 바로 명암이 그런 역할을 한답니다. 앞서 소개한 무늬는 명암을 표현하는 방법 중 하나예요.

연필로 칠한 선과 선 사이가 멀어질수록 가볍고 밝은 느낌을, 선과 선 사이가 가까울수록 더 무겁고 어두운 느낌을 줘요.

사물을 방 한가운데에 놓고, 여러 방향에서 조명을 비추어 보세요. 빛을 받는 물체의 밝고 어두운 부분이 어떻게 바뀌는지 확인해 보세요.

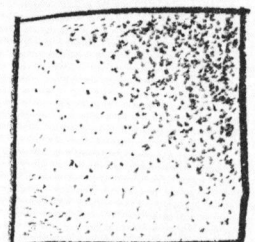

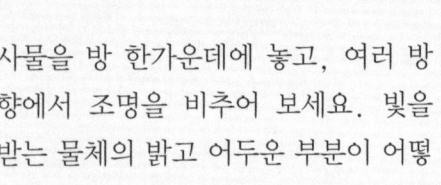

명암을 사용하면 그림에 입체감을 줄 수 있어요!

질감 표현하기

무늬와 명암으로 질감도 표현할 수 있어요. 밝고 어두운 부분이 서로 옆에 붙어 있고, 그런 부분이 반복되어 나타날 때는 거친 질감이 잘 표현된답니다. 반면 밝은 부분에서 어두운 부분으로 서서히 변하는 경우에는 부드러운 질감을 표현할 수 있어요.

작은 점들을 여러 개 찍어서 오렌지 껍질처럼 울퉁불퉁한 질감을 표현해 보세요.

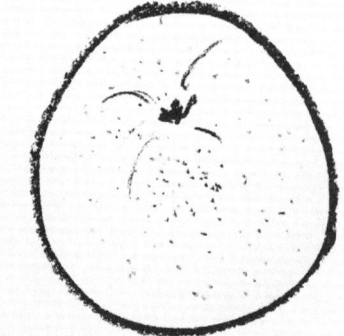

거꾸로 그리기

거꾸로 그린다는 말이 다소 이상하게 느껴질 수도 있어요. 그러나 어떤 대상을 거꾸로 그려 보면 형태와 선이 더 잘 보이고, 그리려는 대상에 대한 고정관념에서 벗어날 수 있게 해 줘요.

그려 보고 싶은 사진이나 그림을 구해서 위아래를 거꾸로 뒤집어 놓아요. 전체적인 모습보다는 선과 형태, 공간에 집중하면서 그려 보세요.

이번에는 앞서 거꾸로 그렸던 그림을 똑바로 그려 보세요. 아마 거꾸로 그린 그림이 똑바로 그린 그림보다 훨씬 더 나아 보일 거예요.

작고 가느다란 선으로 풀이나 동물의 짧은 털을 그려 보세요.

주위에서 느낄 수 있는 독특한 질감이 있나요? 질감을 그림으로 표현해 보세요.

착시 만들기

착시란 시각적인 착각을 말해요. 다시 말해 우리가 눈으로 보는 것과 실제 모습이 다른 것을 의미하죠. 다음과 같은 착시 그림을 직접 그려 보세요.

준비물
- 검정색 종이
- 색연필 또는 매직

이중으로 보이는 그림

이 그림의 이름은 '루빈의 꽃병'이에요. 관점에 따라서 꽃병으로 보이기도 하고 마주한 두 얼굴로 보이기도 하죠. 때로는 둘 다 보이기도 해요. 루빈의 꽃병을 직접 그려 보세요.

단어로 그린 그림

이야기를 글로 써 본 적은 많을 거예요. 그렇다면 그림을 글로 써 보는 건 어떨까요? 왼쪽 그림과 같이 단어를 사용해서 멋진 그림으로 표현해 보세요.

알록달록하고 구불구불한 선

1. 종이 위에 선 하나를 구불구불하게 그려요.

2. 선을 따라서 8개의 점을 찍어요.

3. 점과 점 사이를 잇는 선을 여러 개 더 그려 넣어요.

4. 원하는 색으로 선 사이의 공간을 칠해 보세요. 명암을 그려 넣어 입체감을 표현해도 좋아요. (명암 표현하기는 122쪽을 참조하세요.)

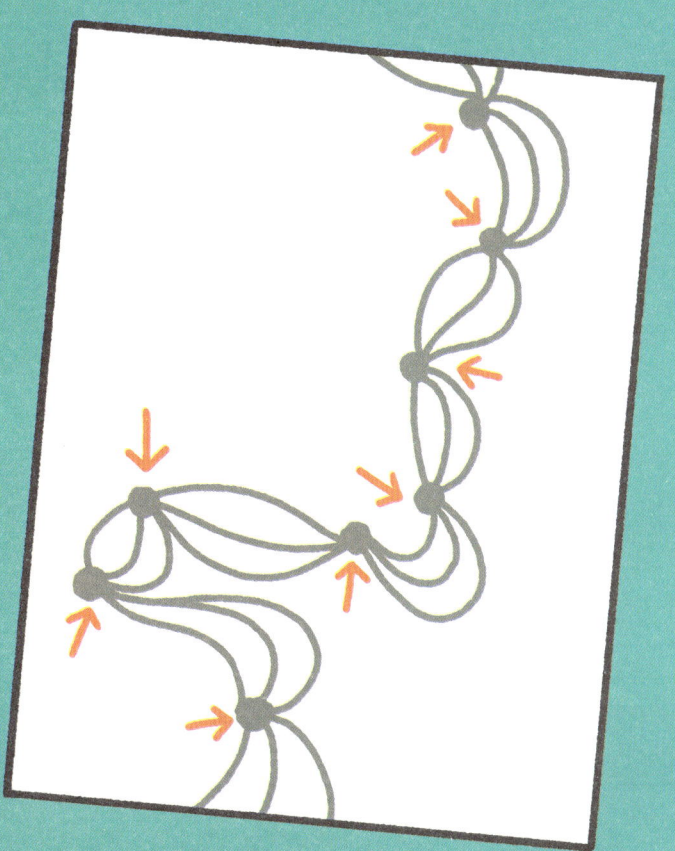

그리기 활동 | **125**

만화 그리기

쉽고 재미있게 만화를 그려 보세요! 표정 그리기부터 시작해 볼까요? 눈과 눈썹, 입모양으로 다양한 감정을 표현할 수 있어요.

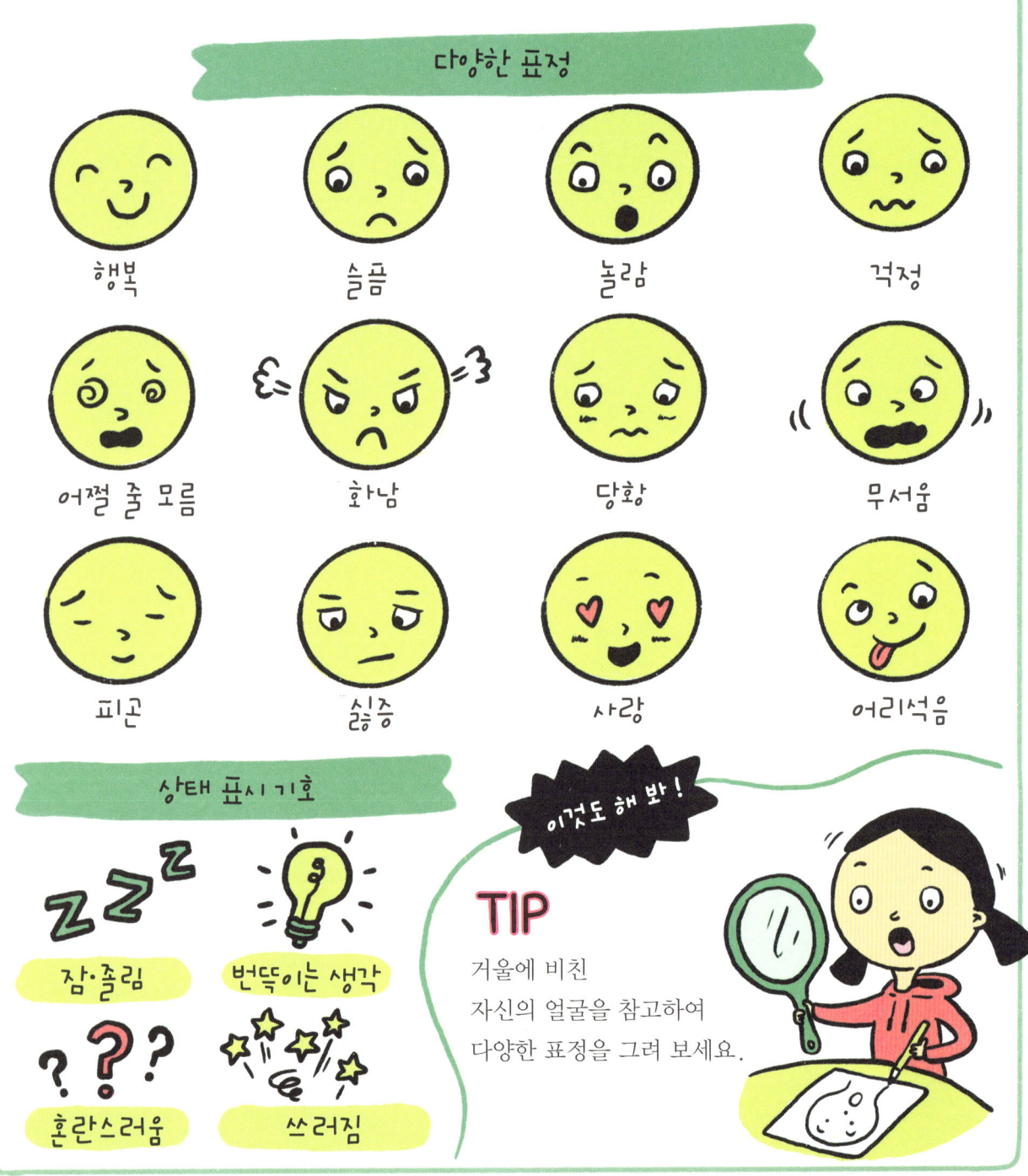

자신만의 캐릭터 디자인하기

여러분의 이야기에는 누가 나오나요? 여러분이 알고 있는 사람인가요? 아니면 반려동물? 오른쪽 개인 정보 카드를 완성해 당신이 생각하는 캐릭터를 만들어 보세요.

- 이름
- 나이
- 좋아하는 음식
- 좋아하는 과목
- 취미생활

대부분의 캐릭터들은 간단한 모양 하나에서 만들어지기 시작해요. 간단한 모양들을 하나씩 조합해서 자신만의 캐릭터를 만들어 보세요.

슈퍼 치킨 그리는 법

❶  ❷  ❸  ❹

❺  ❻  ❼  ❽

달걀 샐리 그리는 법

❶  ❷  ❸  ❹  ❺

당신이 그린 만화의 줄거리는 어떤 내용인가요?

만화 줄거리의 아이디어는 어디에서나 찾을 수 있어요.
다음의 3가지 요소를 기억하세요.

1 등장인물　　**2** 배경　　**3** 사건

위 3가지 요소를 넣어서 간단한 3컷 만화를 그려 보세요.

예시)

도입　　　　　　　　　전개　　　　　　　　　반전

첫 번째 등장인물이 말해요.　두 번째 등장인물이 대답해요.　놀라운 일 또는 뜻밖의 사실로 끝나요.

그림과 글로 당신의 이야기를 표현해 보세요.

만화는 사각형 칸에 글과 그림이 어우러져 이야기가 전개 돼요.

생각 풍선　　말 풍선　　　　　효과음

말풍선 꼬리가 등장인물의 입을 향하게 해요.

효과음을 나타내는 다른 단어들을 떠올려 보세요.

정의의 용사 슈퍼 치킨

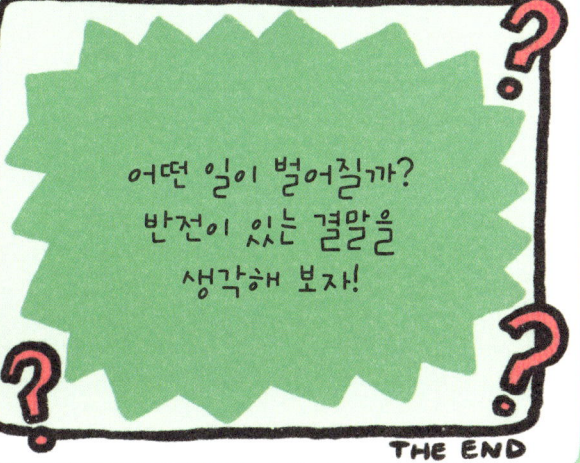

지도 그리기

상상 속 장소를 지도로 그려 보고, 여행을 떠나 보세요!

준비물
- 흰 종이(모눈종이)
- 연필
- 색연필 또는 매직

범례
지도에 적힌 아이콘이나 기호의 의미를 표기한 박스

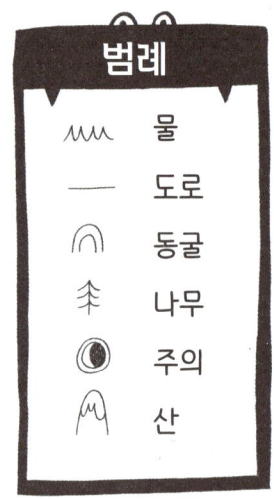

지도를 그릴 때 알아 두어야 할 단어

카르투슈(원형 장식의 테두리)
특정 주제를 표현한 장식 테두리 안에 지도 이름을 써 보세요.

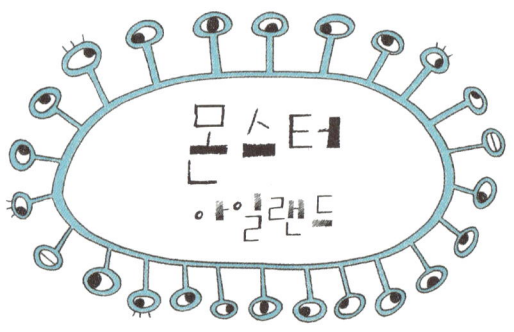

나침반
방향을 알려주는 표식
(N=북, S=남, E=동, W=서)
지도를 똑바로 놓고 본다면, 북쪽이 항상 위로 향해요.

아이콘 · 기호
지도에서 중요한 것을 묘사한 이미지들
ᗰᗰᗰ = 물

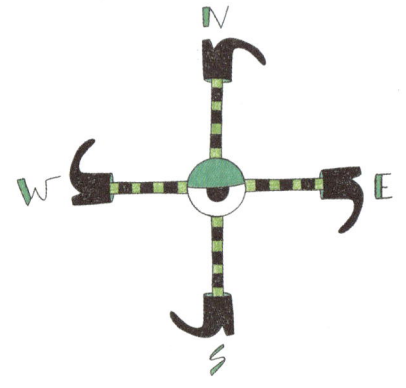

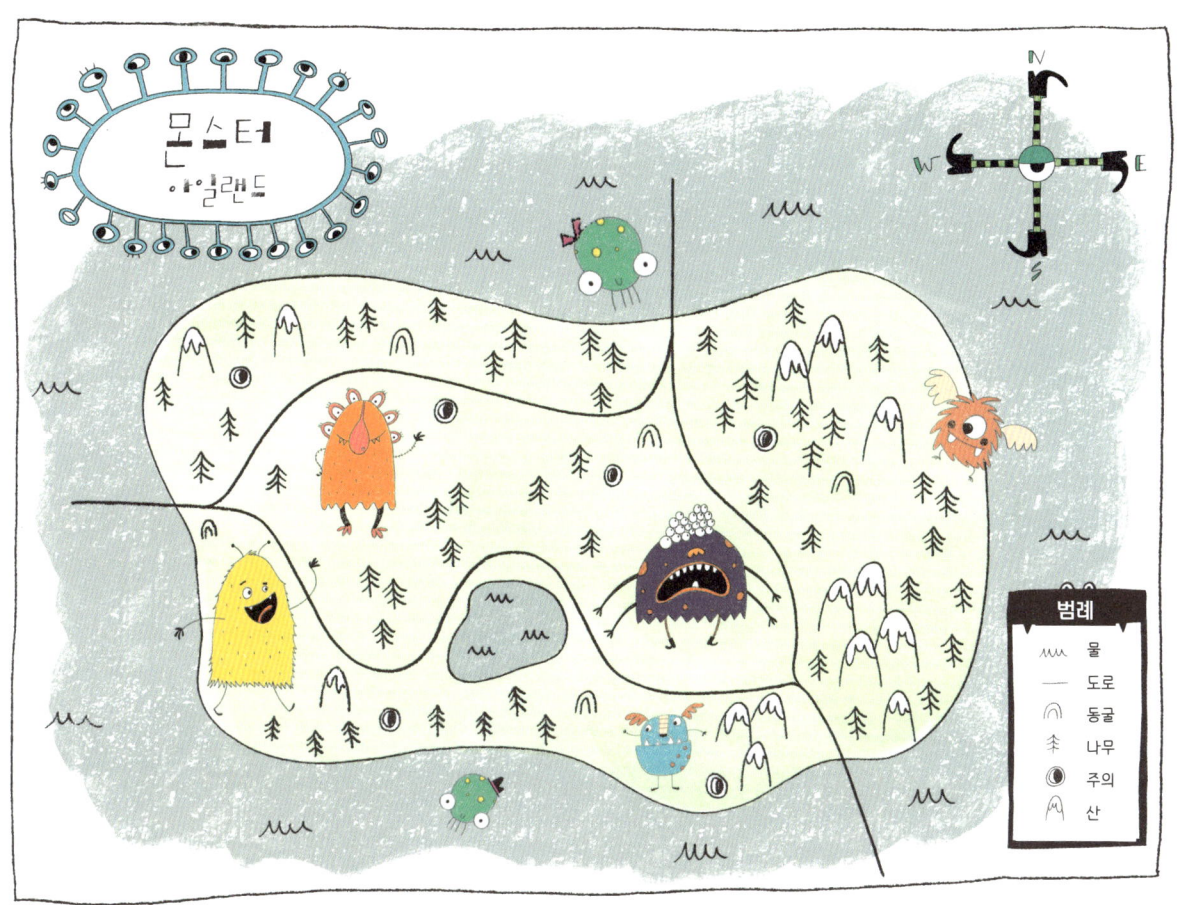

1. 지도를 만드는 목적과 주제에 대해 생각해요. 누군가를 보물이 묻힌 곳으로 안내하고 싶나요? 용이 살고 있는 장소를 알려 주고 싶나요? 아니면 귀신이 나오는 숲이나 다른 무서운 장소들을 통과하는 방법을 가르쳐 주고 싶나요? 지도의 이름을 정하고, 지도 위에 이름과 카르투슈 장식을 그립니다.

2. 지도의 경계를 그리고, 안쪽에 도로, 산, 물줄기 같은 아이콘을 그려 넣어서 주요 지형지물을 표시해 주세요.

3. 기호의 뜻을 알리는 범례를 그려 넣어 아이콘의 의미를 설명합니다.

4. 나침반을 추가해 지도의 방위를 나타내 주세요.

5. 지도 그리기가 끝나면 색칠을 하고, 친구와 지도를 공유해 보세요.

6. 자신의 집과 이웃집들, 집 근처의 여러 장소들을 표현한 지도도 만들어 보세요.

그리기 활동

손 글씨 쓰기

손 글씨로는 느낌이나 분위기 등 여러 가지를 표현할 수 있어요. 아래와 같이 자신만의 멋진 손 글씨를 써 보세요.

준비물
- 메모지
- 연필
- 지우개
- 색연필 또는 매직

2. 1번에서 그린 글자를 중심으로 윤곽선을 그려 넣어요. 기본선과 새로 그린 윤곽선 사이에 공간을 만들어 주세요.

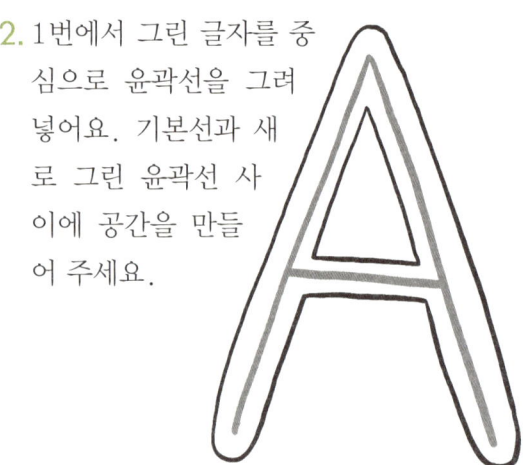

1. 쓰고 싶은 글자를 정하고, 연필로 글자 모양을 그려요. (기본선)

3. 지우개로 기본선을 지우거나 그 위로 색을 덧칠해서 문자를 완성해 보세요.

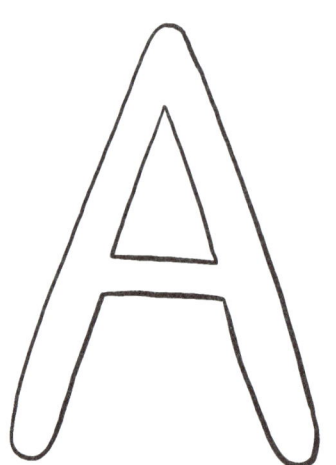

4. 여러 가지 방법으로 글자나 단어의 윤곽을 그려서 감정이나 분위기를 표현해 봅니다.

보기

excited

Tired *ANGER*

fear

joy

sadness

silly

더 즐겨 봐!

알파벳 전체나 자신의 이름을 적은 후, 각 글자를 다양하게 꾸며 보세요. 한글로도 개성있게 자신의 이름을 꾸며 보세요.

그리기 활동 | 133

플립 북 만들기

플립 북은 책장을 빠르게 넘기면 마치 그림이 움직이는 것처럼 보이는 책이에요. 플립북을 만들 때는 페이지에 있는 그림과 다음 페이지에 있는 그림 사이의 간격을 얼마나 두어야 하는지를 염두에 두어야 해요.

준비물

- 색인 카드 20장 이상
- 검정색 유성 펜
- 매직
- 큰 막대 2개
- 고무 밴드 2개
- 강력 접착제

1. 어떤 이야기로 그림을 그릴지 생각해요. 되도록 짧고 단순한 내용이 좋아요. 예를 들면 '한 소년이 다이빙하여 물속으로 들어갑니다.'라는 식이죠. 이 문장을 중심으로 이야기를 어떻게 시작하고 끝낼지를 생각해 보세요.

2. 그림을 그려 넣어요. 약 20쪽 분량의 그림을 그려야 하기 때문에 되도록 단순하게 시작하는 것이 좋아요.

3. 색인 카드에 진한 검은색 유성 펜으로 간단한 그림을 그려요. 그림의 중심이 카드 중간이나 오른쪽에 자리하도록 그립니다.

4. 다른 카드를 첫 번째 카드 위에 올리고, 첫 번째 그림을 바탕으로 하여 등장인물의 다음 동작이나 스토리를 그림으로 표현해 보세요.

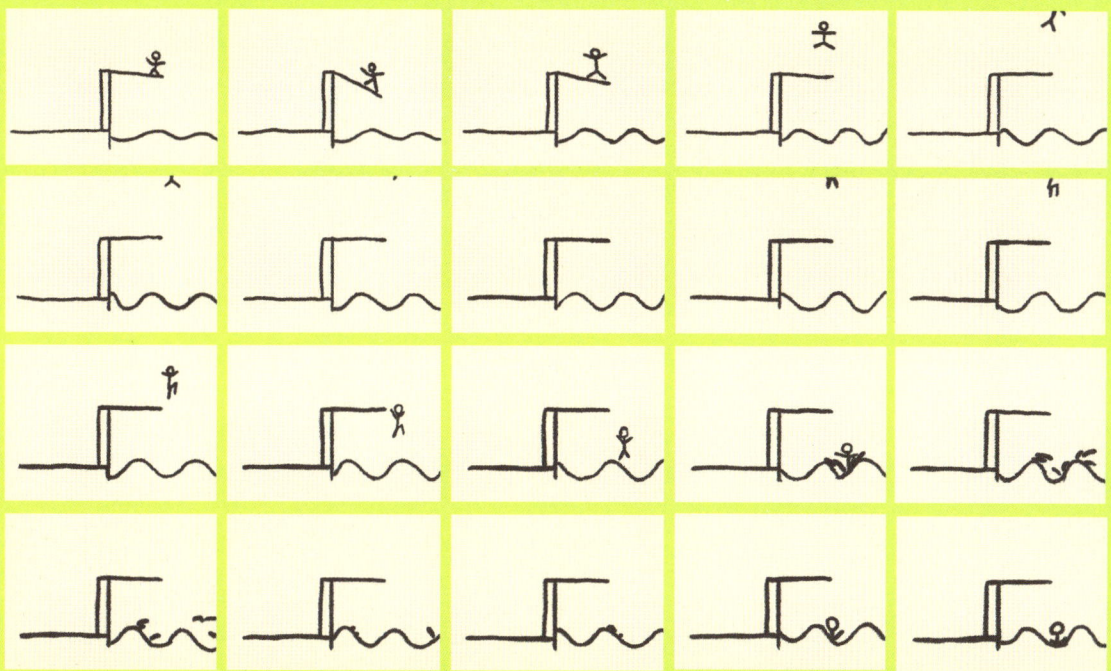

5. 페이지를 넘기면서 그림이 움직이는 것처럼 보이게 하려면 등장인물의 동작이나 위치가 앞 그림과 조금씩 달라져야 해요.

6. 그림을 모두 그렸다면 플립 북의 표지를 만들어 보세요. 재미있는 제목이나 간단한 그림으로 표지를 꾸며 보세요.

7. 색인 카드를 순서대로 포개고 표지를 맨 위에 놓아요. 그림처럼 쌓아 놓은 카드 더미 왼쪽에 막대를 대고 막대 양끝을 고무 밴드로 묶어서 카드를 고정합니다.

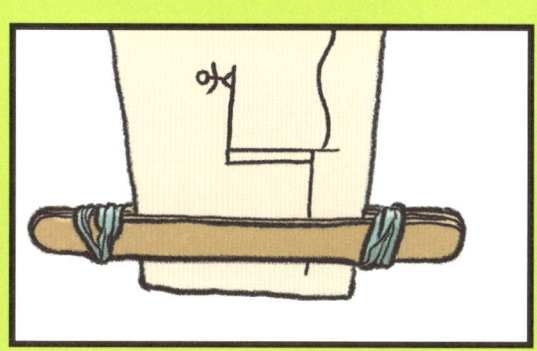

8. 막대로 고정한 카드 왼쪽 변에 접착제를 발라서 카드 사이로 접착제가 잘 스며들게 해요. 접착제가 마르면 다시 반복해서 발라 줍니다. 접착제가 완전히 마르고 나면 막대를 풀어 주세요.

9. 왼손으로 플립 북의 왼쪽을 잡고 오른손 엄지로 페이지를 빠르게 넘겨서 움직이는 그림을 감상합니다.

그리기 활동 | **135**

책 표지 꾸미기

자신만의 톡톡 튀는 아이디어로 멋진 책 표지를 만들어 보세요.

준비물
- 좋아하는 책
- 연필
- 흰 종이
- 매직 또는 색연필

1. 책을 읽은 후, 책 표지로 적당한 이미지를 떠올려 봅니다. 책에 나오는 주요 단어들을 정리해 보는 것도 좋아요.

   - 노랑+초록
   - 은색 신발
   - 집
   - 모험
   - 에메랄드 시티

2. 종이를 뒤집어서 테두리 여러 개를 그려요. 앞서 적은 키워드 리스트를 참조하여 각 테두리 안에 책 표지로 적당한 이미지를 스케치해 봅니다. 이미지의 크기와 위치, 책의 제목, 저자의 이름이 잘 어울리도록 여러 가지 방법으로 스케치해 보세요.

3. 빈 종이에 책을 올리고, 연필로 책 둘레를 따라 선을 그어 책 테두리를 만들어요. 여러 가지 스케치 중 가장 마음에 드는 것을 골라 그리고 색칠합니다.

더 즐겨 봐!
책 내용에 대한 자신의 생각을 담아서 새로운 책 표지를 꾸며 보세요.

드로잉 게임

친구나 가족들과 재미있는 드로잉 게임을 즐겨 보세요!

준비물
- 메모지
- 연필
- 펜, 매직

등을 맞댄 화가들
인원 2명

각자 종이와 연필을 들고 서로 등을 맞대고 앉아요. 종이에 그림을 그린 다음 상대방에게 자기가 그린 그림을 말로 설명해 보세요. 상대방은 설명을 듣고 똑같은 그림을 그려야 해요.

그림은 한 부분씩 나누어 설명해요. 상대방에게 되도록 자세하게 설명해 주어야 똑같은 그림을 그릴 수 있답니다. 그림을 다 그린 후 서로 그림을 비교해서 자신의 그림을 얼마나 잘 설명했는지, 상대방은 설명을 얼마나 잘 이해하며 그렸는지를 확인해 봅니다.

둘이서 낙서하기
인원 2명

각자 종이에 빠르게 낙서를 해요. 일정 시간이 지나면 낙서한 종이를 서로 바꾸어 낙서를 합니다. 낙서가 어떠한 그림으로 변하거나, 종이에 더 이상 낙서할 여백이 없을 때까지 이 과정을 반복합니다.

그리기 활동

우스꽝스러운 캐릭터 만들기
인원 2명 이상

1. 흰 종이를 반으로 접은 후, 또 다시 반으로 접어 4등분으로 나눠요.

2. 첫 번째 플레이어는 종이 맨 위에 머리에 해당하는 그림을 그려 넣고, 다음 사람이 볼 수 없도록 뒤로 접어 넘겨요.

3. 다음 플레이어는 두 번째 부분에 그림을 그리고 역시 다음 사람이 볼 수 없도록 뒤로 접어서 넘깁니다.

4. 이렇게 반복해서 마지막 부분까지 그린 뒤, 종이를 펴보세요. 아주 우스꽝스러운 그림이 완성되어 있을 거예요!

점과 네모
인원 2명 이상

종이 위에 일정한 간격으로 점을 가득 찍고, 게임을 시작해요. 플레이어들은 교대로 두 점을 이어서 선을 그어요. 선은 가로나 세로로 그어요. 선을 계속 긋다가 네모를 완성하는 선을 그은 사람은 네모 안에 자신의 이름을 적어 넣어요. 모든 점이 다 연결되었을 때, 이름을 가장 많이 적어 넣은 사람이 이겨요.

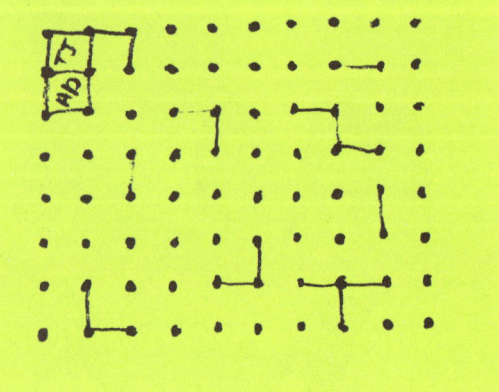

오늘의 뉴스

인원 3명 이상

1. 모든 플레이어들은 가상의 뉴스 제목을 종이 맨 위에 적어요.

2. 뉴스 제목이 적힌 종이를 오른쪽 플레이어에게 전달해요. 뉴스 제목을 받은 플레이어는 제목 밑에 제목을 설명하는 그림을 그립니다. 그리고 제목 부분은 보이지 않도록 접어 넘겨 그림만 보이는 상태로 다음 플레이어에게 전달해요.

3. 그림을 받은 플레이어는 그림 밑에 그림에 맞는 제목을 적어요. 그리고 그림 부분을 접어 넘기고 새로운 제목만 보이게 한 뒤, 다시 오른쪽 플레이어에게 전달합니다.

4. 종이가 가득 채워질 때까지 위의 과정을 반복해서 진행해요. 종이가 가득 채워지면 첫 뉴스 제목에서 마지막까지 어떻게 변하고 있는지를 확인해 봅니다.

1 마지막 도전!

커다란 종이에 마음대로 선을 그어 보세요. 구불구불하거나 삐죽삐죽한 선도 좋아요. 마음 가는 대로 선을 그어 보고, 그어진 선에 그림을 더해 좋아하는 동물이나 상상 속의 괴물을 표현해 보세요.

그리기 활동

글쓰기 활동
THINGS TO WRITE

한번 해 보세요!

자신에게 편지를 써 보세요.
오늘 기분이 어땠는지,
어떤 걱정거리가 있었는지 등,
자유롭게 적어 보세요. 편지를 쓴 다음 날짜를 적고,
책상이나 서랍에 잘 보관합니다.
1년 후, 편지를 꺼내어 읽어 보세요.
타임캡슐에 편지를 넣어도 좋아요. (49쪽 참조)

소설 속 등장인물을 가상으로 설정하고
이들의 성격이나 취미, 특기,
좋아하는 일 등을 글로 표현합니다.
소설 속 인물들은 무슨 일을 하고
싶어 할까요?

친구와 함께 50년 후의 삶이 어떠할지,
미래에 대해 예측하는 글을 써 보세요.
글을 쓴 다음 각자의 생각을 비교해 봅니다.

발음하기 어려운 단어나 문장을 써 보고,
천천히 소리내어 발음을 연습해 보세요.
(164쪽 참조)

책이나 영화 또는 TV 쇼 프로그램에
어떤 이름을 붙이면 좋을지
생각해 보세요.

어떤 사물에 대해 설명할 때,
남들과 다른 시각으로 묘사해 보세요.
예를 들어
스웨터를 입고 포옹할 때의 포근한 감촉,
모란의 분홍빛 같은 우아한 색,
뿌리 깊은 나무가 가지는 강력한 힘 등
다채롭고 멋지게 표현해 보세요.

암호 만들기

친구와 나, 둘만 알아볼 수 있는 비밀 메시지를 써 보세요. 둘만이 아는 암호를 사용하면 돼요. 아래의 암호 제작법 가운데 하나를 선택해서 써 보거나, 자신만의 새로운 암호를 고안해 보세요.

앞 또는 뒤 암호

보내려는 메시지의 모든 자음을 앞이나 뒤에 오는 자음으로 바꿔 보세요. 예를 들어 뒤에 있는 문자로 바꾼다면 ㄱ은 ㄴ이 될 거예요.

노누바 앰머르 = 고구마 샐러드

뛰어넘기 암호

글자를 하나씩 걸러서 읽고 나머지는 무시해요.

가놀나이도터우에리서아만쿠나
= 놀이터에서 만나

숫자 암호(영문)

문자 대신 숫자로 암호를 만들어 보세요. 알파벳 순서대로 숫자를 대입시키는 거예요. 1=A, 2=B, 3=C 등이죠. 또는 26=A, 25=B, 24=C 등으로 알파벳 순서를 거꾸로 대입 시키면 더 교묘하게 암호 메시지를 완성할 수 있어요.

1-22-25-9-26 = ZEBRA

쇼핑 목록 암호

새우튀김 2개
열쇠고리 4개
집게 1개
에그 샌드위치 1개
서류봉투 1개
김치만두 3개
바나나 2개
돗자리 2개

각 물건의 갯수는 암호로 사용되는 글자의 순서를 가리켜요. '새우튀김 2개'는 새우튀김의 2번째 글자 '우'를 가리키는 것이죠. 사용된 글자를 순서대로 나열하면 이제 쇼핑 목록은 다음과 같은 메시지가 된답니다.

새우튀김 2개
열쇠고리 4개
집게 1개
에그 샌드위치 1개
서류봉투 1개
김치만두 3개
바나나 2개
돗자리 2개

전달 메시지: **우리집에서 만나자**

메모와 편지

가까운 사람에게 짤막한 메모를 남겨 메시지를 전하거나 관심을 표현해 보세요.
좀 더 중요한 일이나 진지하게 전해야 할 메시지라면 편지로 내용을 전해도 좋아요.

편지를 쓸 때, 때로는 적절한 단어나 문구가 생각나지 않을 수도 있어요. 이럴 때 도움이 되는 몇 가지 팁을 소개합니다.

시작하기 전에

편지를 쓰기 전에 어떤 내용을 써야 할지 떠오르는 생각들을 간단히 메모합니다. 꼭 써야 할 말과 써서는 안 되는 말을 정리해 보세요.

감사 편지

감사 편지를 쓰는 것은 선물을 받고 단순히 말로 감사 인사를 하는 것보다 훨씬 더 큰 의미가 있어요. 또한 자신의 근황을 알리고 상대방의 안부를 물으며 마음을 전할 수도 있답니다.

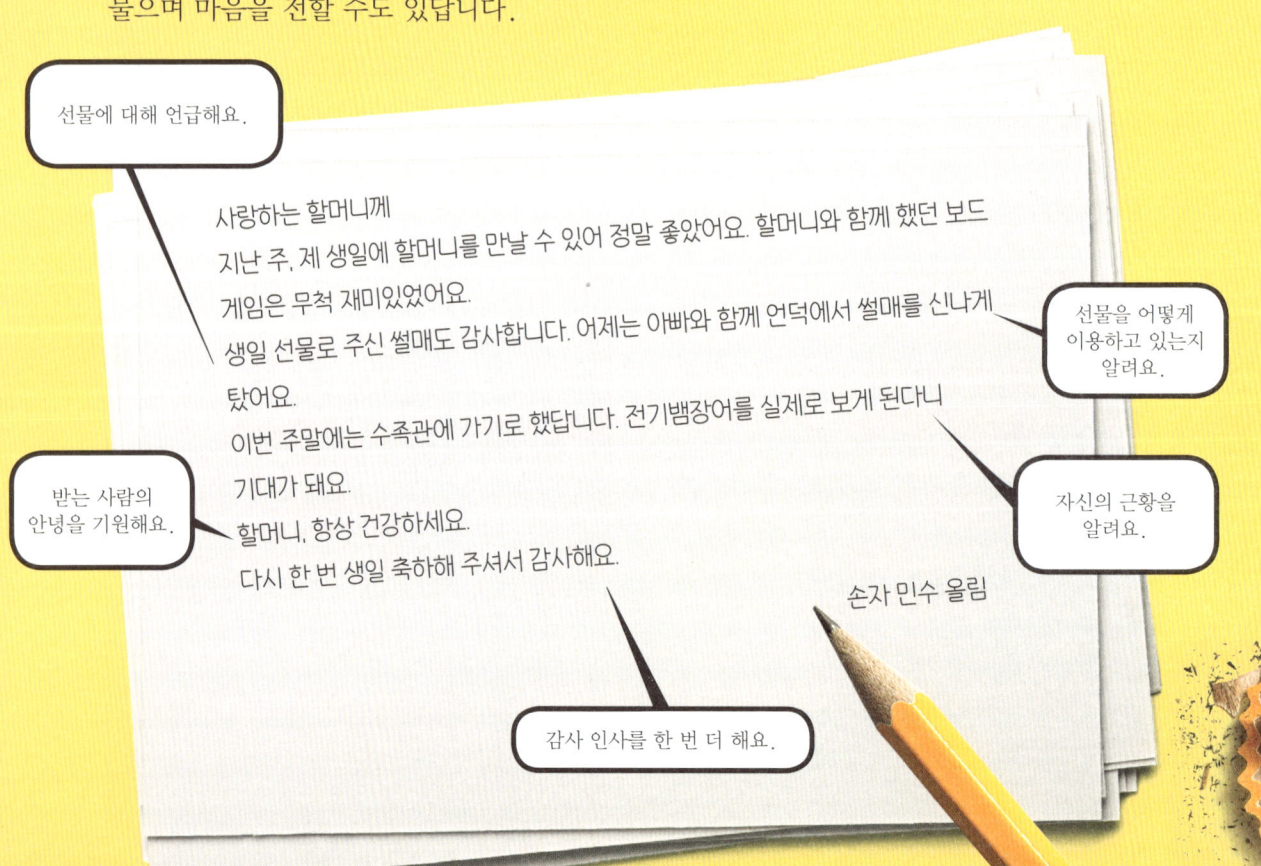

선물에 대해 언급해요.

사랑하는 할머니께
지난 주, 제 생일에 할머니를 만날 수 있어 정말 좋았어요. 할머니와 함께 했던 보드게임은 무척 재미있었어요.
생일 선물로 주신 썰매도 감사합니다. 어제는 아빠와 함께 언덕에서 썰매를 신나게 탔어요.
이번 주말에는 수족관에 가기로 했답니다. 전기뱀장어를 실제로 보게 된다니 기대가 돼요.
할머니, 항상 건강하세요.
다시 한 번 생일 축하해 주셔서 감사해요.

손자 민수 올림

선물을 어떻게 이용하고 있는지 알려요.

받는 사람의 안녕을 기원해요.

자신의 근황을 알려요.

감사 인사를 한 번 더 해요.

THINGS TO WRITE

친구에게 보내는 손 편지

친구에게 손 편지를 보내 보세요. 재미있는 소식을 전해도 좋고 단순히 안부를 물을 때에도 좋아요.

보고 싶은 예준이에게

안녕? 잘 지내고 있니?
이번 여름에는 재미난 일이 많았는데, 오늘은 무지 따분하네. 스마트폰으로 문자 메시지를 보낼 수도 있었지만, 손으로 쓴 편지가 더 특별할 것 같아서 이렇게 편지를 써. 편지를 쓰는 데 시간이 좀 더 걸리기도 하고.

어서 너와 만나서 이야기하고 장난치며 재미있게 놀고 싶어. 기억 나? 지난 번 같이 스케이트 보드 만들었던 일 말이야. 빨리 같이 만날 수 있기를 바라.

그럼, 다시 만날 때까지 잘 지내!

무더운 8월에
성우가

추신: 답장 해 줘!

- 친구의 안부를 물어요.
- 편지를 쓰는 이유를 설명해요.
- 앞으로 바라는 일을 적어요.
- 끝맺는 인사를 해요.
- 날짜를 적어요. 꼭 정확한 날짜를 적지 않아도 돼요.
- 편지에 미처 적지 못한 말이 있으면 '추신'을 덧붙여요.

글쓰기 활동 | **145**

좋아하는 작가에게 쓰는 편지

책을 읽고 난 뒤, 작가에게 편지를 써 보세요.
책에 대한 감상과 고마움의 메시지를 전하면 작가가
아주 기뻐할 거예요!

> 간단한 자기소개를 해요.

> 읽은 책과 인상 깊었던 내용을 설명해요.

김철수 작가님께

안녕하세요. 저는 이소은이라고 합니다.
저는 작가님의 책을 정말 좋아해요. 가장 좋아하는 책은 『소파 밑을
보지 마라』입니다. 주인공 수지는 아주 엉뚱하지만 착하고 매력 있어요.
특히 수지가 소파 밑에서 거북이를 발견하고 당황하는 장면이 인상
깊었어요. 저 또한 수지처럼 깜짝 놀라며 한참을 웃었답니다.
그런 재미있고 기발한 아이디어는 어떻게 떠올리시는지 궁금해요.
저도 커서 작가님처럼 멋진 소설을 쓰는 작가가 되고 싶어요. 꼭 꿈이
이루어질 수 있도록 열심히 노력할게요.
다음 책은 언제 나오나요? 다음 책이 나오기를 애타게 기다리고 있어요.

> 작가에게 편지를 읽어 줘서 고맙다는 말을 전해요.

제 편지를 읽어주셔서 감사합니다.
늘 건강하세요.

> 끝맺는 인사를 해요.

Tip
자신의 이름과 주소, 우표를 붙인 편지 봉투를 함께 보내면 작가가 답장을 할 가능성이 높아요.

20XX년 11월 8일
작가님의 팬, 이소은 드림

> 날짜와 보내는 사람의 이름을 써요.

우리 고장의 시장이나 국회의원에게 보내는 편지

우리 고장에 불의의 사고나 사건이 일어나 걱정한 적이 있나요? 아니면 생활하면서 공공기관이나 시설의 문제점으로 인해 불편을 겪은 일은요? 그럴 때 우리 고장을 대표하는 시장이나 국회의원 또는 구청장에게 편지를 써 보세요. 어린이의 진실된 문장 하나가 보다 살기 좋은 고장을 만드는 데에 큰 역할을 할 수 있답니다.

Tip
어떤 내용을 써서 어떻게 보내야 할지 부모님이나 선생님 등 어른에게 조언을 구하세요.

> 최대한 정중한 어투로 작성합니다.

존경하는 구청장님께

> 공식적이고 깔끔한 느낌을 주기 위해 컴퓨터로 편지를 작성하는 것이 좋습니다.

> 자신의 이름과 학교를 밝힙니다.

안녕하세요. 저는 대한초등학교 6학년 강하늘 입니다.

저는 집 근처에 있는 도서관에 자주 방문합니다. 새로 생긴 도서관이라 시설도 잘 갖추어져 있고 깨끗해서, 집중해서 책을 읽을 수 있어요. 좋은 책들도 많이 있어 시간이 날 때마다 도서관에 가서 책을 읽거나 책을 빌려오곤 합니다.

저는 도서관에 갈 때는 왕복 8차선 도로를 건넙니다. 이 도로는 저희 학교 아이들이 등하교를 할 때 자주 건너는 길이기도 합니다. 하지만 요즘 이 도로에서 아주 빠른 속도로 달리는 차들이 늘어나고 있습니다. 얼마 전에는 횡단보도 신호가 초록불로 막 바뀌었는데도 빠르게 지나가는 차 때문에 많은 아이들이 깜짝 놀라기도 했습니다.

> 자신이 편지를 쓰는 이유를 명확하게 작성합니다.

시장님께 한 가지 건의를 드리고 싶습니다. 이 도로에 신호 위반이나 과속을 단속하는 카메라를 설치해 주셨으면 합니다. 단속 카메라가 있으면 차들이 보다 천천히 달릴 것이고, 저희 학교 학생들과 도서관을 이용하는 많은 사람들도 안전하게 오갈 수 있을 것입니다. 감사합니다.

> 감사 표현도 잊지 마세요.

20XX년 11월 15일
구청장님을 존경하는 강하늘 드림

> 날짜와 보내는 사람의 이름을 마지막에 적습니다.

글쓰기 활동

친구에게 쓰는 위로 편지

친한 친구가 슬픈 일을 겪거나 어려움에 처했을 때, 위로의 편지를 써 보세요. 자신의 마음을 표현하는 가장 좋은 방법이에요. 또한 친구가 힘을 얻을 수 있답니다.

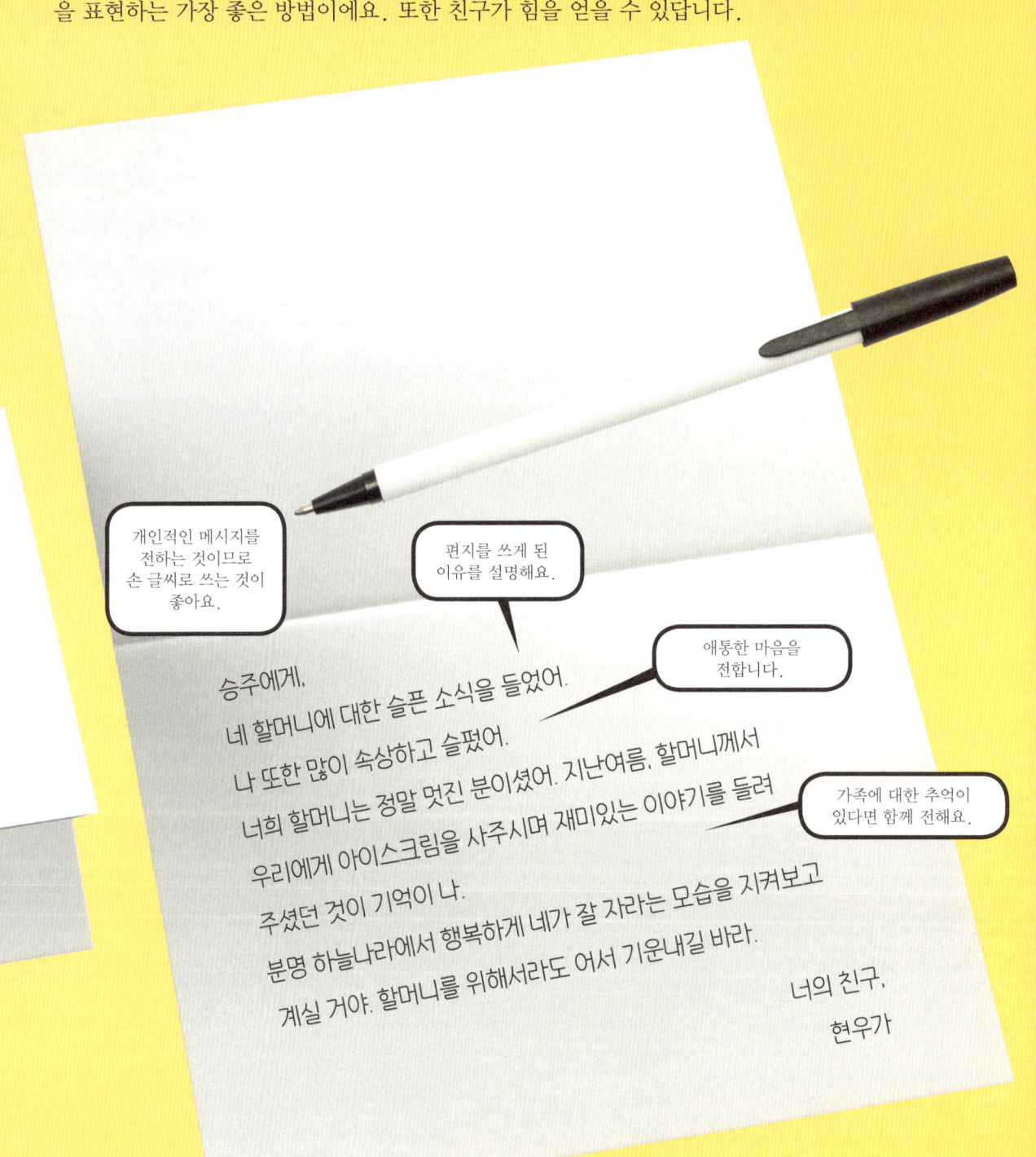

일기 쓰기

일기를 쓰면 머릿속에 떠오르는 단편적인 생각들을 하나의 글로 구성하게 돼요. 이를 통해 자신과 세상에 대한 더 많은 사실을 깨닫고 배우게 됩니다. 공책에 인상 깊었던 일을 일기로 써 보세요.

준비물
- 공책 또는 스마트폰 애플리케이션
- 연필 또는 펜

1. 일기의 주제를 정해요. 무엇에 흥미 있는지, 어떤 일에 집중하게 되는지, 무엇을 표현하고 싶은지 생각해 봅니다. 자신의 꿈을 상상하는 꿈 일기, 자연 속 여러 생물들에 대해 기록하는 관찰 일기, 매일 있었던 일들에 대한 자신의 생각을 쓰는 일기 등, 다양한 내용 가운데 선택해 보세요.

2. 공책이나 태블릿 PC 또는 스마트폰의 애플리케이션 등을 준비합니다. 다양한 스타일의 공책과 애플리케이션이 있으므로 마음에 드는 것을 골라 보세요.

3. 자신의 생각을 정리해 보세요. 편하게 생각을 정리할 수 있는 곳이라면 어디든 좋습니다. 방, 독서실, 버스 안, 지하철, 공원 등 자신만의 장소를 찾아보세요.

4. 가급적 정해진 시간에 규칙적으로 일기를 씁니다. 하루에 1번 또는 일주일에 1번 등 규칙을 정해서 차곡차곡 기록해 나가는 것이 중요합니다. 시간이 지나면서 기록이 쌓이게 되고, 이 기록들은 자신을 되돌아보게 하는 중요한 자료가 될 거예요.

글쓰기 활동

꿈 기록하기

자면서 꾸는 꿈은 상상력을 풍부하게 하고, 겪고 있는 문제를 새로운 시각으로 보게 해 줍니다. 꿈을 잊어버리지 않고 그 의미를 파악해 보고 싶다면 꿈을 일기로 기록해 보세요.

1. 꿈 일기를 작성하기 위한 작은 공책 1권을 준비하세요. 자신만의 꿈 일기 공책을 멋지게 꾸며 봐도 좋아요. 다른 사람이 보지 못하게 잘 보관해 두세요.

2. 대부분의 꿈은 자고 일어나면 거의 기억에서 사라져요. 그래서 잠에서 깨자마자 꿈을 기록해 두는 것이 좋아요. 꿈 일부만 생각나거나, 꿈에 대한 느낌만 어렴풋하게 남아 있을 수도 있어요.

3. 꼭 글로만 꿈을 기록해야 하는 건 아니에요. 그림으로 기억이나 느낌을 표현할 수도 있어요.

4. 날짜와 제목을 기록하세요. 가령 "나는 날 수 있다" 또는 "추적" 등으로 멋진 제목을 써 보는 거예요. 꿈의 종류나 느낌에 따라 분류해도 좋아요. 재미있는 꿈, 스릴 있는 꿈, 무서운 꿈, 현실 같은 꿈 등 다양한 기준으로 나눌 수 있어요.

5. 꿈으로 노트를 가득 채웠다면, 처음부터 쭉 훑어보세요. 비슷한 형태와 주제가 제법 많다는 사실을 알 수 있을 거예요.

노래 가사 바꾸기

노래 가사를 재치 있게 바꿔서 써 볼까요?

먼저 가사가 있는 단순한 노래를 고르고 상상력을 발휘해서 색다른 가사로 바꿔 봅니다. 예를 들어 볼까요? 줄지어 소풍가는 개미들의 모습을 노래로 바꿔 보는 건 어떨까요? 나무 위에서 사람을 바라보는 새들의 모습이나 우주선을 타고 지구로 향하는 외계인은 어떨까요?

다음 예시는 동요 〈거미가 줄을 타고 올라갑니다〉의 가사를 바꾸어 본 것이에요. 원곡의 음정을 떠올리며 다음 가사를 참고해서 자신만의 새로운 가사로 바꾸어 보세요.

나는 배고픈 강아지예요.
그저 마루에 앉아 있지요.
당신은 식탁에 앉아 있네요.
맛있는 밥을 냠냠 먹어요.

아주 맛있는 냄새가 나요.
나도 같이 먹고 싶어요.
누구에게도 안 말할게요.
먹으라고 말 좀 해 줘요.

너무 배가 고파서 혀가 나왔죠.
부탁해요. 밥 좀 주세요.
스테이크가 정말 먹고 싶지만
완두콩 하나로 만족해야죠.

열심히 앞발을 흔들었어요.
부탁해요. 밥 좀 주세요.
애교도 재롱도 잘 부릴게요.
그러니 제발 밥 좀 주세요.

벌써 식사가 다 끝났네요.
아이들은 그릇을 정리하네요.
나는 아무 것도 못 먹었는데
이렇게 식사가 끝나버렸네.

힘없이 집으로 들어가는데
집 앞에 놓인 이것은 뭘까?
고기 한 덩이가 놓여 있네요.
맛있겠다 냠냠 잘 먹을게요.

글쓰기 활동

시

수천 년 전부터 사람들은 시를 써서 자신의 생각과 감정을 표현해 왔어요. 시인 로버트 프로스트는 시에 대해서 다음과 같이 말했답니다.
"감정이 생각을 찾고 생각이 언어를 찾을 때, 시가 됩니다."

어떤 소재든 시의 주제가 될 수 있어요. 시는 형식 또한 다양하죠. 평소 느끼거나 생각했던 것, 기발한 상상 등을 시로 표현해 볼까요? 아래에 여러 가지 형식의 시들이 있으니 참고해 보세요.

Tip
시를 쓰는 데 도움이 될 만한 시 몇 편을 읽어 보세요. 시가 전하려는 내용을 곰곰이 생각해 보고, 자신이 말하고 싶은 것을 시로 표현해 보세요.

운을 맞춘 시

시를 쓰는 쉬운 방법 중 하나는 각 행의 맨 앞 글자나 발음을 비슷하게 맞추어 4행의 시를 써 보는 거예요. 4행의 운을 모두 맞추기 힘들다면, 2행과 4행만 맞춰도 충분히 멋진 시가 된답니다. 각 행의 글자 수나 길이를 비슷하게 맞춰 반복되는 리듬감을 살리는 것도 좋아요.

털어 놓아요!
에일린 스피넬리

내 안에 시가 있어요
꿀벌처럼 윙윙거려요
병아리 솜털처럼 간지러워요
스카이 콩콩처럼 콩콩 뛰어요
배수구처럼 꼬르륵거려요
부드럽게 속삭여요
"나를 내보내 줘요."
작은 재미를 느끼고 있다면,
깡충 뛰는 토끼처럼
폴짝 뛰는 캥거루처럼
마음이 콩닥 인다면
여러분의 마음에 시가 있는 거예요

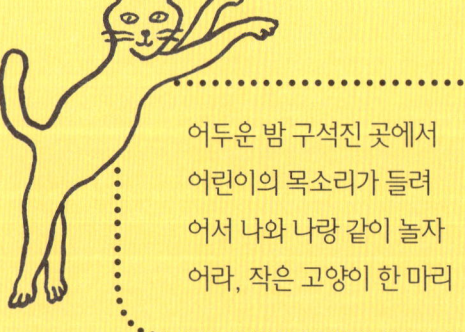

어두운 밤 구석진 곳에서
어린이의 목소리가 들려
어서 나와 나랑 같이 놀자
어라, 작은 고양이 한 마리

너랑 노는 게 가장 큰 행복이야
멋진 장난꾸러기 내 친구 성준이
오늘은 열한 번째 네 생일이야
진심으로 축하해 내 친구 성준이

오늘은 행복한 날이네요
할머니 생신 축하해요
내 마음 담아 전해드려요
할머니 정말 사랑해요

햇빛이 쨍쨍 무더운 날에는
출렁이는 바다로 모두 떠나요
파도가 철썩 시원한 바다로
훌렁훌렁 옷 벗고 뛰어 들어요

짧은 시를 몇 편 써 본 뒤,
2개의 연으로 된 시를 써 보세요.

고요한 깊은 밤
내 뱃속에는 유령이 살아요
꼬르르륵 꼬르르륵
배가 고파요

고요한 깊은 밤
아빠 콧속에는 천둥이 쳐요
우르르 쾅 우르르 쾅
코를 골아요

하이쿠

하이쿠는 3행으로 이루어진 일본의 짧은 시예요. 반복되는 글자나 음이 있는 건 아니지만, 글자 수를 맞추어야 하지요. 1행 5음절, 2행 7음절, 3행 5음절로 이루어져 있어요. 하이쿠는 특정 사물을 관찰하여 표현하는 내용이 많아요. 관심 있는 대상을 골라 하이쿠를 써 보세요. 하이쿠로 가족에게 메시지를 전달해 봐도 좋겠죠!

무더운 여름
시원하고 달콤한
아이스크림

좁다란 내 방
치우고 또 치워도
끝나지 않아

진흙투성이
축구화가 나란히
잘 뛰었어요

잘 먹을게요
엄마의 사랑 가득
행복한 식사

식기세척기
접시가 깨끗 깨끗
고마운 친구

글쓰기 활동

리머릭

리머릭은 5행으로 이루어진 시로, 마지막에는 항상 반전이 있어요. 또한 1행과 2행, 그리고 마지막 5행의 마지막 음절을 통일해야 하죠. 3행과 4행은 다른 행에 비해 길이가 짧고, 두 행의 운을 맞추어야 해요.

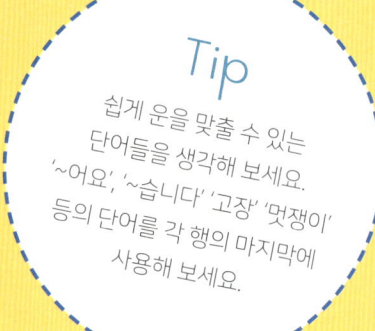

Tip
쉽게 운을 맞출 수 있는 단어들을 생각해 보세요. '~어요', '~습니다' '고장' '멋쟁이' 등의 단어를 각 행의 마지막에 사용해 보세요.

> 후두두둑 갑자기 소나기가 내려요
> 하지만 나에게는 우산이 없어요
> 기다릴까 망설이다가
> 달려 볼까 고민하다가
> 저 멀리서 내 우산 쓴 엄마가 보여요

> 멍멍멍 하고 짖는 늑대가 있었습니다
> 아우우 하고 우는 개도 있었습니다
> 둘은 서로 바꾸기로 했어요
> 사는 곳을 바꾸고 모습을 바꿨어요
> 아, 그런데 목소리는 바꾸지 못했습니다

의성어와 의태어

소리나 모양을 흉내 내는 의성어, 의태어를 사용하는 것도 시의 리듬감을 살리는 데에 도움을 줍니다. 먼저 어떤 내용으로 시를 쓸지 결정한 후에, 주제와 연관되는 의성어와 의태어를 떠올려 보세요. 이를 사용해서 시를 지어 보세요.

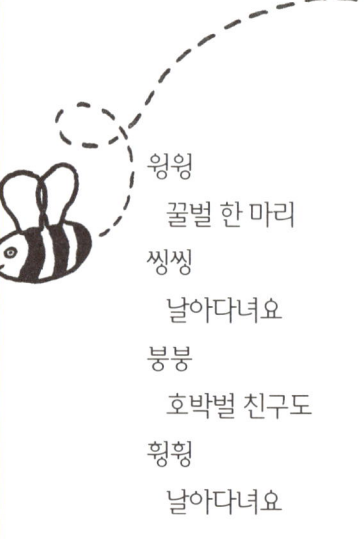

> 윙윙
>   꿀벌 한 마리
> 씽씽
>   날아다녀요
> 붕붕
>   호박벌 친구도
> 휭휭
>   날아다녀요

> 내 친구 철수는 반듯한 것을 좋아해요
> 하루는 엄마가 잔디 깎기를 시켰어요
> 삐죽삐죽한 잔디는 싫어
> 반듯하게 깎아야겠어
> 줄자로 잔디 길이를 재며 깎고 있어요

THINGS TO WRITE

다양한 글쓰기

글쓰기의 내용과 형식은 무궁무진합니다. 자신이 원하는 대로 자유롭게 글을 써 보세요.

이름 짓기

작가들이 소설 속 등장인물의 이름을 지을 때는 각 인물의 특징이나 성격에 어울리도록 이름을 짓는답니다. 이름을 듣기만 해도 주인공의 성격이나 하는 일을 떠올릴 수 있지요. 또는 그저 듣기만 해도 웃음이 나는 이름도 있답니다. 자신만의 독창적인 아이디어로 개성 넘치는 이름을 지어 볼까요?

다음과 같이 지어 보세요!

수영선수: 장수영
택시기사: 전운수
요리사: 손미각
학원 선생님: 국영수
돈이 많은 사람: 금부자
기억을 잃은 사람: 나상실
순진한 사람: 백순수
말수가 적은 사람: 조용희

나만의 격언

'티끌 모아 태산', '빛 좋은 개살구' 등의 속담이나 '용기 1파운드는 행운 1톤의 가치가 있다' 등의 격언에는 삶의 지혜와 조언이 담겨 있어요. 물론 우리도 힘을 북돋아 주는 멋진 격언을 만들 수 있답니다.

앗, 실수!

사람은 누구나 실수를 해요. 대부분의 실수는 심각하지 않은 것이라 가볍게 웃고 넘길 수 있답니다. 웃어넘길 수 있었던 작은 실수를 글로 써 보세요.

모든 자음이 들어간 문장

'파키스탄 사람들이 멋진 자동차를 타고 어린이 보호구역을 지나가고 있습니다.'처럼 모든 자음을 넣어 문장을 완성해 볼 수 있나요? 한번 도전해 보세요.

나정의
변호사

심우주
우주인

한해운
항해사

글짓기 게임

친구들과 함께 글짓기 게임을 해 보세요.

한 번에 한 문장
인원 2명 이상

한 사람이 종이에 한 문장을 쓰고 다음 사람에게 종이를 넘겨줍니다. 다음 사람은 첫 문장에 이어 다음 문장을 작성합니다. 이때, 마지막 글자나 마지막 글자의 모음을 첫 문장과 동일하게 맞춥니다. 예를 들어 볼까요? 첫 문장이 "무언가를 먹으러 가야겠어요."라면 두 번째 문장은 "달콤한 것이 좋겠어요."라는 식으로 쓰는 거죠. 이런 식으로 계속 문장을 이어나가며 이야기를 완성합니다.

주인공 놀이
인원 2명

친구와 둘이서 소설이나 영화, 상상 또는 현실 속 인물 2명을 주인공으로 설정합니다. 예를 들면 해리 포터와 피터 팬, 금발 소녀와 아기 곰 푸우, 같은 연못가에 사는 하마와 사자 등이 될 수 있겠죠.
1명이 주인공이 되어 대화를 시작하며 종이에 첫 문장을 적어요. 다른 사람은 다른 주인공이 되어 첫 문장에 대한 대답을 글로 적습니다. 약 10분 정도 계속해서 대화를 이어나가다가 시간이 다 되면 각자 작성한 대화를 함께 읽어 봅니다.

이야기 잇기

인원 3명 이상

1. 잡지나 카탈로그, 신문에서 그림이나 사진을 20장 이상 오려요.

2. 그림이나 사진을 뒤집어서 어떤 내용인지 모르게 해요. 플레이어들에게 같은 수의 그림을 나누어 주고, 플레이어들은 받은 그림을 보지 않은 채, 뒤집어 놓습니다.

3. 첫 번째 플레이어가 맨 위 그림을 펴서 관련된 내용으로 이야기를 시작해요. 예를 들어 낙하산 그림이라면 이렇게 말하는 거죠. "스카이다이빙을 하러 갔어. 비행기에서 뛰어내려 자유 낙하를 하다가 낙하산을 펼쳤는데 갑자기……."

4. 두 번째 플레이어가 자기 그림을 펼치고 이야기를 이어 나갑니다. 펼친 그림이 커다란 곰 그림이라고 해 볼까요? "갑자기 거센 바람이 불어서 나는 엉뚱한 곳에 떨어지고 말았어. 커다란 곰 한 마리가 오픈카를 타고 드라이브를 즐기고 있는데, 그 오픈카의 조수석으로 떨어져 버렸지 뭐야."

5. 다음 플레이어도 그림을 뒤집어 이야기를 만들어 나갑니다.

6. 모든 그림을 다 펼칠 때까지 이야기 잇기를 계속해 보세요.

1 마지막 도전

주변의 사물을 하나 골라 시나 이야기를 지어 보세요. 예를 들어 식기세척기 안의 포크는 어떻게 말할지 떠올려 본다든가, 짝 잃은 양말이 말을 한다면 어떤 말을 할지 상상해 보는 거예요.

두뇌 활동

THINGS TO DO WITH YOUR BRAIN

한번 해 보세요!

혼자서 체스나 체커를 해 볼까요?
양쪽 말을 모두 혼자서 움직여 보는 거예요.

30초 이내에 알파벳을 거꾸로
소리 내어 말해 보세요.

좋아하는 노래 가사를
외워 보세요.

자신의 이름을 이루는 자음과 모음으로
새로운 단어를 만들어 보세요.

ㅋ으로 시작하는 단어를 10개
말할 수 있나요?

자기 이름을 이루는 글자들이 들어간 문장을 만들어 보세요.
예를 들어 '김우진'이라면 '김밥과 우동은 진짜 맛있어.'라는
식으로 문장을 만드는 거죠.
다른 친구들의 이름으로도 문장을 만들어 보세요.

혼자서 즐기는 게임

비 오는 날 또는 혼자 있기 심심할 때에 즐기면 좋은 게임을 소개합니다.

디토

원하는 3자리 수를 적어 보세요. 3자리 수 뒤에 쉼표를 찍고, 적은 수를 한 번 더 씁니다. 6자리 수가 되었어요. 이 6자리 수를 7로 나눕니다. 나눈 값을 다시 11로 나눈 뒤, 13으로 나눠요. 나눈 값을 처음 쓴 수와 비교해 보세요.

자음 게임

자음 14개를 순서대로 종이에 세로로 적습니다. 각 자음으로 시작하는 물건을 찾아보세요. 자음 14개로 시작하는 물건을 모두 찾았다면, 알파벳 26자로 시작하는 물건 찾기에 도전해 봐도 좋아요.

수 리스트

해당 수만큼의 단어를 떠올릴 수 있는지 한번 도전해 보세요.

- 10 동물 10가지
- 9 오늘 한 9가지 일들
- 8 더 알고 싶은 사람(또는 전혀 알고 싶지 않은 사람) 8명의 이름
- 7 우리 도시에 대해 아는 것들 7가지
- 6 과일 6가지
- 5 태양계 행성 5개
- 4 거꾸로 읽어도 바로 읽은 것과 똑같은 단어 4개
- 3 더 하고 싶은 일 3가지
- 2 존경하는 인물 2명
- 1 앞서 작성한 내용 중 가장 많이 나온 글자 1자

자신만의 아이디어로 수 리스트를 작성해 보세요.

브레인 퀴즈

아침 단잠을 행각하기 쉬운 다음 문제들을 풀어 보세요. 정답은 179쪽에 있어요.

연필 수수께끼

연필을 떼지 않고 5개의 원으로 이루어진 다음 도형을 그려 보세요.

삼각형을 찾아라

다음 그림에서 삼각형을 몇 개나 찾을 수 있나요?

맞물린 고리

4개의 고리 중, 하나의 고리를 자르면 모두 분해돼 답니다. 어느 색 고리일까요?

논리 추론

아래의 단서를 보고, 야구 선수 5명의 타순을 어떻게 정해야 할지 알아보세요.

1. 에비는 그레이스 바로 앞이나 바로 뒤입니다.
2. 데이비드는 카라의 바로 앞이나 바로 뒤입니다.
3. 제이슨은 에비나 데이비드의 바로 앞이나 바로 뒤가 아닙니다.
4. 카라는 첫 타자입니다.
5. 에비는 마지막 타자가 아닙니다.

동전 수수께끼

동전 9개를 준비해 다음 동전 수수께끼를 풀어 보세요.

1. 동전 6개를 아래와 같이 삼각형 모양으로 배치합니다. 단 2개의 동전만을 움직여 삼각형을 거꾸로 뒤집은 모양으로 만들 수 있나요?

2. 책상 위에 동전 4개를 올려놓으요. 동전을 움직여 각 동전이 나머지 3개의 동전과 맞닿게 할 수 있나요?

알쏭달쏭한 문제

1. 물기가 없어질수록 점점 더 축축해지는 것은 무엇입니까?
2. 에베레스트 산이 발견되기 전에, 세계에서 가장 높았던 산은 어디인가요?
3. 크기만큼 덩치가 크지만 무게는 전혀 없는 것은 무엇일까요?
4. 내 것이지만, 다른 사람들이 나보다 더 많이 사용하는 것은 무엇일까요?

5. 나는 홀수입니다. 나에게서 문자 하나를 없애면, 나는 짝수(even)가 됩니다. 나는 어떤 수일까요?
6. 1kg의 새털과 1kg의 벽돌 중에 어느 것이 더 무거울까요?
7. 절대 예라고 대답할 수 없는 질문은 무엇일까요?

미국주퀴즈풀기

1. 알파벳 N이 두 번 사용되는 주가 4곳 있어요. 어느 주일까요?
2. 주 이름이 New로 시작되는 주가 4곳 있어요. 어느 주일까요?
3. 단 4개의 알파벳으로 이름이 이뤄진 주가 3곳 있습니다. 어느 주일까요?
4. 3곳의 주 이름이 A로 시작해서 A로 끝납니다. 어느 주일까요?
5. 주 이름이 다른 주 이름 속에 포함된 주가 있습니다. 어느 주일까요?

두뇌 활동 | 163

발음하기 어려운 문장 읽기

확률분포표

상담 담당 선생님

공간 감각

한국관광공사 관광과장

서울특별시 특허 허가과 허가과장

저 분은 백 법학박사이고 이 분은 박 법학박사이다.

내가 그린 구름 그림은 새털구름 그린 구름 그림이고
네가 그린 구름 그림은 깃털 구름 그린 구름 그림이다.

저 콩깍지는 깐 콩깍지인가 안 깐 콩깍지인가
깐 콩깍지면 어떻고 안 깐 콩깍지면 어떠냐
깐 콩깍지냐 안 깐 콩깍지냐
콩깍지는 다 콩깍지인데

시골 찹쌀 햇 찹쌀
도시 찹쌀 촌 찹쌀

신기한 원 그리기

종이 가운데 점을 찍고, 점을 중심으로 연필을 떼지 않고 온전한 원을 그릴 수 있나요? 골똘히 생각해 보세요.

아이디어가 잘 떠오르지 않는다면 다음의 방법으로 한번 해 보세요.

이렇게 해 보세요

① 종이 꼭짓점 한 부분을 접고, 접은 꼭짓점과 맞닿은 곳에 점을 찍습니다.

② 점에서부터 접힌 종이 위로 짧은 직선을 그어요.

③ 그은 선 끝에서부터 원을 그리기 시작해요. 접힌 부분에서 선긋기가 시작되지만, 접히지 않은 부분으로 원이 이어집니다.

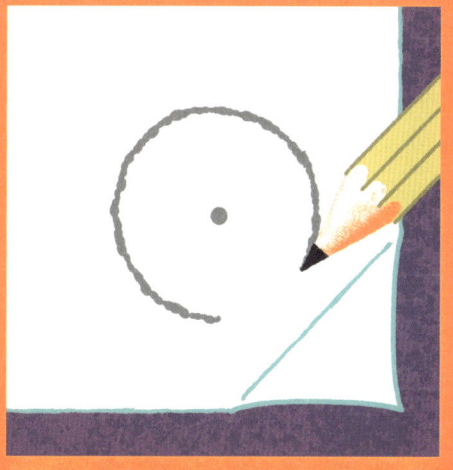

④ 원을 절반쯤 그렸을 때 접힌 종이를 펴고 나머지 부분을 그려 원을 완성해 보세요.

두뇌 활동

진실 혹은 거짓

아래 글을 읽고 사실인지 아닌지를 생각해 보세요. 정답은 179쪽에 있습니다.

1. 대머리 독수리는 나이를 먹을수록 종종 가발을 씁니다.

2. 지구상에서 공룡이 인간보다 더 오랫동안 존재했어요.

3. 사람은 음식을 먹지 않고 약 20일 정도 살 수 있지만, 물 없이는 겨우 이틀 밖에 견딜 수 없어요.

4. 사람의 뼈 50% 이상이 손과 발에 있어요.

5. 세계에서 토네이도가 가장 많이 발생하는 나라는 미국이에요.

6. 눈송이는 실제로 색이 없어요. 하얗게 보이는 것은 빛이 반사하기 때문이에요.

7. 사람 몸의 근육 중 가장 강한 근육은 소지(새끼손가락)의 근육입니다.

8. 날이 선선해지면 귀뚜라미는 울음 소리가 약해지고 울음 횟수도 줄어들어요.

9. 암컷 모기만 사람의 피를 빨아 먹어요.

10. 사람 몸의 혈관을 펼쳐서 늘어놓으면, 그 길이가 약 160km에 달합니다.

11. 모든 무당벌레는 암컷이에요.

12. 갓 태어난 아기 기린의 키는 약 180cm 정도예요.

13. 코알라는 곰이 아닙니다.

14. 캥거루 집단을 영어로 무리(mob)라고 표현해요.

15. 거미의 다리는 8개인데, 이는 거미가 곤충이 아니라는 뜻이지요.

16. 공룡의 긴 꼬리는 공룡이 춤을 추는 동안 균형을 잡도록 도와줍니다.

17. 황제 펭귄은 1847년 민주주의가 성립될 때까지 남극을 지배했어요.

18. 인류는 지구 바다 전체 중에서 겨우 20%만 탐험했어요.

19. 물속에 있는 화산은 용암 대신 얼음 덩어리를 분출해요.

20. 고래에게도 배꼽이 있어요.

어떻게 분리할까?

친구와 함께 서로 얽혀 있는 2가닥의 줄을 분리해 보세요.

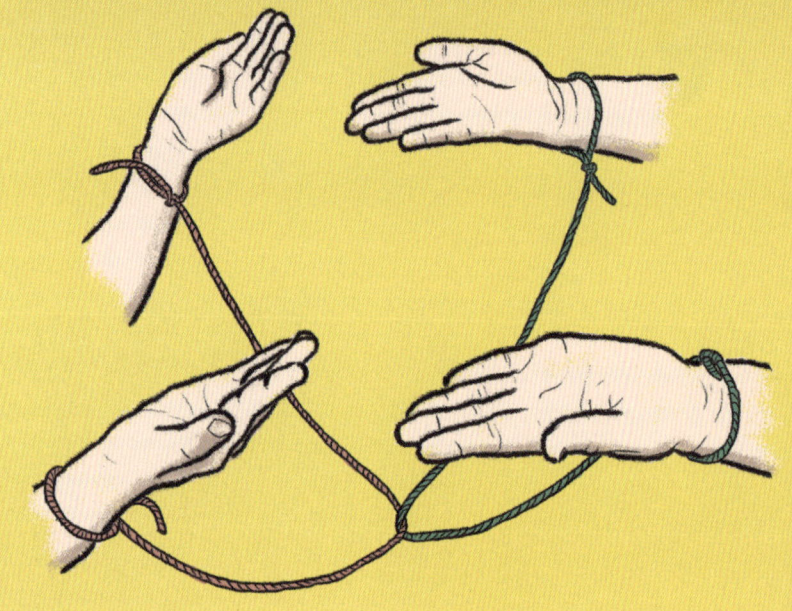

오른쪽의 해결 방법을 보지 말고 먼저 도전해 보세요.

1. 약 120cm 길이의 줄 2가닥을 준비해요.
2. 줄 양끝으로 친구의 양 손목을 묶어요. 너무 세게 묶지 않아야 하지만, 묶은 줄이 빠져 나올 정도로 헐겁게 묶어도 안 됩니다.
3. 자신의 손목은 친구에게 묶어 달라고 해요. 먼저 왼쪽 손목을 묶고 그림처럼 친구의 손에 묶인 줄과 교차한 다음, 오른쪽 손목을 줄로 묶어요.
4. 이제 모든 준비가 끝났어요. 줄을 자르거나 매듭을 풀지 않고, 서로 얽힌 2가닥의 줄을 분리할 수 있나요?

해결 방법

1. 내 손목의 줄을 친구 손목을 감싸고 있는 줄 아래로 집어넣어 친구 손가락 방향으로 잡아당깁니다.

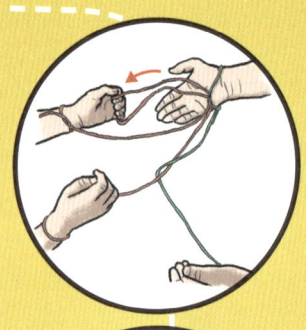

2. 잡아당긴 줄을 고리 모양으로 만들어서 친구 손목을 감아 줍니다.

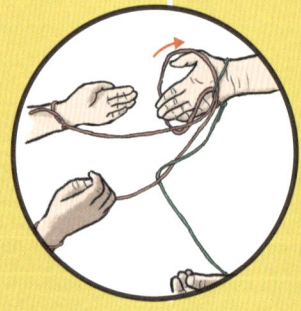

3. 이제 다시 줄을 천천히 당겨서 고리 모양의 줄이 친구 손목을 감싼 줄 아래로 밀려들어 가면, 두 줄이 분리됩니다!

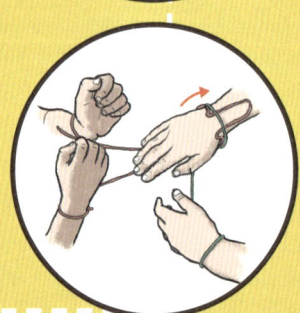

한번 맞혀 봐!

쉽게 해결하기 어려운 퀴즈들을 소개합니다. 친구나 가족에게 퀴즈를 내고, 잘 해결하는지 확인해 보세요.

준비물
- 동전 10개
- 플라스틱 컵 3개

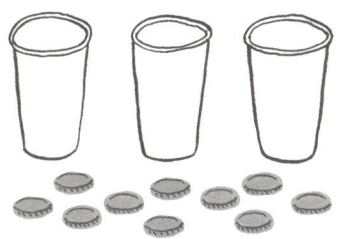

1. 탁자 위에 컵 3개와 동전 10개를 올려놓고 친구에게 문제를 내 보세요.
"동전 10개를 컵 3개에 나누어 넣고 각각의 컵 속에 든 동전 개수를 홀수로 만들 수 있나요?"

2. 아마 쉽게 풀지 못할 거예요. 그렇다면 다음과 같이 답을 알려 주세요.
"무척 쉬워. 먼저, 첫 번째 컵에 동전 4개를 집어넣어."

3. 친구가 4는 짝수라고 지적할 거예요. 그러면 이렇게 말해요.
"그래, 하지만 아직 다 끝난 게 아니야. 그 다음 컵에는 동전 3개를 집어넣어."

4. "마지막 컵에도 남은 동전 3개를 집어넣어."

5. 가운데 컵을 들어서 첫 번째 컵에 포개 놓습니다. 포개진 첫 번째 컵을 가리키면서 설명하세요.
"이제 이 컵 안에 있는 동전은 모두 7개야. 각 컵에 들어 있는 동전 개수는 모두 홀수지."

흥미진진 마술

친구들이나 가족 앞에서 다음 마술들을 시연해 보세요.

팁

- 다양한 마술들을 익히는 것보다 한 가지 마술을 완벽하게 연습하는 것이 좋아요. 복잡한 소품 없이도 할 수 있는 간단한 마술부터 시작해 보세요.

- 완벽하게 마술을 선보일 수 있을 때, 친구나 가족 앞에서 시연해 보세요. 시작하기 전에 칭찬이나 격려 등의 호응을 유도하는 것도 잊지 마세요.

- 마술을 시작하기 전, 재미난 이야기나 농담으로 관객들과 대화를 해 보세요. 자연스럽고 편안한 분위기를 만드는 것이 좋아요.

- 자신의 세세한 행동 하나까지 시선을 받지 않도록, 관객의 관심을 다른 곳으로 돌려 보세요.

- 무엇보다 연습을 많이 하는 것이 가장 중요해요.

폴짝폴짝 고무 밴드

고무 밴드로 왼손 검지와 중지를 감고 주먹을 쥐어요. 주먹을 펴면 고무 밴드가 약지와 소지에 감겨 있어요.

어떻게 할까요?

1. 오른손 검지로 왼손 검지와 중지를 감고 있는 고무 밴드를 잡아당겨요.

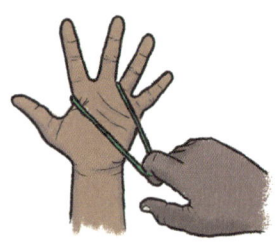

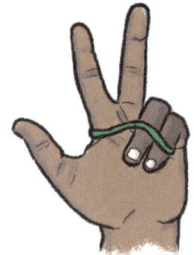

2. 관객들이 다음 장면은 보지 못하게 해요. 왼손의 고무 밴드를 오른손 검지로 잡아당긴 상태에서 왼손의 약지와 소지를 구부려 고무 밴드 안으로 집어넣어요. 그리고 재빠르게 오른손을 빼냅니다.

3. 주먹을 쥘 때, 그림과 같이 왼손 검지와 중지도 구부려 고무 밴드 안으로 집어넣어요.

4. 관객들에게는 왼손의 두 손가락에만 고무 밴드가 감긴 것처럼 보일 거예요. 하지만 실제로는 네 손가락이 모두 고무 밴드에 감겨 있죠. 손가락을 폈을 때, 고무 밴드는 폴짝 점프하여 다른 손가락으로 옮겨 간 것처럼 보일 거예요.

눈앞에서 사라진 동전

사라지는 동전 마술로 관객들을 감쪽같이 속여 볼까요?

> 1~4번 그림은 마술을 하는 사람의 입장에서 보는 동작을 나타낸 것입니다.

1. 오른손 손가락으로 동전을 잡고 다음과 같이 말합니다.
"잘 보세요! 제 손에 동전이 하나 있어요."

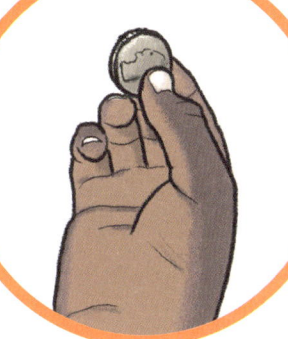

4. 왼손으로 동전을 잡아서 쥐고 있는 것처럼 보이게 하고, 관객에게 말해요.
"자, 과연 어떻게 될까요?"

> 5~6번 그림은 관객들이 볼 수 있는 모습입니다.

2. 왼손으로 동전과 손가락을 모두 가려서 관객들이 볼 수 없게 해요. 그리고 이렇게 말해요.
"여러분의 눈앞에서 이 동전을 사라지게 해 보겠습니다."

5. 왼손 주먹을 내밀고 오른손으로는 주먹을 가리키면서 이렇게 말해요.
"음, 동전이 사라지게 될 거예요."

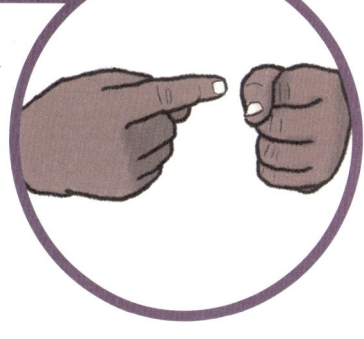

3. 동전을 잡고 있던 오른손 손가락을 펴서 오른손 손바닥 위로 동전이 떨어지게 해요.

6. 주먹 쥔 왼손을 흔들면서 오른손 검지로 왼손을 가리킵니다. 그와 동시에 그럴싸한 마술 주문을 힘껏 외칩니다. 잠시 집중하는 듯한 포즈를 취하며 "하나, 둘, 셋!"하고 카운트를 해요. 그리고 왼손 주먹을 펼쳐서 동전이 사라진 것을 관객들에게 보여 줍니다.

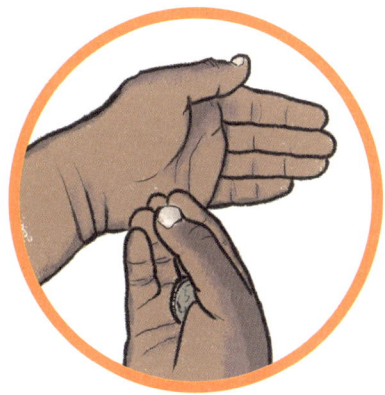

두뇌 활동

미래 예측하기

종이에 적힌 숫자를 보지 않고 맞혀 보세요. 모든 사람들이 깜짝 놀랄 거예요!

준비물
- 1회분으로 소분된 설탕 팩
- 펜
- 설탕 팩을 담을 작은 상자 또는 용기
- 메모지
- 머그잔

1. 누군가가 보기 전에 먼저 이 작업을 해 두어야 해요. 설탕 팩 하나의 겉면에 숫자 2를 적고 뒤집어서 보이지 않게 해요. 숫자를 적은 설탕 팩을 다른 팩들과 함께 작은 상자에 넣어 둡니다. 이때 차곡차곡 정돈된 설탕 팩 더미에서 2번째 자리에 숫자를 적은 설탕 팩을 놓아요.

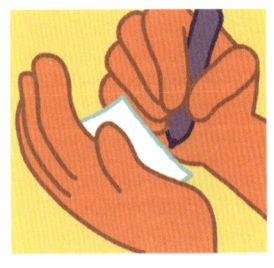

2. 본격적으로 관객 앞에서 마술을 시작합니다. 종이와 펜을 들고 이렇게 말해요.
"앞으로 일어날 일을 이 종이에 미리 적어 볼게요."
종이에 숫자 2를 적고, 아무도 적은 내용을 보지 못하게 해요. 종이는 따로 옆에 보관합니다.

3. 설탕 팩이 든 상자를 가리키며 다음과 같이 설명해요.
"여기에 1회분 설탕 팩이 여러 개 들어 있어요. 그 중 몇 개를 꺼내 볼게요."
그런 다음 조심스레 상자에서 6~10개의 설탕 팩을 꺼내요. 이때 숫자 2를 적은 설탕 팩이 2번째에 위치하도록 해요.

4. 다시 이렇게 말해요.
"이 설탕 팩에 숫자를 적고, 빈 머그잔에 넣을게요."
머그잔에 아무것도 들어있지 않음을 관객들에게 확인시켜요. 이어 첫 번째 팩에 숫자 1을 적어 관객에게 보여 주고 머그잔에 넣어요.

5. 두 번째 팩에도 숫자 2를 적고 보여준 뒤 머그잔에 넣어요. 이때 이미 숫자 2가 적힌 뒷면을 관객들이 보게 해서는 안 돼요. 다음 설탕 팩들에도 마찬가지로 계속해서 숫자를 차례로 적고 머그잔에 넣어요.

6. 관객 중 한 사람에게 머그잔에 손을 넣어 설탕 팩들을 잘 섞게 한 후, 설탕 팩을 탁자 위로 쏟아내게 해요. "번호가 보이지 않는 설탕 팩은 모두 치울게요."라고 말하며 숫자가 보이지 않는 팩을 골라냅니다.

8. 결국 2번이 적힌 설탕 팩이 마지막까지 남을 거예요. 2번 설탕 팩을 집어서 관객에게 보여주고 이렇게 말해요. "많은 숫자들 가운데 2가 최종으로 남게 되었네요."

7. 남은 팩들을 다시 머그잔에 담고 말해요. "설탕 팩이 하나만 남을 때까지 반복할게요." 관객에게 머그잔 속 설탕 팩을 다시 쏟아내게 하고, 번호가 보이지 않는 설탕 팩들을 빼냅니다. 번호가 보이는 설탕 팩 하나가 남을 때까지 이 과정을 반복합니다.

9. 설탕 팩을 치우고 말해요.
"전 어떤 숫자가 남게 될지를 미리 예측했답니다. 자, 같이 확인해 볼까요?"
그리고 처음에 숫자 2를 적어 둔 종이를 펼쳐서 숫자 2를 확인시킵니다.

상대방 마음 읽기

상대방의 마음을 읽는 것은 결코 쉬운 일이 아니에요. 하지만 마술로는 충분히 가능하답니다. 단짝 친구와 함께 힘을 모아 다른 친구들의 마음을 읽어 그들을 깜짝 놀라게 해 보세요.

수를 골라 봐!

1. 친구에게 원하는 수를 생각한 뒤, 아무에게도 말하지 말라고 해요. 친구가 선택한 수가 23이라 가정해 봅시다.

2. 선택한 수에 2를 곱하게 해요.
   $23 \times 2 = 46$

3. 여기에 10을 더하게 합니다.
   $46 + 10 = 56$

4. 더한 수를 반으로 나누게 해요.
   $56 \div 2 = 28$

5. 친구에게 지금까지 나온 수를 자신에게 알려 달라고 말해요.
   28

6. 맨 처음 선택한 숫자를 계속 생각하고 전해요.
   23

7. 정신을 집중해서 관객들의 마음을 읽고 있는 것처럼 표정 연기를 합니다. 머리로는 친구가 알려 준 수에서 5를 빼고요. 5를 빼고 남은 23이 바로 친구가 선택한 수랍니다.

뇌파로 수 알아맞히기

1. 단짝 친구 1명을 방에서 내보내고, 일행 중 다른 친구 1명에게 1에서 10까지 숫자 중 하나를 선택하라고 합니다. 그 다음, 뇌파로 방금 친구가 선택한 숫자를 밖에 나간 단짝 친구에게 알려 주겠다고 말해요.

2. 단짝 친구를 방으로 들어오게 합니다. 자신은 의자에 앉고, 단짝 친구는 자신의 뒤에 서서 양손으로 자신의 관자놀이에 손을 대요. 관자놀이에 손을 댄 상태에서 이를 악물면 관자놀이 근처 근육들이 살짝 움직이게 되죠. 단짝 친구는 이를 바로 느낄 수 있을 거예요.

3. 다른 친구가 뽑은 수만큼 이를 악물어 수를 표현합니다. 단짝 친구는 손으로 수를 알아맞히는 동시에 다른 친구들에게 말을 걸어 관객의 시선을 다른 곳으로 분산시켜요. 수를 알아냈다면, 심각한 표정을 지어 연기를 하면서 알아낸 수를 발표합니다. 같은 방법으로 생일이나 날짜 등을 알아맞혀도 좋아요.

카드 마술

카드 마술을 선보이기 전에, 카드를 능숙하게 다루는 법부터 익히세요. 카드를 자유자재로 다룰 수 있어야 어떤 마술도 훌륭하게 성공시킬 수 있답니다.

너의 카드를 알아!

카드의 숫자와 무늬를 영어로 옮기면 알파벳 개수를 이용해 친구의 비밀 카드를 찾아낼 수 있어요.

> ♥ hearts　　♠ spades
> ♣ clubs　　♦ diamonds

1. 친구에게 카드를 잘 섞게 합니다. 그리고 이렇게 말해요.
"카드 9장을 가져가서 카드가 보이지 않게 뒤집고 탁자 위에 올려 봐."
나머지 카드는 옆으로 치워 둡니다.

2. 친구에게 카드가 9장인지 확인하게 하고, 카드를 펼쳐서 관객들에게 보여 주라고 합니다. 그리고 이렇게 말해요. "나는 어떤 카드가 맨 위에 있고, 맨 아래에 있는지 몰라. 네 손에 있는 카드 중에서 왼쪽에서 3번째 카드를 뽑아서 그 카드 수와 모양을 기억해 둬."
친구와 관객들이 카드를 확인할 때, 자신은 뒤돌아서서 카드를 보지 않고 있음을 확인시켜요.

3. 친구가 카드 9장을 보이지 않게 손으로 쥐고 있으면 친구에게 규칙을 설명해 줘요. "이제 카드를 낼 거야. 카드를 낼 때는 보이지 않게 뒤집어서 차곡차곡 쌓으면 돼."

도록 해. 예를 들어 하트(h, e, a, r, t, s)면, 카드 6장을 내려놓는 거지. 그리고 나머지 카드는 먼저 내려놓은 6장 위에 올려놓으면 돼."

이번에도 친구나 관객이 의심하지 않도록 모든 과정이 끝날 때까지 다른 곳을 쳐다봅니다.

마음 속으로는 선택한 카드의 숫자를 영어로 떠올리고, 그 숫자를 이루는 알파벳마다 카드를 1장씩 내려놓는 거야. 예를 들어, 카드가 two(2)라면, 알파벳 't, w, o'에 해당하는 카드 3장을 내려놓는 것이지. 나는 보지 않을 테니까 다 되면 말해."
친구가 카드 3장을 모두 내려놓으면, 나머지 카드는 내려놓은 카드 3장 위에 다시 올려놓게 합니다.

4. 친구에게 다시 카드 9장을 집어 들게 한 다음, 이번에는 이렇게 말합니다.
"영어로 카드의 수와 세트를 표현해 봐. 예를 들면 다이아몬드 4는 'four of diamonds'이고, 또는 클럽 7은 'seven of clubs'이지. 그대로 카드를 내릴 거야. 수는 이미 말했고, 'o, f'에 해당하는 카드 2장을 내려놓도록 해." 그런 다음 나머지 카드는 다시 2장 위에 올려놓도록 합니다.

5. 다시 친구에게 카드 9장을 집어 들게 하고 말합니다.
"이번에는 세트(무늬) 알파벳을 머릿속에 떠올리고 글자 수에 따라 카드를 내려놓

6. 마지막으로 친구에게 카드를 집어 들게 하고 말합니다.
"이번에는 모든 카드 9장을 하나씩 차례대로 펼쳐서 보여 줘."
친구가 카드를 차례대로 펼쳐 보일 때, 5번째 카드를 기억합니다.

7. 모든 카드가 펼쳐졌을 때, 관객 모두에게 처음 선택한 카드를 떠올리라고 합니다. 그다음 그들의 뇌가 움직이는 소리를 듣고 무슨 생각을 하고 있는지 알고 있다고 진지하게 말합니다. 잠시 후 5번째 카드가 무엇인지를 발표합니다.

카드 셔플의 비밀

잘 섞였다고 생각하는 카드의 놀라운 반전을 알아보세요.

1. 카드를 에이스(A)에서 킹(K)까지 순서대로 정리하고, 세트별(하트, 다이아몬드, 클럽, 스페이드)로 모아 둬요.
2. 카드를 펼쳐서 친구에게 보여주고 카드는 세트별로 나뉘어 있다고 알려 주세요.
3. 카드를 모아서 보이지 않게 뒤집은 상태로 탁자 위에 포개어 놓아요.
4. 친구에게 카드 더미를 한 번 나누라고 해요. 카드 더미 일부를 들어서 탁자 위에 옮겨 놓는 것이죠. 그다음 남은 카드를 방금 나눈 카드 더미 위에 올려놓아요. 그리고 한 번 더 카드 더미를 나누게 해요. 여기서 관객들은 카드가 섞였다고 생각하게 되죠.
5. 카드가 보이지 않게 1장씩 나누어서 13개의 더미로 만들어요. 각 더미마다 4장의 카드가 놓이게 돼요.
6. 손으로 카드 위에서 원을 그리며 그럴 듯하게 마술 주문을 읊어요.
7. 13개의 카드 더미를 뒤집어 펼쳐 보입니다. 놀랍게도 각 카드 더미의 카드 4장이 모양은 다르고 수는 같은 카드들임을 알게 될 거예요.

어떻게 된 걸까요?

카드를 뒤섞지 않고 더미만 나눴다는 것은 카드 순서에는 변화가 없다는 뜻입니다. 그저 전체 카드의 시작점만 바뀌게 되는 것이죠. 카드는 여전히 순서대로 있기 때문에, 카드를 13장씩 나누면 자동적으로 같은 번호끼리 모이게 됩니다.

1 마지막 도전!

다음 수수께끼를 풀어 보세요.
한 사람이 사진 속 인물을 보고 있는데, 그의 친구가 누구를 보고 있는지 물어 봅니다.
그 사람은 이렇게 대답했어요.
"나는 형제와 자매가 없어. 하지만 사진 속 남자의 아버지는 나의 아버지의 아들이라네."
사진 속 인물은 누구일까요?
답은 아래에 있습니다.

정답

162~163쪽
브레인 퀴즈

연필 수수께끼

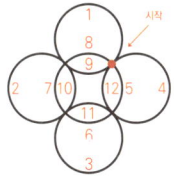

삼각형을 찾아라
19개

맞물린 고리
녹색

논리 추론
키라-데이비드-애비-그레이스-제이슨

동전 수수께끼

1.

2.

알쏭달쏭한 문제
1. 수건
2. 에베레스트 산
3. 그림자
4. 이름
5. 7(Seven)
6. 둘 다 1kg이에요.
7. 지금 자고 있나요?

미국 주 퀴즈 풀기
1. Connecticut, Minnesota, Pennsylvania, Tennessee
2. New Hampshire, New Jersey, New Mexico, New York
3. Iowa, Ohio, Utah
4. Alabama, Alaska, Arizona
5. Kansas – Ar<u>kansas</u>. (아칸소 안에 캔자스가 있어요.)

주 이름과 비슷한 소리
1. Colorado
   콜로라도 주
2. Wyoming
   와이오밍 주
3. Illinois
   일리노이 주
4. Georgia
   조지아 주
5. Hawaii
   하와이 주
6. Maryland
   메릴랜드 주
7. Massachusetts
   매사추세츠 주
8. Mississippi
   미시시피 주
9. Oregon
   오리건 주
10. Rhode Island
    로드아일랜드 주

166~167쪽
진실 혹은 거짓
거짓 문장: 1, 7, 11, 16, 17, 19

179쪽
마지막 도전!
사진 속의 인물은 말하는 사람의 아들, 즉 그의 아들입니다.

한번 해 보세요!

음악을 들으면서 여러 가지 색으로
음악에 대한 느낌을 표현해 보세요.
물감이나 크레용, 색연필, 사인펜 등
다양한 채색 도구를 사용해 보세요.

면봉이나 스펀지, 나무젓가락 등
일상에서 쉽게 구할 수 있는 도구로
색을 칠해 보세요.
종이뿐만 아니라 다양한 물건에
색을 칠해 봐도 좋아요.

집에 걸려 있는 그림이나 사진을 보고,
그 안에 몇 가지의 색이 들어 있는지
알아보세요.

여러 가지 색의 낙엽을 찾아보세요.
색색의 잎을 붙여서 멋진 콜라주
작품을 만들 수 있어요.

각각 다른 색으로 이루어진 옷과 소품을
착용해 자신을 꾸며 보세요.

크레용이나 색연필을 가장 어두운 색에서
가장 밝은 색 순으로
정리해 보세요.

색상환 알아보기

색상환은 색을 스펙트럼 순서로 둥그렇게 배열한 고리 모양의 도표예요. 고리 오른쪽에 있는 색깔들은 시원한 느낌을 주는 반면, 왼쪽에 있는 색깔은 따뜻한 느낌을 주지요.

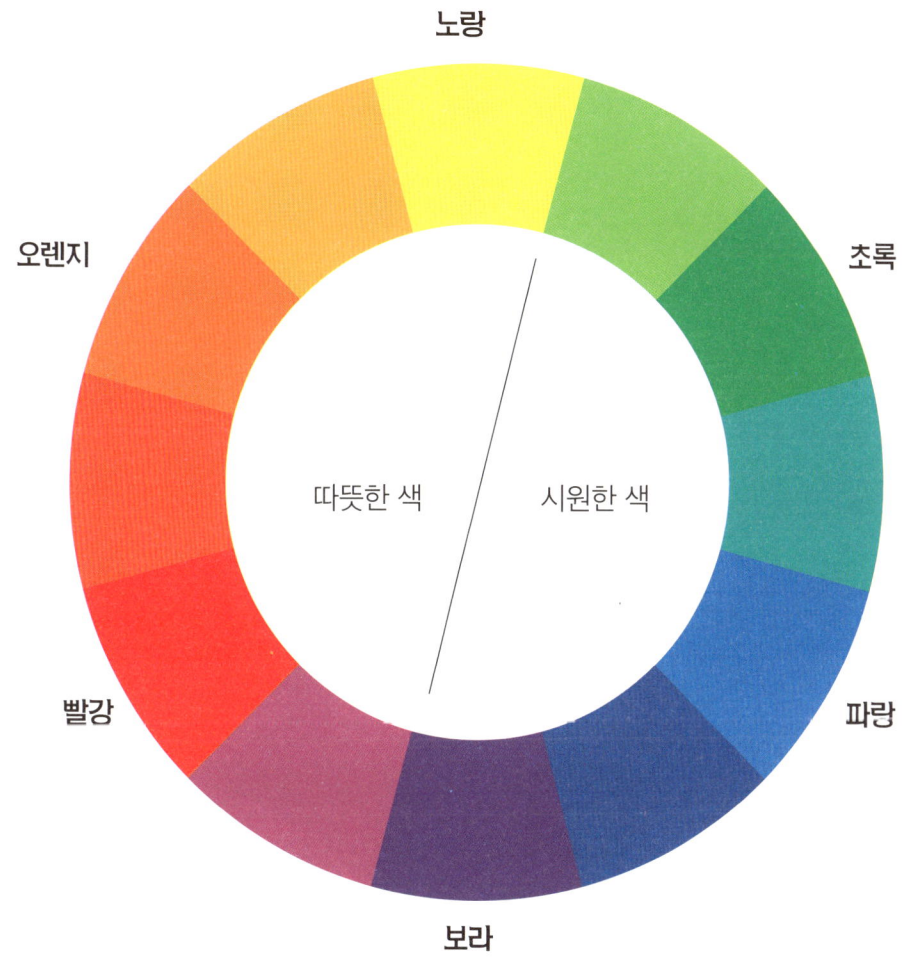

알고 있나요?

색상환을 이용해서 색을 섞을 수 있어요. 기본색에서 여러 가지 색을 만들어낼 수 있는데, 기본색은 빨강과 노랑, 그리고 파랑이에요. 2가지의 기본색을 섞어서 초록, 오렌지 등의 2차색을 만들 수 있지요. 3차색은 기본색에 2차색을 섞은 것을 말해요.

물감 놀이

다음 설명을 참고하여 색을 섞는 방법을 익혀 보고, 섞은 색으로 멋진 작품을 만들어 보세요.

준비물
- 오래된 신문이나 깔개
- 종이(수채화용 종이 또는 유화용 종이)
- 연필
- 자
- 팔레트(종이 접시나 아크릴 판 등)
- 빨강색, 노랑색, 파랑색, 흰색, 검정색 물감(아크릴 물감이나 수성 물감)
- 2/3 정도로 물이 담긴 주둥이가 넓은 병 또는 컵
- 붓
- 페이퍼 타월

섞어서 색 만들기

1. 작업할 공간에 신문을 깔아요. 종이에 연필로 격자 모양 선을 그려 주세요. 가로세로로 각각 5줄 이상의 선을 그려요. 자를 이용해 직선을 그려도 좋고, 물결 모양으로 선을 그려도 좋아요.

2. 빨강색, 노랑색, 파랑색, 흰색, 검정색 물감을 팔레트 가장자리에 조금씩 덜어 놓아요.

3. 오른쪽의 물감 섞는 법을 참고하여 물감을 섞어 주세요. 선과 선 사이의 공간마다 다른 색으로 물감을 칠해 보세요. 한쪽에는 따뜻한 계열의 색을 칠하고, 다른 쪽에는 시원한 계열의 색을 칠해 보세요.

4. 칠한 물감이 마르면, 검정색으로 선을 그어 경계를 명확하게 해 줍니다.

물감 섞는 법

다음 방법으로 물감을 섞어 보세요.

- 물감은 팔레트에서 섞어 주세요.
- 물감을 붓으로 약간 찍어 팔레트의 빈 공간에 옮기고, 다른 물감도 살짝 찍어서 두 물감을 섞어요. 원하는 색이 나올 때까지 각 물감의 양을 조금씩 늘려가며 섞어 주세요.

- 색을 섞은 후, 붓을 물로 씻어요. 씻은 붓의 물기는 페이퍼 타월로 닦아 내요. 붓에 물감이 남아 있지 않을 때까지 붓을 물로 씻고 닦아내는 과정을 반복해요.

- 수성 물감을 사용한다면, 색을 섞기 전에 붓을 맑은 물에 담가 적셔 주세요. 수성 물감은 붓에 물기가 있어야 잘 칠할 수 있어요.

다양한 색상 값 만들기

색상 값은 색의 밝기나 어둡기와 관련이 있어요. 검정색이나 흰색을 넣어 색상 값을 바꿀 수 있답니다. 흰색을 섞으면 색이 밝아지는 '엷은 색'이 되죠. 반면 검정색을 섞으면 색이 어두워져서 음영을 표현하기에 좋답니다.

Tip
새로운 색을 만들기 전에 붓을 깨끗하게 씻어서 다른 색이 섞이지 않도록 해요.

2. 녹색에 흰색을 조금 섞어서 약간 밝아진 녹색을 첫 녹색 띠 바로 왼쪽에 칠해요. 흰색을 조금 더 넣어서 밝아진 녹색 띠를 왼쪽에 나란히 칠해 주세요. 종이 왼쪽 가장자리까지 이 작업을 반복합니다.

1. 파랑색과 노랑색을 섞어서 녹색을 만들어요. 종이 중앙에 녹색 물감을 묻힌 붓을 세로로 그어 녹색 띠를 그려요. 녹색에 검정색을 조금 섞어서 약간 어두워진 녹색을 바로 오른쪽에 나란히 칠해 주세요. 검정색을 조금 더 섞어 만든 녹색을 오른쪽에 나란히 칠해요. 이 작업을 반복해서 종이 오른쪽 가장자리까지 칠해 주세요.

3. 노랑색이나 보라색 등에도 검정색과 흰색을 각각 섞어 색상 값을 만들어 보세요. 노랑색과 같이 밝은 색이라면 종이 왼쪽에서 시작합니다. 밝은 색은 흰색을 섞은 엷은 색보다는 짙은 음영색을 만드는 것이 더 좋답니다. 반대로 어두운 색인 보라색은 종이 중앙의 오른편에 첫 띠를 칠해 주는 것이 좋아요.

보색 만들기

보색이란 색이 섞여 검정이 되는 2가지 색을 말해요. 색상환에서 정반대에 위치하는 두 색을 일컫죠. 보색이 함께 어우러지면 밝고 또렷해 보이는 효과가 있어요.

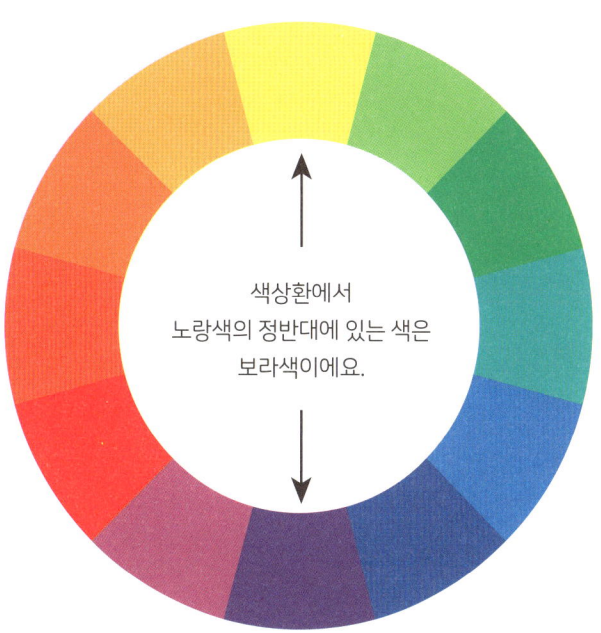

색상환에서 노랑색의 정반대에 있는 색은 보라색이에요.

1. 원 2개를 노란색으로 칠해요. 한 원 주위에는 오렌지색을 칠하고, 다른 원 주위에는 보라색을 칠해요. 어느 노란색이 더 밝고 또렷해 보이나요?

2. 원 2개를 빨간색으로 칠해요. 한 원 주위에는 오렌지색을 칠하고, 다른 원 주위에는 녹색을 칠해요. 어느 빨간색이 더 밝게 보이나요?

3. 이번에는 파란색 원을 2개 그려요. 색상환에서 파란색의 정반대에 있는 색을 찾아 보세요. 파란색 원 주위에 파란색의 보색을 칠하고, 다른 원에는 파란색 바로 옆에 있는 색을 칠해 보세요. 어느 파란색이 더 밝게 보이나요?

4. 특정 색을 강조하고 싶으면 바로 옆에 보색을 칠해 주세요. 보색을 이용해서 그림을 그려 보세요. 색상환에서 원하는 색을 선택해서 그리고 싶은 것을 그린 다음 그림 주위에 보색을 칠해 주세요. 한층 더 눈에 띄는 그림이 완성될 거예요.

무지개 만들기

무지개를 보기 위해서 비 오는 날을 기다리지 마세요.
실내에서 직접 무지개를 만들 수 있으니까요!

Tip
- 주위가 어두울수록 무지개가 잘 보여요.
- 물을 흘려도 문제없는 화장실이나 부엌에서 활동하는 게 좋아요.

준비물
- 손거울
- 냄비(또는 넓은 그릇)
- 물
- 어두운 방
- 손전등 또는 휴대 전화
- 테이프

1. 그릇에 거울을 비스듬히 넣고 거울의 유리 부분이 위를 향하게 해요.

2. 그릇에 물을 부어서 거울이 반 정도 물에 잠기게 해요.

3. 그릇을 어두운 방에 놓고, 물에 잠긴 거울 가운데 부분에 손전등으로 불빛을 비춰요. 벽이나 천정에 무지개가 보일 때까지 불빛을 이리저리 움직여 거울에 비추어 보세요.

알고 있나요?

- 7가지 색깔(빨강, 주황, 노랑, 초록, 파랑, 남색, 보라)의 빛이 합쳐지면 하얀 빛이 돼요. 공기 중에 있던 빛이 물속으로 들어가면 굴절된답니다. 빛의 색에 따라 물속에서 굴절되는 각도가 조금씩 다르기 때문에, 각각 다른 색으로 분리된 빛을 볼 수 있는 것이죠.

4. 벽에 흰 빛만 보인다면 거울의 기울기를 조정하세요. 거울이 기울기가 너무 가팔라서는 안 돼요. 완만한 기울기를 유지하고, 필요하다면 테이프로 거울을 고정해 주세요. 물의 양을 조절하거나 크기가 다른 거울로도 무지개를 만들어 보세요.

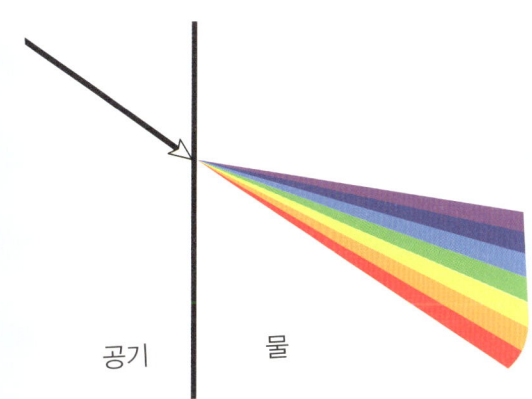

공기　물

더 즐겨 봐!

- 물 1컵을 하얀 종이 위에 놓아요. 손전등으로 컵에 빛을 비추어서 종이에 무지개를 만들어 봅니다.
- 화창한 날에 물 뿌리는 호스의 입구를 손가락으로 힘껏 눌러 가느다란 물줄기가 나오게 하거나, 스프레이형 호스를 이용하여 공중에 물을 뿌려 보세요. 뿌연 물안개 속에서 무지개를 찾을 수 있을 거예요.

알록달록 새깔 활동

색이 움직여요!

색이 물속에서 마법처럼 움직이고 변하는 모습을 관찰해 보세요.

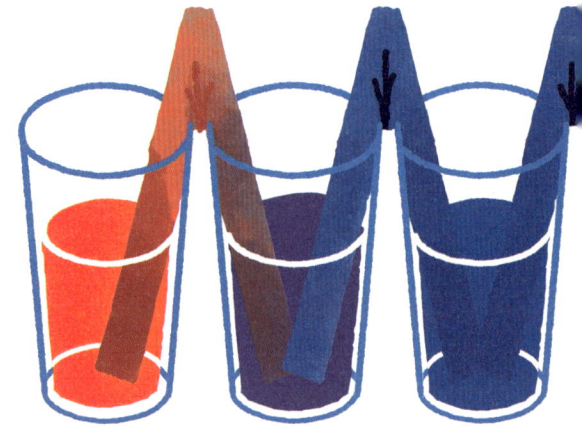

> **준비물**
> - 깨끗한 컵 7개
> - 물
> - 빨강, 파랑, 노랑 식용 색소
> - 페이퍼 타월
> - 가위

1. 컵 7개를 나란히 세워요. 첫 번째 컵부터 한 컵씩 걸러 물을 채워 주세요. 물은 컵의 3/4 높이까지 채워요. 총 4개의 컵에 물이 채워집니다.

2. 첫 번째 컵에 빨강 색소를 몇 방울 떨어뜨려요. 3번째 컵에는 파란 색소를 넣고 5번째 컵에는 노란 색소, 7번째 컵에는 다시 빨강 색소를 넣어요.

3. 페이퍼 타월을 6조각으로 똑같이 길게 잘라요. 자른 조각의 폭은 5cm 정도가 적당해요. 페이퍼 타월 조각을 반으로 비스듬히 접어 V자 형태로 만들어요. V자로 접은 페이퍼 타월을 2개의 컵에 걸치듯 꽂아 주세요.

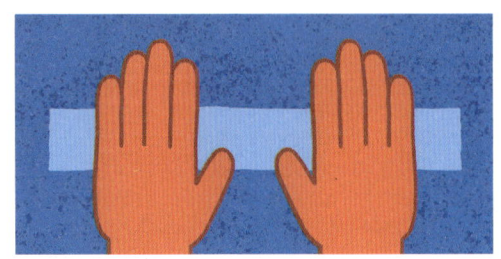

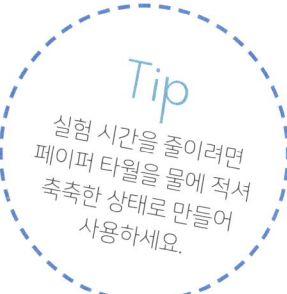

Tip
실험 시간을 줄이려면 페이퍼 타월을 물에 적셔 축축한 상태로 만들어 사용하세요.

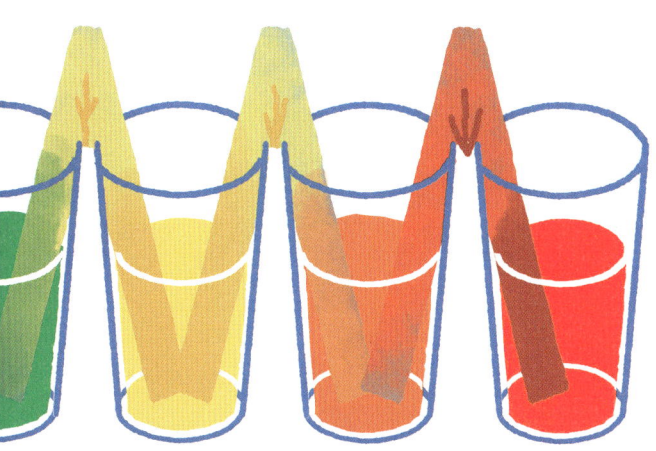

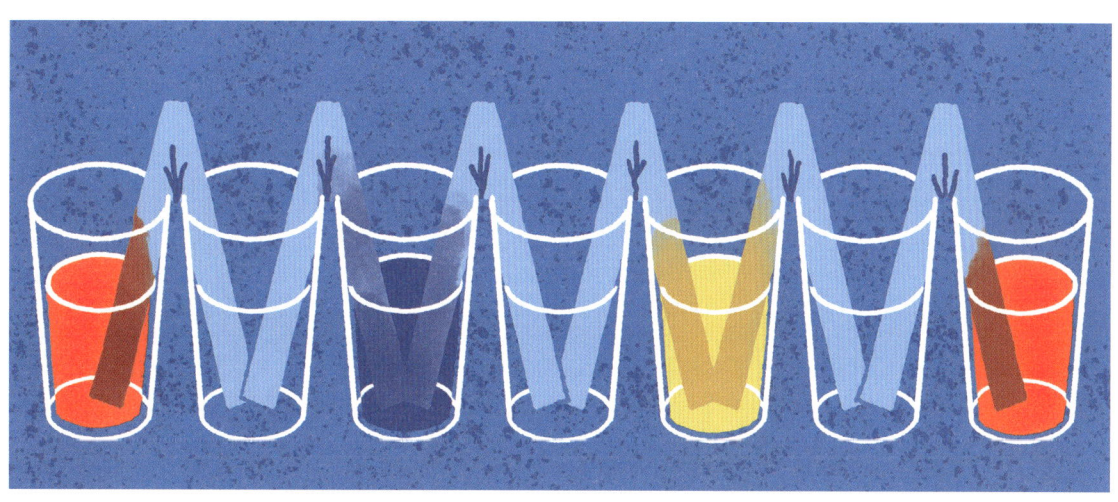

4. 위의 그림처럼 1장의 페이퍼 타월이 2개의 컵에 들어가 있고, 각 페이퍼 타월의 끝은 컵 안에서 서로 맞닿아 있어야 해요. 이 상태로 약 3시간 가량 놓아두면 색소가 종이 띠를 타고 서서히 빈 컵으로 이동하는 모습을 볼 수 있을 거예요.

알고 있나요?

물은 페이퍼 타월을 타고 올라가요. 물이 페이퍼 타월의 섬유 내에 있는 작은 구멍이나 빈 공간으로 끌려가기 때문이죠. 또한 물은 물끼리 서로 붙어 있으려는 성질이 있어 먼저 종이 띠에 올라간 물이 컵에 있는 물을 끌어당긴답니다.

색이 번지는 우유

우유가 담긴 접시 안에서 색이 폭발하듯 번지는 놀라운 광경을 연출해 보세요.

준비물
- 우유
- 접시
- 식용 색소
- 액체 비누
- 면봉

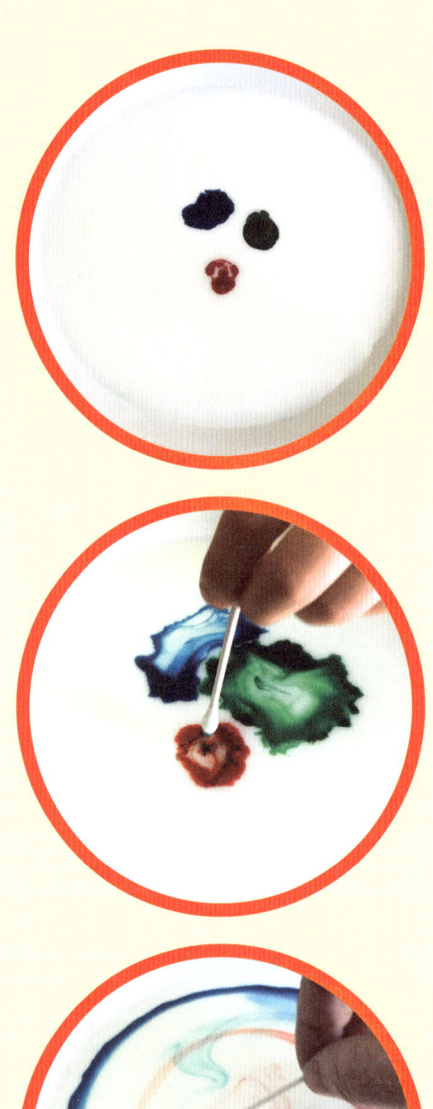

1. 접시에 우유를 천천히 따릅니다.

2. 색소 한두 방울을 우유 중앙에 떨어뜨려요. 다른 색 색소도 한두 방울씩 떨어뜨려 줍니다. 색끼리 맞닿지 않도록 주의하세요.

3. 액체 비누를 조금 묻힌 면봉을 우유 가운데에 살짝 갖다 댑니다. 어떤 현상이 일어나는지 잘 관찰해 보세요.

알고 있나요?

우유는 물과 지방의 혼합물이에요. 비누는 물과 지방에 모두 잘 달라붙죠. 우유에 비누를 넣으면 비누가 퍼지면서 물과 지방에 달라붙어요. 식용 색소 또한 비누와 함께 움직이면서 색이 번지게 되는 것이랍니다.

THINGS TO DO WITH COLOR

길 꾸미기

내가 자주 걷는 길이 나만의 그림으로 채워진다면 어떨까요? 집 앞의 빈 공간을 예쁘게 꾸며 보세요.

Tip
- 물감을 씻어 배수구로 흘러가게 하지 마세요.
- 아파트 같은 공동 주택에서는 해선 안 돼요. 단독 주택이라도 꼭 부모님의 허락을 받아야 해요.

준비물
- 물
- 작은 플라스틱 용기
- 옥수수 전분
- 식용 색소
- 붓

1. 물감이 묻어도 괜찮은 옷이나 앞치마를 입어요.

2. 물 1/3컵을 작은 플라스틱 용기에 부어요.

3. 옥수수 전분 1/4컵을 넣고 물에 녹을 때까지 저어요.

4. 식용 색소 몇 방울을 넣고 잘 섞어요. 가끔씩 물감을 저어서 섞인 상태가 계속 유지되도록 해요.

5. 다른 색소도 똑같은 과정을 반복해서 다른 색의 물감도 만들어 보세요. 여러 가지 색소를 함께 섞어 새로운 색을 만들어도 좋아요.

6. 색칠을 해 보세요! 처음 색을 칠하면 물처럼 희미해 보이지만 점차 마르면서 색이 짙어지고 색분필로 그린 듯한 느낌이 나요.

7. 작업이 모두 끝나면, 용기와 붓을 물로 깨끗이 씻어 주세요.

알록달록 색깔 활동

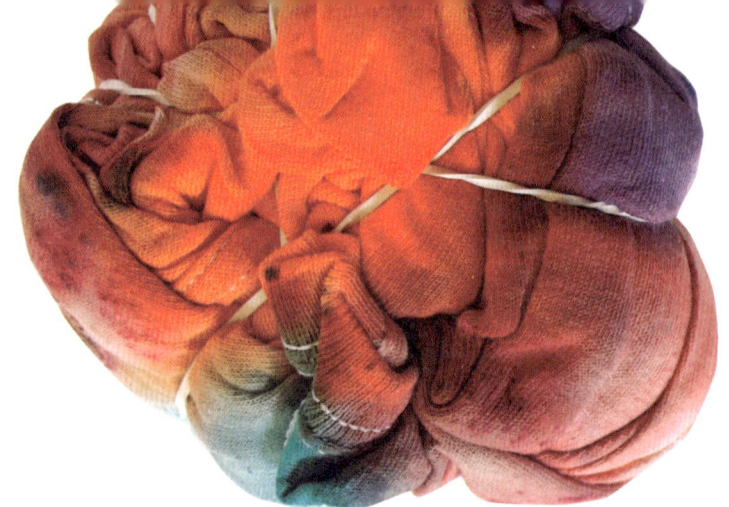

홀치기염색

하얀 베갯잇이나 티셔츠 등의 천에 새로운 무늬를 염색해서 독창적인 디자인을 완성해 보세요. 그 외에도 자주 사용하는 물건을 다양한 방법으로 물들여 보세요.

준비물

- 하얀색 순면 베갯잇 또는 티셔츠
- 오염 방지용 시트
- 고무장갑
- 세탁용 소다 또는 소다회
- 뜨거운 물
- 알루미늄 포일 팬
- 각 얼음
- 신발 끈
- 고무 밴드
- 스테인리스 망
- 홀치기염색 장비 세트
- 랩

* 염색할 천은 하얀색이고 100% 순면이라면 무엇이든 상관없어요.

염색 방법

1. 베갯잇을 빨아서 천에 풀 먹인 것을 없애요. 천에 풀기가 남아 있으면 염색이 잘 되지 않는답니다. 이때, 절대로 섬유유연제를 사용해서는 안 돼요. 또한 염색을 할 때는 반드시 천이 젖어 있어야 해요.

2. 염색을 할 때는 염료가 묻어도 괜찮은 옷을 입는 것이 좋아요. 오염을 방지하기 위해 작업 공간에 시트나 식탁보를 깔아 주세요. 염료를 다룰 때는 어른의 도움을 받도록 합니다.

3. 장갑을 끼고 염색 용액을 만들어요. 세탁용 소다의 사용량을 확인해 적당량을 넣어요. 포일로 덮은 팬에 세탁용 소다와 뜨거운 물을 반 정도 채우고, 세탁용 소다가 잘 녹도록 저어 주세요. 염료가 천에 잘 스며들게 하기 위해, 베갯잇을 염료에 20분 정도 담가 주세요.

4. 20분이 지나면, 베갯잇을 꺼내어 염료를 꼭 짜냅니다. 단, 물에 헹구지는 마세요.

5. 다음 페이지에서 소개하는 홀치기염색 기법 중 하나를 선택해서 설명에 따라 베갯잇을 접거나 묶어 주세요. 포일 팬 위에 스테인리스 망을 올리고, 그 위에 베갯잇을 올려 주세요.

6. 홀치기염색 장비 세트의 설명서에 적힌 내용대로 염료를 준비해요. 좀 더 화려한 디자인을 만들고 싶다면 접힌 천 안쪽에도 염색이 되도록 염료를 넣어 주세요.

7. 천을 축축하게 유지해서 염색이 잘 되도록 하려면, 염색된 천을 랩으로 덮어 주세요. 염색 장비 세트의 설명서에 나와 있는 시간보다 더 오래 덮어 주는 것이 좋아요. 최소 12~24시간이 지나야 선명하게 염색이 된답니다.

8. 천을 묶었던 고무 밴드나 끈을 풀고, 베갯잇을 차가운 물에 담가 헹궈 주세요. 맑은 물이 나올 때까지 깨끗하게 빨아 줍니다. 염색한 후에도 다른 세탁물에 물이 드는 것을 막기 위해 반드시 몇 번은 단독으로 세탁해 주세요.

얼음 기법

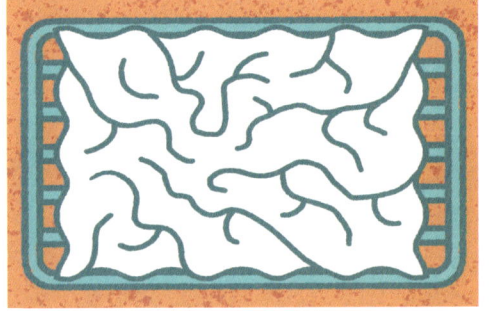

1. 천을 평평한 곳에 놓고 군데군데 주름이 가도록 뭉친 뒤, 스테인리스 망 위에 올립니다.

2. 천 위에 얼음 조각을 여러 개 올려요.

3. 준비한 염료를 얼음 위에 발라 준 후, 얼음과 베갯잇을 모두 랩으로 감쌉니다. 염색이 되면 천을 여러 번 빨아 주세요.

소용돌이 기법

1. 평평한 곳에 천을 놓고, 천 한가운데를 잡고 시계 방향으로 약간 비틀어 주세요.

시보리 기법

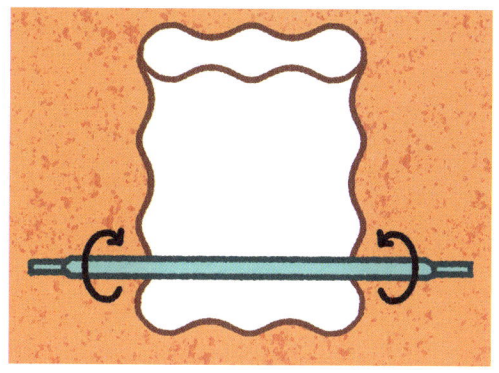

3. 신발 끈 양쪽을 끌어 당겨 말린 천이 원 모양에 가까워지도 록 만들어 끈을 묶어 주세요. 그 다음 천을 스테인리스 망 위에 올리고 195쪽의 6~8번 과정을 따라 천을 염색합니다.

1. 천을 평평한 곳에 놓고, 천 아래 가장자리에 신발 끈을 가로로 올려놓아요. 신발 끈을 천으로 돌돌 말아 줍니다.

2. 말린 천을 구부려서 뒤집힌 U자 모양으로 만들어 주세요.

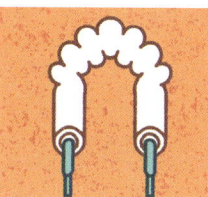

2. 계속 비틀어서 천을 소용돌이 모양으로 만들어 주세요.

3. 소용돌이 모양이 유지되도록 고무 밴드로 천을 묶어 스테인리스 망 위에 올리고, 195쪽 6~8번 과정을 따라 염색해 주세요.

독특한 색칠 방법

독창적인 아이디어로 눈에 띄는 멋진 색을 만들어 다양한 도구로 색칠해 보세요.

물감 터뜨리기

준비물
- 신문지 또는 오염 방지용 시트
- 두루마리 휴지심
- 가위
- 풍선
- 테이프
- 물감
- 종이

1. 작업 공간에 신문지나 시트를 깔아 주세요.
2. 두루마리 휴지심을 5cm 정도 길이로 잘라 주세요.
3. 풍선 주둥이를 묶어서 매듭을 만들고, 풍선의 둥근 부분을 반으로 잘라 주세요.
4. 자른 두루마리 휴지심에 풍선을 씌우고, 테이프로 고정시켜 주세요.
5. 물감을 휴지심 안에 짜 넣어요. 한 손으로 휴지심을 잡고 다른 손으로는 풍선 매듭을 당겼다 놓으며 휴지심 안의 물감을 종이에 뿌려요. 다른 색 물감도 같은 방법으로 뿌려 보세요.

빙글빙글 회전 미술

준비물
- 신발 상자(뚜껑은 필요 없음)
- 강력 접착테이프 또는 종이테이프
- 압정
- 가로·세로 1.5cm 길이의 두꺼운 사각형 종이(박스 종이나 마분지)
- 연필
- 도화지
- 아크릴 물감 또는 템페라 물감
- 물

1. 신발 상자의 각 모서리 이음새가 보이지 않도록 테이프로 붙여 주세요.

2. 압정을 두꺼운 사각형 종이 가운데에 찔러 넣어요.

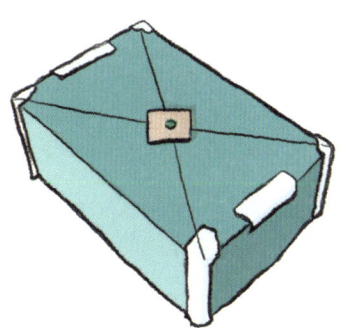

3. 신발 상자의 바닥면에 각 꼭짓점을 연결한 대각선 2개를 그어 주세요. 대각선이 만나는 교차점에 압정이 꽂힌 두꺼운 종이를 꽂아 주세요.

4. 상자를 뒤집어서 상자 안에 도화지를 넣어요. 상자 바닥으로 압정의 뾰족한 부분이 튀어나올 수 있으므로 다치지 않게 주의해야 해요.

5. 물감에 물을 섞어서 묽은 크림 상태로 만들어요. 평평한 곳에 상자를 놓고 묽게 만든 물감 몇 방울을 상자 안에 떨어뜨려요. 그 다음 상자를 빙글빙글 돌립니다.

6. 다른 색 물감을 넣고 다른 방향으로 돌려 보세요.

더 즐겨 봐!

- 상자를 돌리는 속도나 압정의 위치를 바꾸어 돌려 보세요. 물감을 떨어뜨리는 위치도 다르게 해 보세요.
- 눈을 그려 넣거나 다른 사물을 그려서 특이한 창작물을 만들어 보세요.

알록달록 면도 거품

준비물
- 오염 방지용 시트
- 플라스틱 또는 알루미늄 포일 팬(종이와 비슷한 크기)
- 카드 크기의 두꺼운 흰 종이 여러 장
- 흰색 면도 거품
- 골판지 조각
- 식용 색소
- 나무 막대 또는 붓

2. 면도 거품 위에 식용 색소를 떨어뜨려요.

3. 나무 막대나 붓으로 색소를 휘저어 주세요.

1. 작업할 공간에 오염 방지용 시트를 깔고 그 위에 알루미늄 포일 팬을 놓아요. 팬에 면도 거품을 뿌린 뒤 손이나 골판지 조각으로 거품을 고루 펴 주세요. 거품이 흰 종이 넓이보다 좀 더 넓게 퍼지도록 합니다.

4. 색소가 섞인 거품 위에 흰 종이를 올리고 부드럽게 문질러 면도 거품의 색이 종이에 스며들게 해요.

5. 천천히 종이를 떼어 냅니다. 골판지 조각으로 카드에 묻은 거품을 천천히 걷어 내 주세요. 사용하고 남은 거품은 물로 헹구거나 버려 주세요.

6. 다른 카드에도 무늬를 찍어 보세요. 새 면도 거품을 팬에 뿌리고 부드럽게 펴 준 후, 앞서 소개한 2~5번 과정을 반복해 보세요.

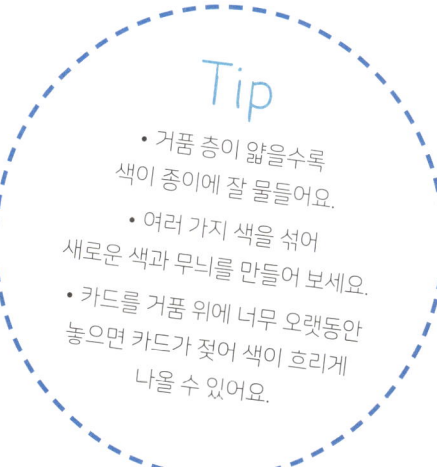

Tip
- 거품 층이 얇을수록 색이 종이에 잘 물들어요.
- 여러 가지 색을 섞어 새로운 색과 무늬를 만들어 보세요.
- 카드를 거품 위에 너무 오랫동안 놓으면 카드가 젖어 색이 흐리게 나올 수 있어요.

거품 페인팅

준비물
- 신문지 또는 오염 방지용 시트
- 흰 종이
- 액체 비누
- 재활용 플라스틱 용기(요구르트 컵 또는 커다란 병뚜껑)
- 식용 색소
- 비눗방울 막대
- 물이 2/3 정도 채워진 주둥이가 넓은 병 또는 컵

1. 바람이 없는 날 야외에서 활동하는 게 좋아요. 신문지나 오염 방지용 시트를 반드시 깔고, 옷에 물감이 묻을 수 있으니 주의해서 활동합니다.

2. 신문지 위에 흰 종이 1장을 놓습니다. 종이가 날아가지 않게 작은 돌멩이로 고정시켜 주세요.

3. 액체 비누 1/4컵을 플라스틱 용기에 따라 주세요.

4. 식용 색소 1/2티스푼을 액체 비누에 넣고, 비눗방울 막대로 저어서 색소가 잘 섞이게 해요.

5. 다른 용기에 다른 색깔의 색소를 액체 비누와 섞어 줍니다.

6. 비눗방울 막대를 물감 용액에 담가서 묻힌 다음, 50cm 정도 간격을 두고 흰 종이를 향해 비눗방울을 불어 주세요.

7. 종이에 색이 충분히 표현될 때까지 비눗방울을 불어주세요. 비눗방울 막대를 깨끗이 씻어 다른 색 비눗방울도 불어 보세요.

8. 비눗방울 그림이 완성되면 종이를 말립니다. 이 방법으로 선물 포장지나 책 표지, 편지지 등을 만들어 보세요.

* 비눗방울 막대가 없으면, 병뚜껑에 구멍을 여러 개 뚫고, 막대에 접착제로 붙여서 사용해도 좋아요.

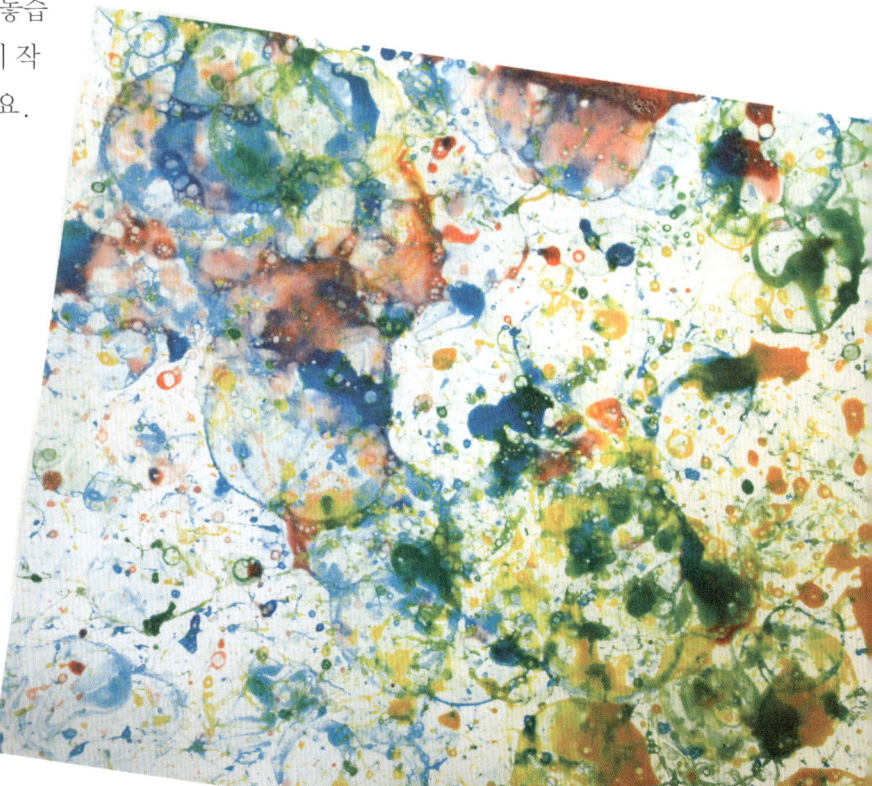

THINGS TO DO WITH COLOR

벽화 그리기

친구와 함께 멋진 벽화를 그려 보세요!

인원 2명 이상

준비물
- 신문지 또는 오염 방지용 시트
- 커다란 흰 종이
- 테이프
- 마스킹 테이프
- 물감
- 붓
- 물이 2/3 정도 채워진 주둥이가 넓은 병 또는 컵

1. 마당이나 사람이 잘 다니지 않는 구석진 곳에 신문지나 오염 방지용 시트를 깔아 주세요. 흰 종이를 여러 장 연결해 테이프로 붙여 벽화 사이즈로 만들어 줍니다.

2. 무엇을 그릴지 생각해 보고 친구와 이야기를 나누며 그림의 주제를 정합니다.

3. 종이 양쪽 끝에 무릎을 꿇고 앉아 그림을 그려요. 그린 그림이 전체적으로 조화를 이루고 있는지 틈틈이 일어서서 확인해 주세요. 두 사람이 그린 그림이 잘 어우러져야 멋진 벽화가 완성됩니다.

크레용 돌멩이

돌멩이에 그림을 그려서 종이가 움직이지 않게 고정하는 문진이나 장식품으로 사용해 보세요.

Tip
- 뜨겁게 달군 돌에 그림을 그릴 때에는 화상을 입지 않도록 주의합니다.
- 천천히 그려야 크레용이 잘 녹아 돌에 그림이 잘 그려져요.

준비물
- 작고 매끈한 돌멩이들
- 종이 포일
- 손수건
- 알루미늄 포일
- 집게
- 오븐용 장갑

1. 오븐을 180도로 예열해 주세요. 뜨거운 오븐을 사용할 때는 반드시 어른의 도움을 받으세요. 깨끗하게 씻은 돌멩이를 잘 말린 후, 종이 포일 위에 올리고 오븐에서 10~15분 정도 달구어 줍니다. 돌멩이를 달구는 동안 손수건을 펼치고 알루미늄 포일을 손수건 위에 깔아 주세요. 크레용을 감싸고 있는 종이를 벗겨냅니다.

2. 오븐 장갑을 끼거나 집게로 돌멩이를 하나씩 꺼내어 알루미늄 포일 위에 올려 주세요. 크레용을 돌멩이에 대고 누르면 크레용이 녹기 시작해요. 크레용으로 돌멩이를 천천히 색칠합니다.

3. 집게로 돌멩이를 집어서 옮긴 뒤, 식히고 잘 말립니다.

분필로 티셔츠 디자인하기

분필로 화려한 무늬의 티셔츠를 만들어 보세요.

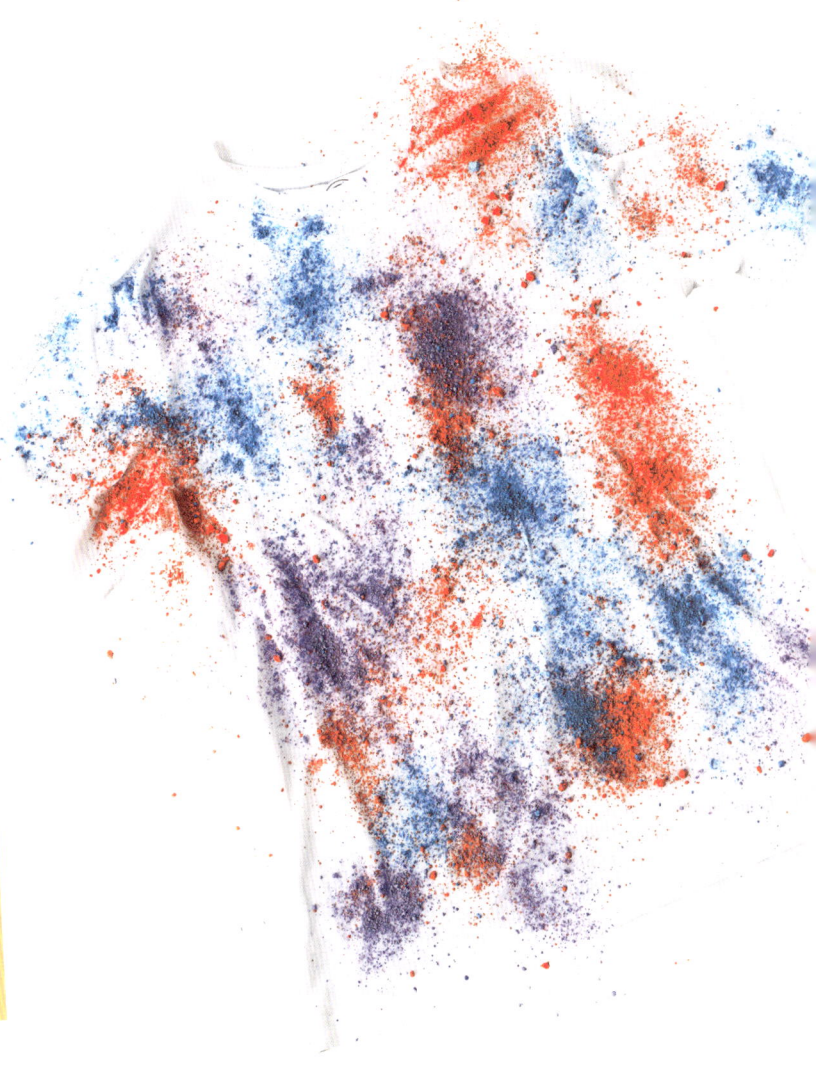

준비물

- 분필
- 냉동용 비닐 팩
- 흰색 면 티셔츠
- 식초
- 쓰레기통
- 낡은 수건 2개
- 다리미

1. 분필을 색깔별로 구분해서 1개씩 비닐 팩에 넣습니다. 분필을 망치로 살살 두드려서 가루로 만듭니다. (어른의 도움을 받도록 해요.)
2. 티셔츠를 식초에 10분 정도 담가둡니다.
3. 휴지통을 밖에 내놓아요. 그리고 식초에 담가 두었던 티셔츠를 휴지통 위에 펼쳐 올립니다.
4. 티셔츠 위로 여러 가지 색의 분필 가루를 한 줌씩 쥐어 뿌린 뒤 3시간 이상 그대로 둡니다.
5. 티셔츠를 뒤집어서 티셔츠 위아래에 수건을 대고 다리미질을 합니다. 다리미질을 할 때는 꼭 어른의 도움을 받도록 해요. 다리미질이 끝나면 찬물에 티셔츠를 빨아요.

*세탁한 티셔츠는 색이 조금 희미해질 수도 있어요.

알록달록 색깔 활동

클레이 음식 모형

클레이로 진짜 음식 같은 음식 모형을 만들어 보세요.

준비물
- 클레이
- 치실
- 분필
- 그림 붓
- 칫솔
- 이쑤시개 또는 플라스틱 칼

나선형 만들기

긴 줄 모양 클레이 2개를 꼬아 나선형을 만들어 보세요.

1. 흰색과 노란색 클레이를 바닥에 대고 앞뒤로 밀면서 길고 가늘게 늘려 주세요.

2. 완성된 기다란 클레이 2개를 나란히 맞대고 함께 비틀어 주세요.
3. 적당한 길이의 나선형이 만들어지면 치실로 나머지 부분을 잘라 주세요.

가루 만들기

클레이에 색을 입히거나 입체감을 줄 때는 분필을 사용해 보세요.

1. 분필을 종이에 문질러 가루로 만들어요.
2. 붓으로 분필 가루를 찍어서 클레이에 발라 주세요.

질감 입히기

클레이 표면을 다듬어 부드럽거나 거친 질감을 표현할 수 있어요.

1. 오렌지처럼 표면이 거칠거나 오돌토돌한 질감을 표현하고 싶다면, 뻣뻣한 칫솔로 클레이 표면을 눌러 주세요.

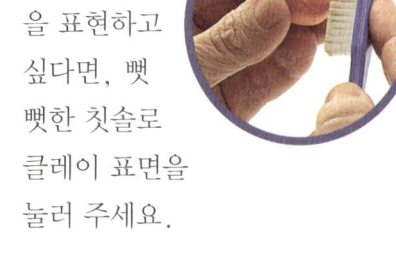

2. 토마토나 사과처럼 부드럽고 매끈한 질감을 표현하려면, 칫솔 손잡이의 매끄러운 부분으로 클레이를 문질러 주세요.

납작하게 펴서 자르고 새기기

클레이를 넓게 펴서 원하는 형태에 맞춰 잘라 보세요.

1. 녹색 클레이를 공처럼 둥글게 뭉쳐 주세요.
2. 밀대나 붓 손잡이로 클레이를 밀어서 납작하게 펴 주세요.
3. 이쑤시개나 플라스틱 칼로 클레이를 형태에 맞게 잘라 내세요.
4. 이쑤시개로 조금씩 클레이를 긁어내면서 세밀하게 표현해 보세요.
5. 클레이 조각을 포개어 상추나 아스파라거스의 잎을 만들어 보세요. 잎 끝부분은 손가락으로 형태를 다듬어 주세요.

1 마지막 도전!

병뚜껑, 털실, 과자 봉지 등 주변에서 찾을 수 있는 여러 가지 재료로 자화상을 그려 보세요. 재료의 다양한 색감을 활용하면 멋지고 개성 있는 자화상을 완성할 수 있을 거예요.

종이로 즐기는 활동
THINGS TO DO WITH PAPER

한번 해 보세요!

카드 크기의 종이에 만화 캐릭터를
그리고 오려 보세요.
그 다음 캐릭터가 입을 옷을
디자인해 보세요.

종이를 반으로 접어 보세요.
그 다음 또 반으로 접어 보세요.
반으로 7번을 접을 수 있나요?

여러분은 하루에 종이를 몇 장이나
사용하는지 생각해 보세요.

어두운 색의 두꺼운 종이에
나뭇잎 등의 물건을 올리고,
햇볕이 잘 드는 곳에 두어요.
몇 시간 뒤, 종이 위의 물건을 빼내어
멋진 '태양 인쇄물'을 완성해 보세요.

100원짜리 동전을 종이 밑에 놓고
크레용으로 종이를 색칠해 보세요.
숫자 100이 잘 보이나요?
10원이나 50원짜리 동전,
또는 다양한 외국 동전의 문양을
같은 방법으로 표현해보세요.

신문지나 편지지, 포장지, 상자 등
다양한 종이를 모아
재활용해 보세요.

곡예 비행기 접기

평소에 알고 있던 종이비행기가 아닌, 새로운 형태의 종이비행기를 만들어 보세요.

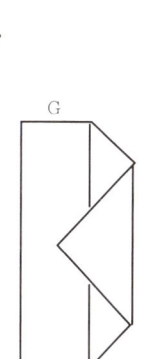

준비물
- 가로 약 22cm × 세로 약 25cm 종이

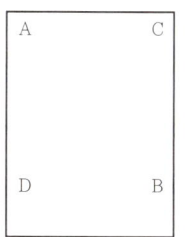 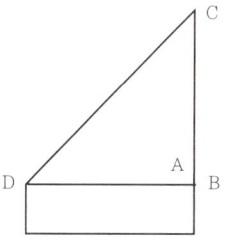

1. 위 그림처럼 종이를 놓고 꼭짓점 A가 B와 맞닿도록 종이를 접어 주세요.

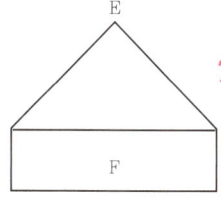

2. 꼭짓점 C가 D와 맞닿도록 접어 주세요.

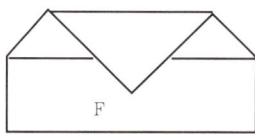

3. 꼭짓점 E를 F쪽으로 접어 주세요.

4. 종이를 시계 방향으로 돌려서 H와 G를 맞대고 접어 주세요.

5. 점선을 따라 윗부분을 아래로 접어 내리고 뒤집은 뒤 같은 방법으로 접어서 날개를 만들어 주세요.

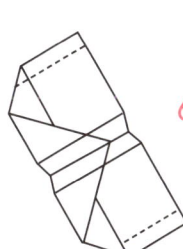

6. 날개 양끝을 0.5cm 정도 폭으로 접어 주세요.

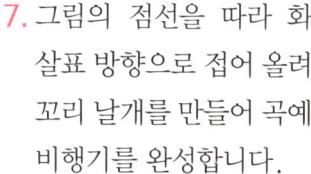 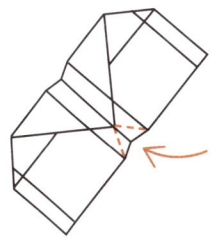

7. 그림의 점선을 따라 화살표 방향으로 접어 올려 꼬리 날개를 만들어 곡예 비행기를 완성합니다.

8. 완성된 곡예 비행기의 아랫부분을 잡고 비행기를 날려 보세요.

종이 헬리콥터 만들기

공중으로 날리면 빙글빙글 돌아가는 헬리콥터를 만들어 보세요.

준비물
- 두꺼운 종이
- 자
- 가위
- 연필 또는 펜
- 클립

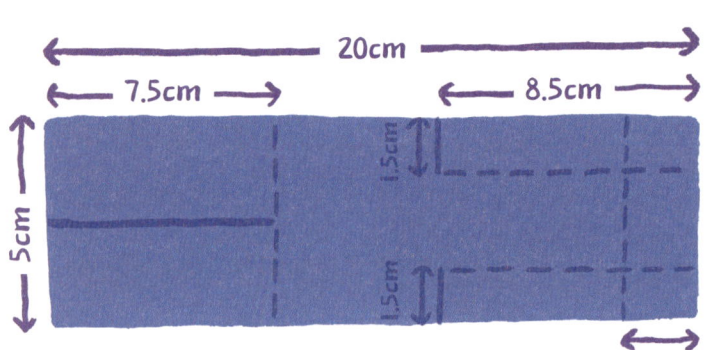

1. 종이를 가로 5cm × 세로 20cm의 직사각형으로 잘라요. 위의 그림처럼 종이에 치수에 맞게 선을 그어 주세요.

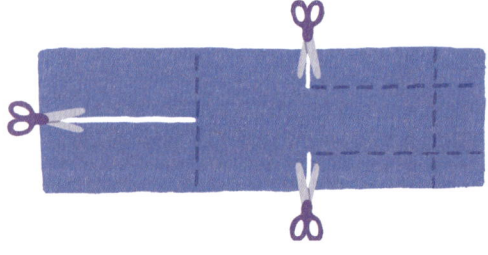

2. 실선 3곳을 가위로 잘라요. 점선을 따라서 접거나 접었다가 펼쳐 주세요.

3. 그림과 같이 점선을 따라서 윗부분과 아랫부분이 서로 마주하도록 접어 주세요.

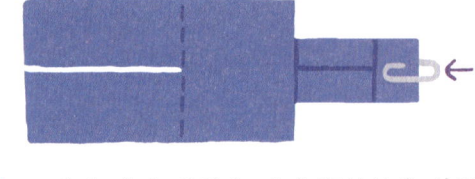

4. 그림과 같이 점선을 따라 끝부분을 안쪽으로 접고, 클립으로 고정합니다.

5. 프로펠러 부분을 서로 반대 방향으로 구부려 주세요.

6. 완성된 헬리콥터를 종이비행기처럼 공중에 날려 보세요. 헬리콥터가 잘 돌아가는지 확인해 보세요!

회오리 비행체 만들기

회오리처럼 빙글빙글 돌아가는 비행체를 만들어 보세요.

준비물
- 카드 종이
- 자
- 연필 또는 펜
- 가위
- 글루건 또는 접착제
- 종이 빨대

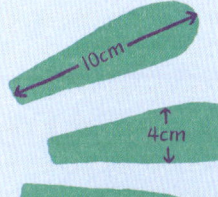

1. 종이를 잘라 가늘고 긴 꽃잎 모양을 3장 만듭니다.

2. 종이를 잘라 지름 2.5cm의 원 모양을 2장 만들어요.

4. 나머지 원 모양 종이에 접착제를 발라 처음 붙인 원 모양 종이 반대편에 붙여 주세요.

5. 그림처럼 종이 빨대 끝을 3갈래로 자르고 자른 부분을 뒤로 접어 주세요.

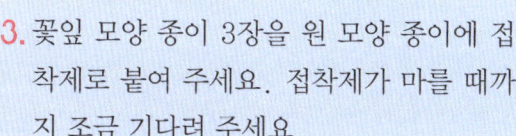

3. 꽃잎 모양 종이 3장을 원 모양 종이에 접착제로 붙여 주세요. 접착제가 마를 때까지 조금 기다려 주세요.

6. 접은 부분에 접착제를 바르고 원 위에 붙인 후 말려 주세요.

7. 빨대를 두 손바닥으로 빠르게 비비며 회전시킨 다음 공중을 향해 날리면, 비행체가 빙글빙글 돌며 날아오를 거예요.

종이로 즐기는 활동

종이 만들기

쓰고 남은 종이와 화장지로 새로운 종이를 만들어 볼까요? 거푸집과 뜸틀, 종이 펄프가 필요해요.

거푸집과 뜸틀 만들기

거푸집은 망이 부착된 틀로 종이 펄프에서 물을 빼내는 역할을 해요. 뜸틀은 펄프를 종이 형태로 만들어 줍니다.

준비물
- 펄프가 담긴 커다란 통에 들어갈 나무액자
- 오래된 방충망
- 가위
- 스테이플러
- 테이프
- 두꺼운 판지
- 연필
- 자

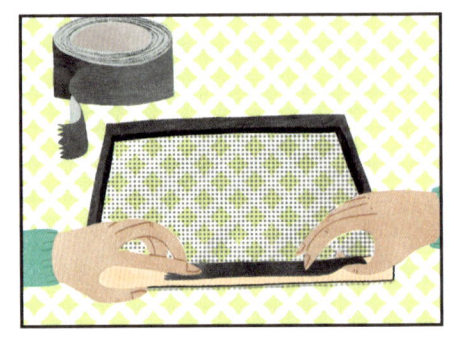

1. 가위로 방충망을 나무 액자보다 좀 더 크게 잘라 주세요. 스테이플러나 테이프로 나무 액자에 방충망을 팽팽하게 붙여요.

2. 액자의 나무 뼈대 부분을 테이프로 꼼꼼하게 붙여서 나무 뼈대를 가려 주세요. 거푸집이 완성되었습니다.

3. 거푸집 테두리를 자로 재어 두꺼운 판지에 거푸집 크기와 같은 선을 그어 주세요. 거푸집은 잠시 옆에 둡니다.

4. 판지에 그려둔 거푸집 크기의 사각형 안에 조금 작은 직사각형을 그려 넣어요. 직사각형의 크기가 거푸집의 방충망 크기보다 작아야 해요. 이 작은 직사각형이 앞으로 만들 종이의 실제 크기예요.

5. 판지에서 틀 형태를 오려낸 뒤, 틀을 테이프로 꼼꼼하게 붙여 주세요. 뜸틀이 완성되었습니다.

종이 펄프 만들기

종이 펄프에는 종이 섬유와 물이 섞여 있어요.

준비물

- 신문지, 화장지, 수채화용 종이 등의 종잇조각
- 페이퍼 타월
- 양동이 또는 커다란 볼
- 물
- 낡은 믹서기(요리할 때는 더 이상 사용하지 않는 것) 또는 주둥이가 넓고 뚜껑이 달린 유리병
- 옥수수 전분
- 커다란 통

*낡은 믹서기는 벼룩시장이나 중고거래로 구매하는 것을 추천해요.

Tip
- 낡은 믹서기는 수채화용 종이 등 비교적 두꺼운 종잇조각을 섞을 때 사용해요.
- 주둥이가 넓은 유리병은 종잇조각 중 화장지가 2/3 이상인 경우에 사용하면 좋아요.

1. 종이를 잘게 찢어서 1컵 분량의 종이 부스러기를 양동이에 넣고 물을 부어 주세요. 하룻밤 정도 그대로 담가 둔 다음 물을 빼 주세요.

2. 믹서기나 유리병에 물을 반 정도 채우고 물에 담가 둔 종이 부스러기를 집어넣어요. 뚜껑을 닫고 종이가 흐물흐물해질 때까지 믹서기를 돌리거나 유리병을 흔들어 주세요. 옥수수 전분 1스푼을 섞은 후, 종이 펄프를 커다란 통에 쏟아 부어 주세요. 준비한 종잇조각을 다 사용할 때까지 이 과정을 반복해 주세요.

종이 완성하기

거푸집과 뜸틀 그리고 종이 펄프로 멋진 종이를 만들어 봅니다!

준비물
- 낡은 수건 2~3개
- 종이 펄프
- 물감 휘젓개 또는 긴 막대
- 꽃잎, 씨앗, 식용 색소, 실
- 거푸집과 뜸틀
- 스펀지

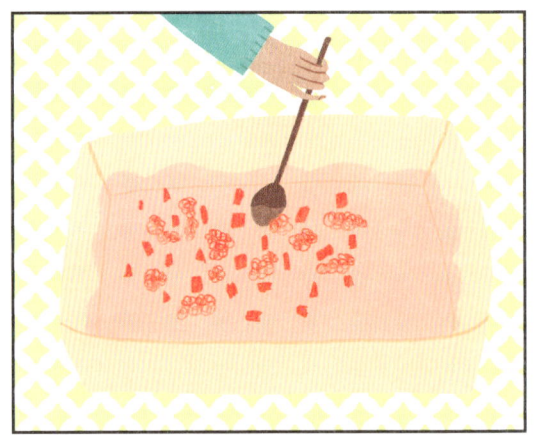

1. 물을 쏟아도 괜찮은 평평한 바닥에 수건을 여러 장 깐 뒤, 종이 펄프가 담긴 커다란 통을 올리고 내용물을 휘저어 주세요. 종이 펄프가 잘 저어지지 않으면 물을 조금 더 붓고 저어 주세요. 필요하다면 꽃잎이나 씨앗, 식용 색소, 실 등을 함께 넣고 저어 주세요.

2. 망이 위로 가도록 거푸집을 내려놓고 그 위에 뜸틀을 올려요. 거푸집과 뜸틀을 두 손으로 단단히 잡고 거푸집 한쪽 끝을 기울여 종이 펄프 속에 담가 주세요.

3. 종이 펄프 속에 담근 거푸집과 뜸틀을 수평으로 잠시 두었다가 천천히 꺼냅니다. 흐물흐물해진 종이 펄프가 거푸집 망 위에 쌓이게 됩니다.

4. 거푸집에서 뜸틀을 떼어 낸 다음, 거푸집 한쪽 가장자리를 수건 위에 올리고, 종이 펄프가 수건 쪽으로 내려가도록 거푸집을 기울여 주세요.

5. 스펀지로 거푸집 망을 천천히 눌러 물기를 제거해 주세요.

6. 종이가 제대로 수건에 밀착되었는지 확인해 주세요. 손가락으로 종이 가장자리를 떼어내도 괜찮습니다.

7. 수건 위에서 그대로 종이를 말리거나, 수건에서 종이를 떼어 유리창이나 물기가 없는 평평한 곳에서 말려 주세요.

종이 목걸이 만들기

친구와 함께 쓰고 남은 여러 가지 종이를 모아서 종이 목걸이를 만들어 보세요.

준비물

- 포스터나 달력 등 두꺼운 종이
- 자
- 연필
- 가위
- 포장지, 잡지 등 다양한 색상의 종이
- 빨대
- 접착제
- 리본 또는 줄

1. 두꺼운 종이 위에 가로 2.5cm × 세로 25cm 크기의 삼각형을 그려서 가위로 오려 주세요.

2. 오려 낸 삼각형을 포장지, 잡지 등의 다양한 종이에 대고 삼각형을 여러 개 그린 후, 오려 주세요.

3. 빨대를 삼각형의 좁은 모서리(2.5cm 부분) 위에 올립니다. 그리고 그림처럼 빨대로 삼각형을 2번 말아 주세요. 삼각형의 남은 부분에 접착제를 바르고 끝까지 말아 주세요. 부드럽게 빨대를 빼낸 후 접착제가 마를 때까지 기다립니다. 다른 삼각형 종이로 이 과정을 반복합니다.

4. 3번에서 만들어진 종이를 리본이나 줄로 꿰어서 목걸이나 머리띠로 만들어 보세요. 삼각형 크기나 개수를 다르게 하여 목걸이의 길이나 모양을 바꿀 수 있어요.

여러 장의 종이로 입체 효과 내기

2차원의 평면 종이로도 3차원의 입체 효과를 낼 수 있어요.

준비물
- 검은색 종이
- 연필 또는 펜
- 가위
- 투사지 3장
- 접착제
- 흰색 종이

1. 멋진 풍경을 떠올려 보세요. 가까운 곳, 조금 떨어진 곳, 먼 곳의 3구간으로 나누어 각 구간이 어떤 모습일지를 상상해 보세요. 예를 들면 가까운 곳의 풍경(나무), 조금 떨어진 곳의 풍경(집), 먼 곳의 풍경(구름)으로 나눌 수 있을 거예요.

2. 검은색 종이에 머릿속에 떠올린 3가지 풍경을 각각 그리고, 가위로 오려 주세요.

3. 오려낸 먼 곳의 풍경(구름)을 투사지 위에 올려요. 그 위에 다시 투사지를 겹치고, 조금 떨어진 곳의 풍경(집)을 올려 놓습니다. 같은 방법으로 가까운 풍경(나무)도 포개어 올려 주세요.

4. 오려낸 각 부분과 바로 밑에 있는 투사지를 접착제로 붙여 주세요.

5. 겹겹이 놓인 3장의 투사지와 오려낸 3가지의 풍경을 흰색 종이 위에 놓고, 위쪽 가장자리를 접착제로 붙여 주세요.

신문지로 과일 그릇 만들기

신문지로 실용적이고 멋진 예술 작품을 만들어 보세요.

준비물
- 신문지
- 풍선
- 넓은 플라스틱 뚜껑(지름 약 10cm 정도)
- 종이테이프
- 밀가루 1컵
- 물 1컵
- 소금 1수저
- 핀
- 아크릴 물감
- 무독성 밀폐제

2. 풍선을 크게 불어요. 플라스틱 뚜껑 안에 부푼 풍선을 넣고 테이프로 고정시켜요.

3. 밀가루와 물, 소금을 넣고 크림처럼 걸쭉한 상태가 될 때까지 섞어 풀을 만듭니다.

4. 풍선 밑에서 풍선 높이의 절반 정도까지 풀을 바르고 신문지 띠를 촘촘히 붙여 주세요. 이 과정을 5번 더 반복하고, 하루나 이틀 정도 말립니다.

1. 신문지를 가로 4.5cm × 세로 20cm의 띠 모양으로 수십 장 자릅니다.

5. 신문지가 완전히 마르면 풍선을 터뜨리고 조심스레 플라스틱 뚜껑과 테이프를 제거한 뒤, 그릇 모양을 매만져 주세요.

6. 아크릴 물감으로 종이 그릇을 색칠합니다. 물감이 다 마르면 밀폐제를 꼼꼼히 바른 후 완전히 건조시킵니다.

7. 오렌지나 바나나 등 껍질을 벗겨 먹는 과일을 그릇에 담아 보세요.

종이 눈 결정 만들기

입체감이 느껴지는 눈 결정 모형을 만들어 볼까요?

준비물
- 종이 2장
- 테이프
- 스테이플러
- 가위
- 줄

3. 접은 종이 한가운데를 스테이플러로 고정시켜요.

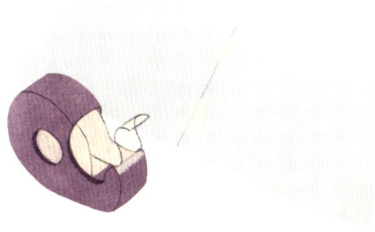

1. 종이 2장을 테이프로 연결해 길게 만들어요.

4. 종이의 양 끝을 자르고, 긴 변을 따라 군데군데 작은 삼각형을 여러 개 오려내요.

2. 긴 종이의 짧은 변을 안팎으로 번갈아 접어서 부채같은 주름을 만들어요.

5. 접힌 종이를 펴고 짧은 두 면을 붙여 둥근 모양으로 만들어요.

6. 완성된 눈 결정 모형에 끈을 매달아 방을 꾸며 보세요.

나만의 책 만들기

나만의 이야기나 그림을 남길 수 있는 책을 만들어 보세요.

작은 공책 만들기

준비물
- 종이
- 가위
- 테이프
- 매직
- 엽서 또는 카드

1. 가로 7.5cm × 세로 27cm 크기로 종이를 여러 장 잘라 주세요. 자른 종이를 연결해 기다란 종이 띠를 만들어 주세요.

2. 긴 종이를 5cm 간격으로 안팎으로 번갈아 접어서 부채 주름처럼 만들어 주세요. 자투리 부분은 잘라 냅니다.

3. 엽서나 카드를 가로 5cm × 세로 7.5cm 크기로 2장 잘라 표지처럼 꾸며 주세요. 긴 종이의 마지막 장에 꾸민 표지를 테이프로 붙여 주세요.

나뭇가지 책 만들기

준비물
- 가로 20cm × 세로 27cm 크기 종이 5장
- 송곳 또는 펀치
- 고무 밴드
- 책 길이의 가느다란 나뭇가지

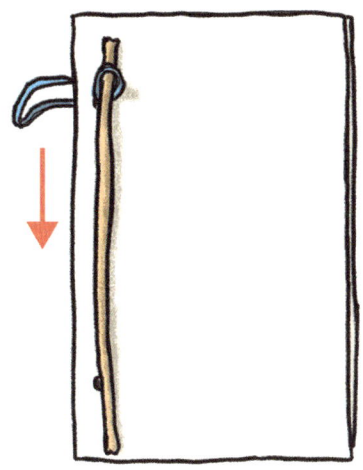

3. 고무 밴드를 위쪽 구멍에 끼우고, 책 앞장으로 튀어 나온 고무 밴드에 나뭇가지를 끼웁니다.

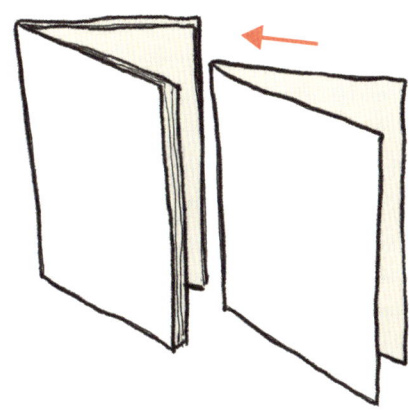

1. 종이 5장을 포갠 채 반으로 접어 주세요.

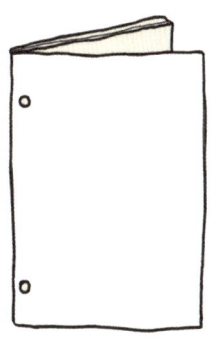

2. 접힌 선 옆에 구멍 2개를 뚫어 주세요. 종이 위아래에서 각각 3cm 정도 떨어진 부분을 뚫어 주면 됩니다.

4. 위쪽 구멍을 빠져나온 책 뒤의 고무 밴드를 당겨 아래쪽 구멍에 끼워 책 표지 쪽으로 빼내고, 나뭇가지에 걸어 고정해 주세요. 완성된 나뭇가지 책에 자신만의 이야기를 적어 보세요.

아주 작은 책 만들기

준비물
- 가로 20cm × 세로 27cm 크기 종이
- 가위

1. 그림과 같이 종이를 가로로 접고 다시 펴 주세요.

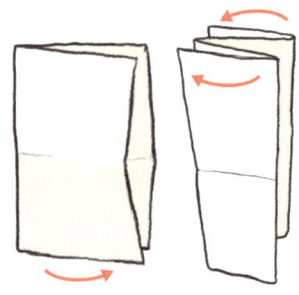

2. 세로로 종이를 반 접은 다음, 종이의 양 끝이 중심선에서 만나도록 그림과 같이 밖으로 접어 주세요.

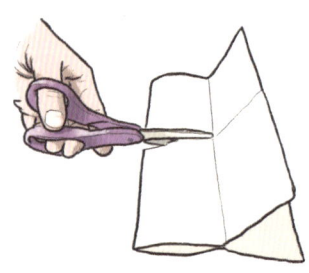

3. 종이를 펴고 다시 반으로 접은 다음, 그림과 같이 종이 중앙선을 세로선과 교차하는 부분까지 가위로 잘라 줍니다.

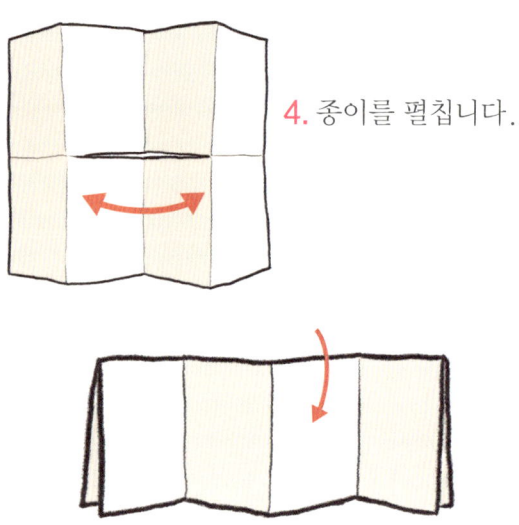

4. 종이를 펼칩니다.

5. 가로 중간선을 따라 종이를 위에서 아래로 접어 내려요.

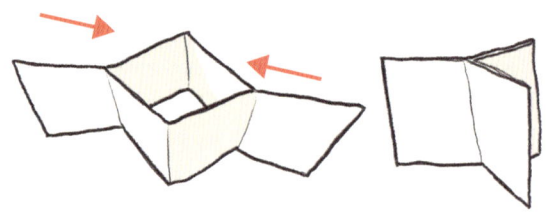

6. 종이 양쪽을 잡고, 그림처럼 사각형 모양이 되도록 가운데를 벌린 뒤, 부드럽게 안으로 밀어 줍니다.

7. 가운데 축을 중심으로 차곡차곡 접어주면 아주 작은 책이 완성됩니다. 표지를 원하는 대로 꾸며 보세요.

리본으로 묶은 신문 만들기

준비물
- 종이 가방 또는 두꺼운 종이
- A4용지나 도화지
- 자
- 연필
- 가위
- 10원짜리 동전
- 펀치
- 물감 또는 매직
- 리본

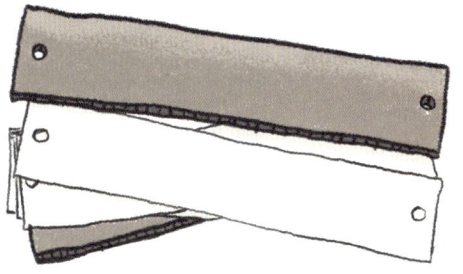

3. 얇은 종이들을 두꺼운 종이 사이에 끼워 정돈해 주세요.

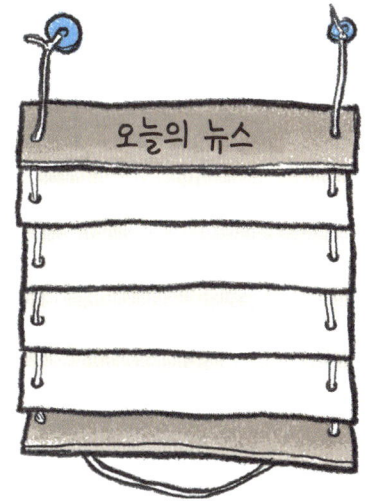

1. 가로 3cm × 세로 27cm 크기로 두꺼운 종이 2장과 A4지 또는 도화지 4장을 오리고 반듯하게 포개어 주세요. 각각의 두꺼운 종이와 종이 양쪽 끝부분의 중간에 펀치로 구멍을 뚫습니다.

2. 10원짜리 동전을 두꺼운 종이 위에 놓고, 원을 2개 그려서 오립니다. 각 원 중앙에 구멍을 뚫은 후, 물감이나 매직으로 원을 색칠하고 말려 주세요.

4. 위 그림과 같이 종이의 구멍에 리본을 끼우고, 리본의 양끝에 구멍 뚫린 원 모양 종이를 묶어 줍니다.

5. 표지를 멋지게 꾸민 뒤, 리본으로 감아 주세요.

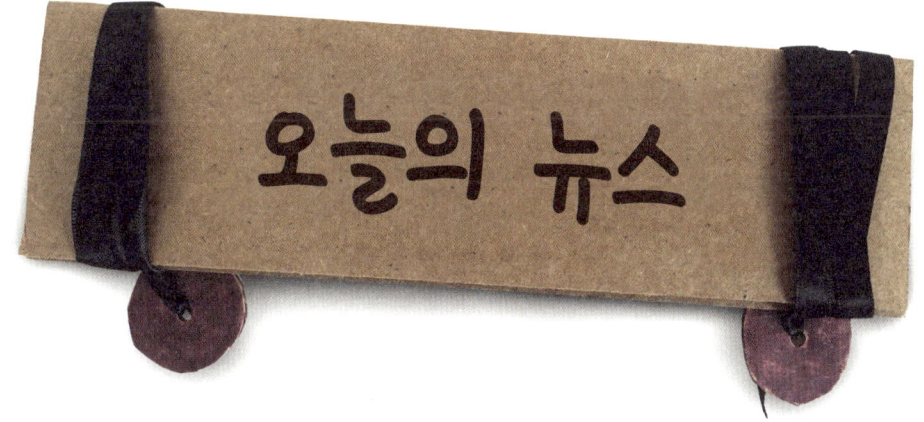

특별한 입체 카드 만들기

특별한 날, 특별한 카드로 기쁨을 더해 보세요.

깜짝 입체 카드

준비물
- 두꺼운 종이 또는 카드 종이 2장
- 가위
- 고체 풀
- 매직 또는 색연필

1. 두꺼운 종이 2장을 반으로 접어 주세요. 한 장은 카드 겉지, 다른 한 장은 카드 속지가 됩니다.

2. 옆의 그림처럼 카드 속지의 접힌 부분 4곳을 잘라 주세요. 3단 케이크 모양을 만들기 위해 위에서 아래로 갈수록 더 깊게 잘라 주세요.

3. 접힌 카드를 펴고 잘린 부분을 앞으로 당겨서 카드를 펼쳤을 때 잘린 부분이 볼록 튀어나오게 해 주세요.

4. 카드 겉지와 속지 가장자리를 풀로 붙여 주세요.

5. 카드를 펼쳐 색연필이나 스티커 등으로 케이크를 멋지게 꾸며 주세요.

잡아당기는 카드 만들기

준비물
- 가로 16cm × 세로 27cm 크기의 카드 종이 2장
- 연필
- 자
- 가위
- 지우개
- 풀
- 카드 종이
- 마커 또는 색연필

1. 카드 종이를 그림처럼 위에서 아래로 반으로 접어 주세요.

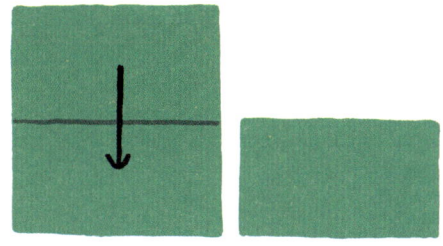

2. 접은 종이 윗면에 가로 2.5cm × 세로 12.5cm 의 직사각형을 연필로 그린 뒤 가위로 잘라내고, 연필선은 지우개로 지워 주세요.

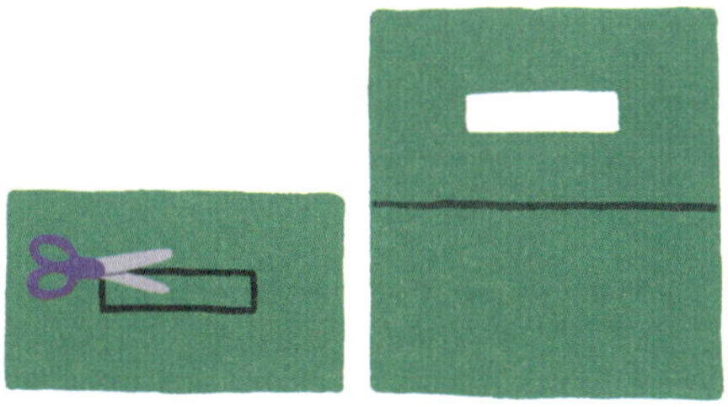

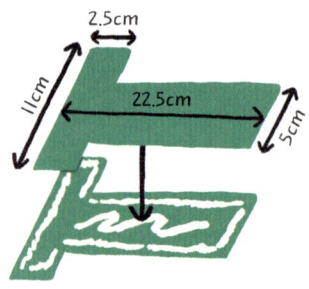

3. 남은 카드 종이는 그림과 같은 크기의 T자 모양으로 2장 잘라 내고, 풀로 붙여 주세요.

4. T자 모양 종이를 그림처럼 카드 안에 놓고 카드 가장자리를 풀칠합니다. 단, T자 모양 종이 끝을 오른쪽으로 잡아당길 수 있어야 하므로 카드 오른쪽 가장자리는 풀칠하지 마세요. T자 모양 종이에 풀이 묻지 않게 유의하며 카드를 닫고 잘 붙여 줍니다. T자 모양 종이를 당겨서 잘 움직이는지 확인한 뒤, 완전히 건조시킵니다.

5. 새로운 카드 종이에 동물이나 움직이는 사물 등을 그리고 오려 줍니다.

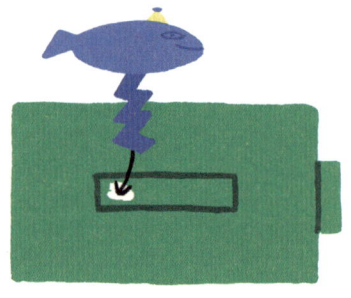

6. T자 모양 종이 끝부분이 잘 당겨지는지 확인하고, 안으로 밀어 넣어 주세요. 카드 구멍 폭보다 더 좁은 폭으로 직사각형 띠를 잘라 아코디언 주름처럼 지그재그로 접어요. 한쪽 끝에는 오린 그림을 붙이고, 다른 한쪽 끝에는 카드의 구멍 안으로 보이는 T자 모양 종이에 붙여 줍니다.

7. T자 모양 종이 끝부분에 '당기세요'라고 적고 종이가 카드에 걸려 당겨지지 않을 때까지 잡아당깁니다. 카드 구멍으로 보이는 종이에 짤막한 메시지를 적어 주세요.

8. 매직이나 색연필로 카드 빈 공간을 멋지게 꾸며 주세요.

스크래치 카드 만들기

준비물
- 카드 종이
- 매직
- 투명 테이프
- 가위
- 아크릴 물감
- 주방 세제
- 붓
- 접착제

1. 카드 종이에 매직으로 전달할 메시지를 적어 주세요.

2. 메시지 위에 투명 테이프를 붙이고 원하는 모양으로 잘라 주세요.

3. 아크릴 물감과 주방 세제를 섞어요.

4. 테이프 위에 물감과 세제를 섞은 물을 바르고 말려 주세요. 이 과정을 2회 이상 반복합니다.

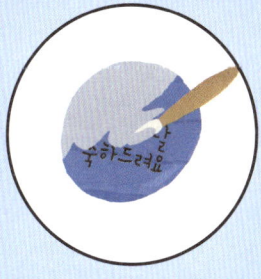

5. 다른 카드 종이로 카드를 만든 뒤, 카드 안에 4번의 메시지 카드를 붙이고 카드 겉면을 멋지게 꾸며 주세요.

6. '긁으면 보입니다.'라는 안내 문구를 적어 주세요.

종이 접기

색종이를 접어서 여러 가지 사물과 동물을 만들어 보세요.

모자

준비물
- 가로 22cm × 세로 28cm 크기의 종이

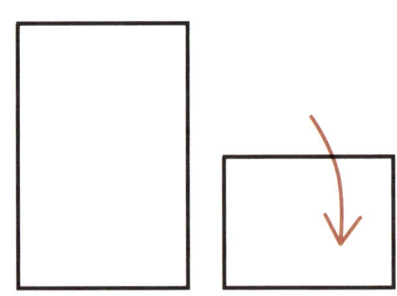

1. 종이를 반으로 접어요.

종이컵

준비물
- 정사각형 종이

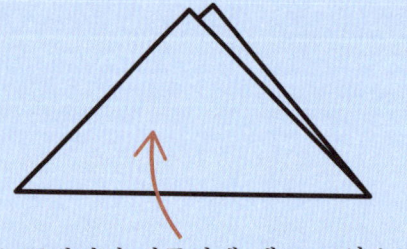

1. 두 꼭짓점이 마주하게 세모 모양으로 종이를 접어요.

2. 삼각형의 왼쪽 꼭짓점이 오른쪽 모서리에 닿게 접어요.

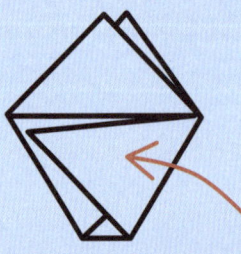

3. 반대로 오른쪽 꼭짓점이 왼쪽 모서리에 닿게 접어요.

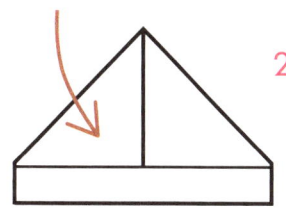
2. 양 꼭짓점과 모서리가 만나도록 가운데로 접어 내려요.

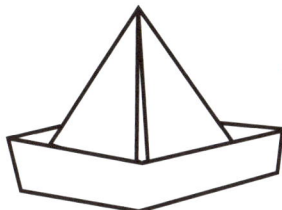
5. 아랫부분을 벌려서 모자처럼 머리에 써 보세요.

3. 아래의 직사각형 부분을 접어 올려요.
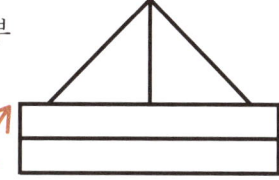

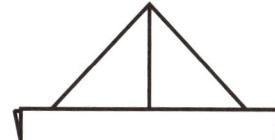
4. 뒤집어서 남은 직사각형을 똑같이 접어 올려요.

더 즐겨 봐!

모자를 만든 다음, 매직이나 스티커로 모자를 멋지게 꾸며 보세요.

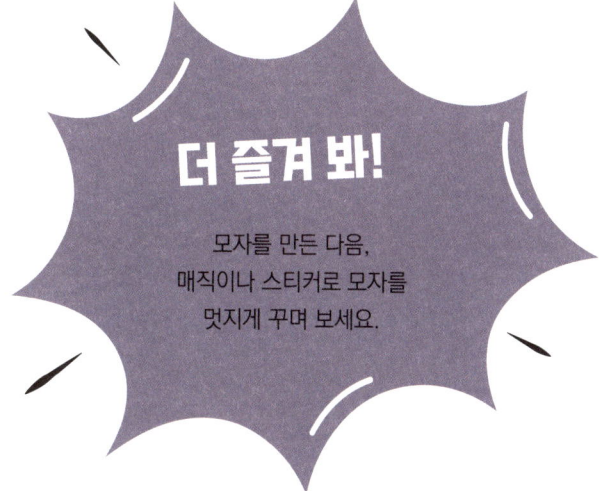

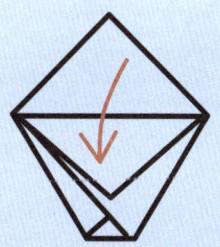
4. 윗부분의 삼각형을 아래로 접어 내려요.

5. 뒤집어서 똑같이 삼각형을 아래로 접어 내려요.
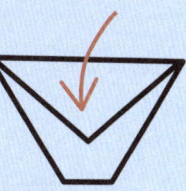

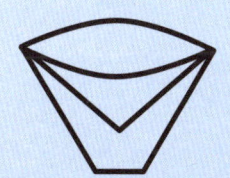
6. 윗부분을 벌리면 컵 모양이 됩니다. 음료수나 물을 약간 따라서 마셔 보세요.

지폐 나비넥타이

준비물
- 달러 지폐 또는 가짜 돈

1. 달러 지폐를 뒤집어 주세요. (초상화가 보이지 않도록)

2. 지폐를 그림처럼 반으로 접고 다시 펴 주세요.

3. 지폐의 긴 모서리를 각각 안쪽 가운데 선에 맞춰 접어 주세요.

4. 오른쪽 모서리와 왼쪽 모서리가 맞닿게 반으로 접어요.

5. 오른쪽 두 개의 모서리가 그림처럼 중앙에서 만나도록 접고 다시 편 뒤, 반대 방향으로도 한 번 더 접었다 펴 주세요.

6. 접힌 지폐를 살짝 벌리고 접힌 모서리 부분을 안으로 밀어 넣고 접어 주세요.

7. 위 그림의 점선을 축으로 하여 지폐를 오른쪽으로 접어 넘기고, 왼쪽 부분도 뒤로 넘겨 주세요.

8. 위의 그림과 같이 왼쪽 위아래 꼭짓점이 만나도록 접어 주세요. 뒤집어서 반대쪽도 똑같은 방법으로 접어 주세요.

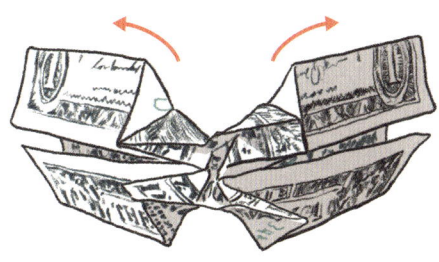

9. 지폐의 오른쪽 부분을 펼쳐 나비넥타이 모양이 되도록 잘 정돈해 주세요.

귀여운 강아지

준비물
- 정사각형 종이

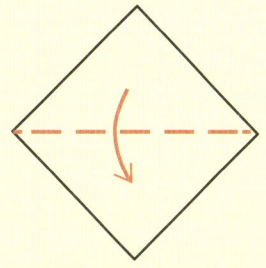

1. 두 꼭짓점이 만나도록 뒤집은 삼각형 모양으로 접어 주세요.

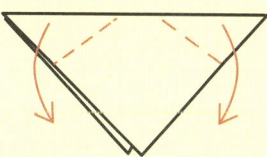

2. 다음 그림처럼 점선을 따라서 접어 주세요.

3. 펜으로 강아지의 눈과 코, 입을 그려 주세요.

비밀 쪽지

준비물
- 가로 22cm × 세로 28cm 크기의 종이
- 펜 또는 연필

1. 친구에게 전하는 메시지를 적어 보세요.

2. 종이를 아래에서 위로 반으로 접고, 한 번 더 아래에서 위로 접어 주세요.

3. 그림과 같이 왼쪽 아래 꼭짓점을 접어 올리고, 오른쪽 위 꼭짓점을 접어 내려요.

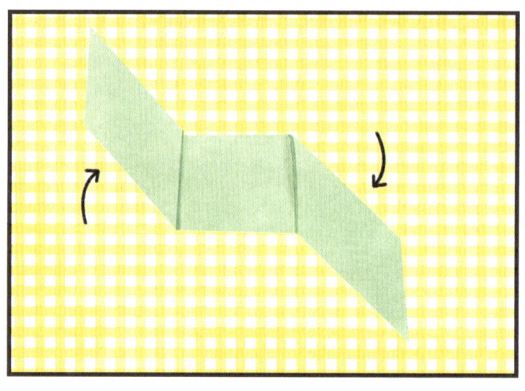

4. 그림과 같이 종이의 왼쪽 부분을 위로 접어 올리고, 오른쪽 부분은 아래로 접어 내려요.

5. 그림과 같이 좌우 양쪽 끝을 안쪽으로 접어 주세요.

6. 위의 삼각형을 아래로 접어 오른쪽 덮개 밑으로 집어넣어요.

7. 아래의 삼각형도 위로 접어서 왼쪽 덮개 밑으로 집어넣어요.

안녕?
이건 비밀인데···.

종이 풍선

준비물
- 가로 12cm × 세로 12cm 크기의 종이

1. 종이를 위에서 아래로 반으로 접어 주세요.

2. 오른쪽에서 왼쪽으로 반으로 접어 주세요.

3. 접힌 부분을 수직으로 들어올린 다음, 눌러서 그림과 같은 삼각형을 만들어 주세요.

4. 종이를 뒤집고 오른쪽의 사각형을 왼쪽으로 넘겨 주세요.

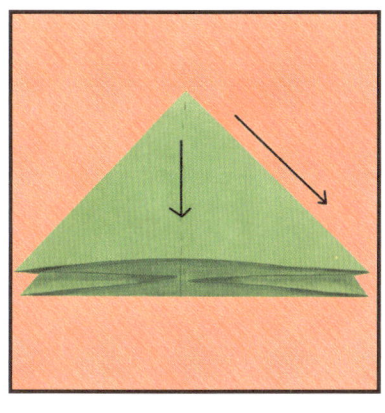

5. 3번 과정을 반복해서 그림과 같은 삼각형 모양을 만들어 주세요.

6. 삼각형 아랫변의 양 꼭짓점이 위의 꼭짓점과 만나도록 접어 올려 주세요.

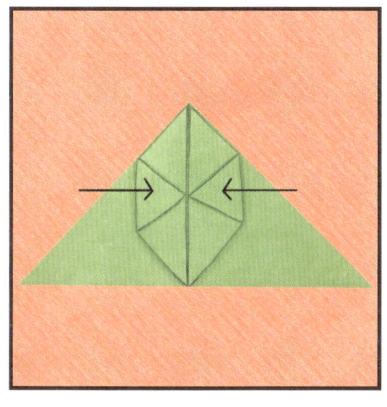

7. 그림과 같이 작은 삼각형 좌우의 꼭짓점이 중앙에서 맞닿게 접어 주세요. 반대쪽도 똑같이 접어 두 꼭짓점이 만나게 합니다.

8. 그림과 같이 맨 위 작은 삼각형의 꼭짓점을 아래로 접어 밑으로 끼워 넣어 주세요.

9. 색종이를 뒤집은 다음, 6~8번 과정을 반복해 주세요.

10. 종이 아래의 구멍에 천천히 바람을 불어 넣어 주세요. 구멍이 좁으면 펜 끝으로 조금씩 넓혀가며 불어 주세요.

종이로 즐기는 활동 **237**

종이 게임

친구들과 함께 간단한 게임을 즐겨 보세요.

액션 주사위 게임

인원 2명 이상

이 게임은 기본 게임과 챌린지 게임으로 즐길 수 있어요. 자신에게 맞는 게임을 선택해서 즐겨 보세요.

준비물
- 정육면체 티슈 상자 2개
- 색종이
- 연필 또는 펜
- 가위
- 매직
- 양면 테이프

1. 티슈 상자 2개의 각 면을 종이에 대고 본을 뜬 뒤 오려 주세요. 모두 12장입니다.

2. 매직으로 종이 6장에 지시 사항을 적어 주세요. 책에 적힌 내용을 그대로 적어도 좋고, 직접 써 넣어도 좋아요. 다른 종이 6장에는 시간이나 횟수를 적어 주세요.

3. 지시 사항이 적힌 종이 6장, 시간이나 횟수가 적힌 종이 6장을 티슈 상자의 각 면에 붙여 주세요.

4. 기본 게임은 지시 사항이 적힌 주사위만 던져서 진행해요. 챌린지 게임은 2개의 티슈 상자 주사위를 차례로 던져 나오는 지시 사항을 따르면 됩니다. 6개의 지시 사항을 가장 먼저 완수하는 사람이 이깁니다.

후쿠와라이

인원 2명 이상

후쿠와라이는 일본에서 아이들이 즐겨 하는 게임이에요. '행운을 가져다 주는 웃음'이라는 뜻이지요.

준비물
- 커다란 종이 2장
- 매직 또는 색연필
- 가위
- 스카프나 수건 또는 안대

1. 커다란 종이에 얼굴 윤곽을 그려 주세요.

2. 다른 종이에는 눈과 코, 귀, 입, 눈썹, 머리카락 등 얼굴 부위를 그리고 가위로 오려 주세요.

3. 얼굴 윤곽을 그린 종이를 바닥에 펼쳐 놓고, 플레이어는 손수건으로 눈을 가린 뒤 얼굴 부위 그림 조각을 얼굴 윤곽 그림 위에 가져다 올립니다. 옆에서 지켜보는 플레이어는 "조금 더 위로", "오른쪽으로" 등으로 위치를 알려 줄 수 있어요. 또는 아무 말도 하지 않아도 돼요.

4. 교대로 얼굴을 만들어 보고, 누가 가장 우스꽝스런 얼굴을 만들었는지 확인해 보세요. 완성한 얼굴을 사진으로 남기는 것도 재미있을 거예요.

더 즐겨 봐!

찡그린 눈, 동그란 눈, 날카로운 눈 등 각 얼굴 부위를 다양한 느낌으로 여러 장씩 만들어 보세요. 전혀 예상하지 못한 조합으로 아주 우스꽝스러운 얼굴을 표현할 수 있답니다.

칠교놀이

인원 2명 이상

칠교는 옛날 중국 사람들이 즐겨 하던 퍼즐이에요.

준비물
- 두꺼운 종이
- 자
- 연필
- 가위
- 매직

1. 각 플레이어는 한 변 길이가 20cm인 정사각형을 두꺼운 종이에 그려서 오려요.

2. 연필과 자로 정사각형에 5cm 간격의 수직선 3개를 가로세로로 그려 주세요.

3. 파란색 매직으로 아래 그림과 같은 칠교 모양을 그린 뒤 오려 주세요. 칠교를 원하는 색으로 색칠해도 좋아요.

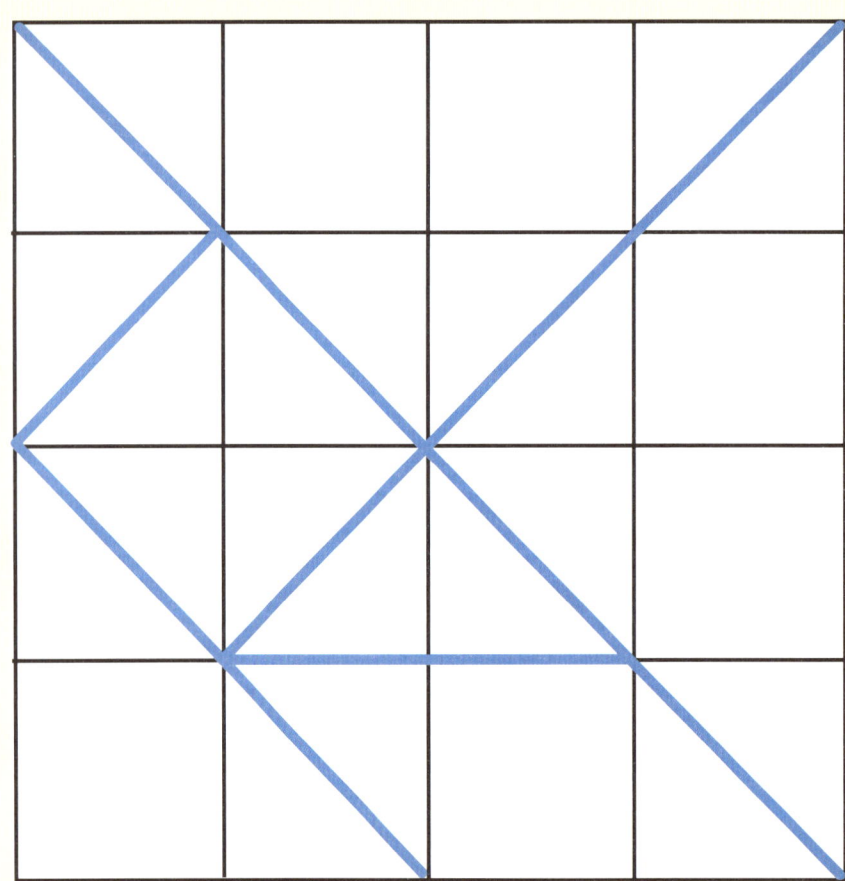

THINGS TO DO WITH PAPER

4. 게임을 시작해 볼까요? 한 플레이어가 칠교로 특정 모양을 만들어요. 이때 다른 플레이어들은 눈을 가리고 있어야 해요.

칠교로 특정 모양을 만드는 규칙은 간단해요.
- 7개의 모든 칠교 조각을 사용할 것
- 바닥에 놓인 2차원의 그림일 것
- 7개의 조각이 모두 붙어 있을 것
- 겹치지 않을 것

5. 첫 플레이어가 만든 칠교 모양을 보고, 다른 플레이어들은 자신의 칠교로 똑같은 모양을 만듭니다.

6. 가장 먼저 칠교 모양을 똑같이 만든 사람이 1점을 얻어요. 2명이 하는 게임이라면 10초 안에 모양을 똑같이 만들어야 1점을 얻어요. 가장 먼저 10점을 얻는 사람이 이깁니다.

칠교로 아래와 같은 모양을 만들어 보세요.

종이로 즐기는 활동 **241**

종이로 묘기 부리기

종이로 다양한 묘기를 부려 볼까요? 자신만의 기술을 익혀 주위 사람들을 깜짝 놀라게 해 보세요!

종이 통과하기

작은 종이를 통과해 봅시다. 과연 가능한 일일까요? 종이 1장과 가위만 있으면 얼마든지 할 수 있답니다.

준비물
- 가로 7.5cm × 세로 12.5cm 크기의 두꺼운 종이
- 가위

1. 종이를 왼쪽에서 오른쪽으로 반 접어 주세요.

2. 그림과 같이 카드가 접힌 부분의 아래쪽 가장자리부터 일직선으로 자르기 시작합니다. 종이 끝을 자르기 전에 멈추고, 반대편도 마찬가지로 끝부분을 남기고 일직선으로 잘라 주세요.

3. 그림과 같이 카드를 펼쳐서 가운데 접힌 선과 반대 방향으로 가느다란 부분을 구부려 주세요.

4. 그림과 같이 가운데 접힌 선을 잘라 주세요.

5. 카드를 원래 형태로 다시 접어준 뒤, 맨 처음 자른 직선과 약 0.5cm 간격을 두고 나란히 잘라 주세요. 끝까지 자르기 전에 멈추고, 다시 약 0.5cm 간격을 두어 반대 방향에서 다시 자르기 시작해요.

6. 부드럽게 카드를 펼쳐 주세요. 자른 부분을 조심스럽게 떼어내면 커다란 고리가 완성됩니다. 그 고리를 천천히 벌려 다리를 집어넣고 몸 위로 끌어올려 통과해 보세요.

미스터리 페이퍼

이 종이를 어떻게 설명할 수 있을까요? 도저히 이해할 수 없는 형태의 종이를 만들어 보세요.

준비물
- 종이
- 연필 또는 펜
- 자
- 가위

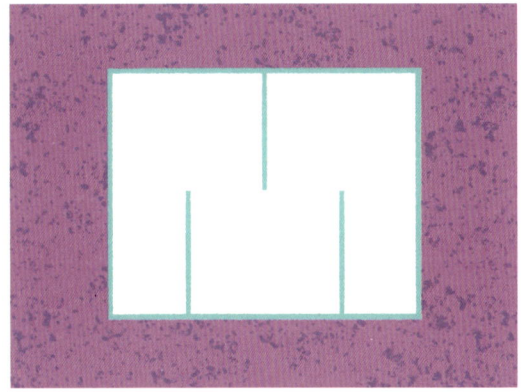

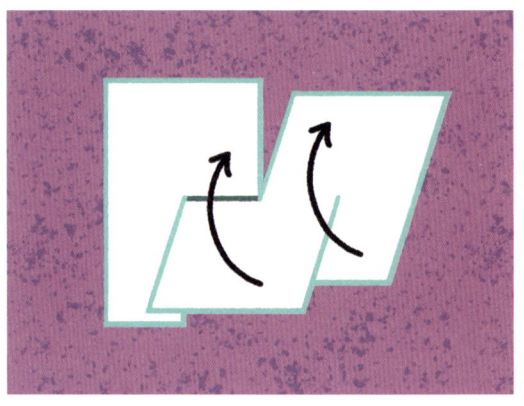

1. 그림과 같이 선을 3개 긋고, 가위로 선을 따라 잘라 주세요.

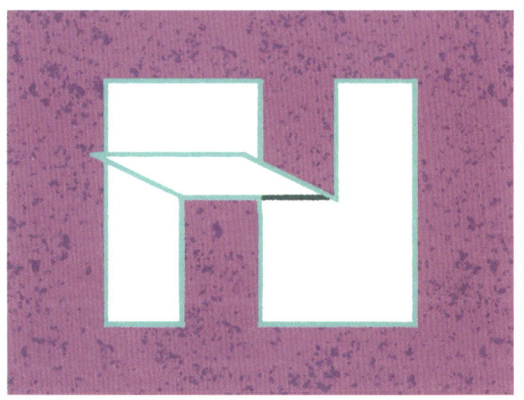

2. 종이 오른쪽 부분을 손으로 잡고 그림과 같이 종이를 뒤로 젖혀요. 그다음 가운데 부분은 수직으로 세우고, 나머지 오른쪽 부분은 180도로 뒤집어 위 그림과 같은 모양이 되도록 합니다.

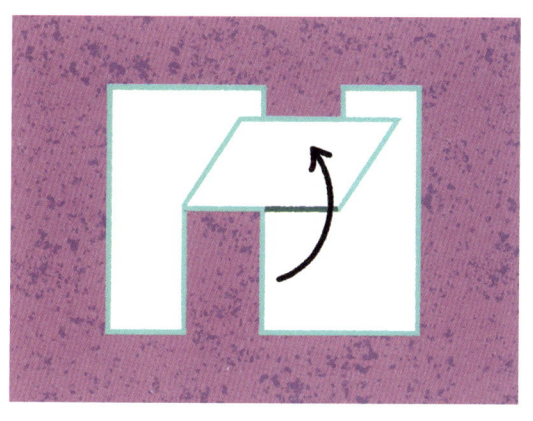 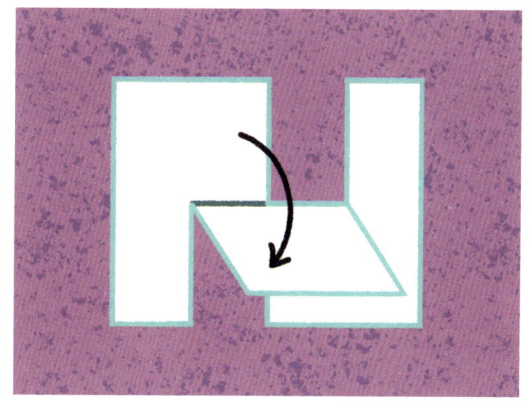

3. 가운데 수직으로 세운 부분을 뒤로 젖혀서 접힌 선을 만들어 주세요.

4. 가운데 부분을 앞으로 한 번 더 젖혀 주세요.

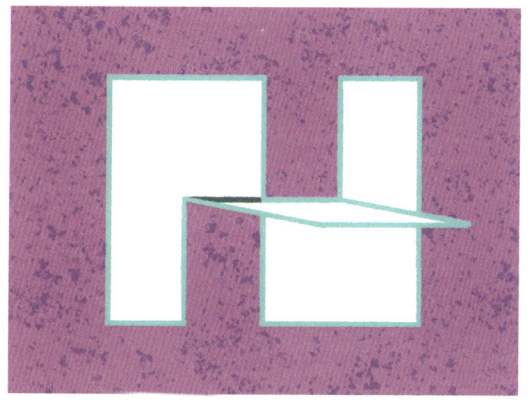

5. 가운데 부분을 위로 살짝 잡아 당기며 수직으로 세웁니다.

6. 가족이나 친구에게 이 종이를 보여 주고, 똑같이 만들어 볼 수 있는지 물어 보세요. 아마 어느 누구도 쉽게 만들어 내지 못할 거예요.

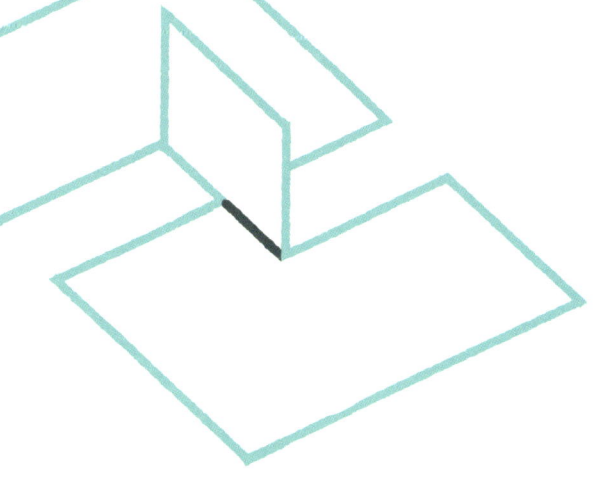

종이로 즐기는 활동 **245**

아주 튼튼한 종이

종이 1장이 책 여러 권의 무게를 지탱할 수 있을까요? 얼마든지 가능하답니다. 이 말도 안 되는 일이 어떻게 가능한지 확인해 볼까요?

준비물
- 가로 21cm × 세로 27cm 크기의 종이
- 가위
- 테이프
- 책 여러 권

1. 종이 1장을 똑같은 크기의 종이 띠 6장으로 나눠야 해요. 가장 먼저 종이를 그림처럼 반으로 접어 보세요.

2. 접은 종이를 3등분으로 접어 주세요.

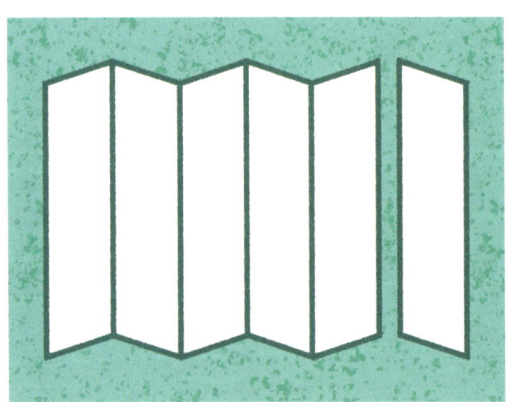

3. 종이를 모두 펴서 접힌 선을 따라 잘라 주세요. 모두 같은 크기의 종이 띠 6장이 완성됩니다.

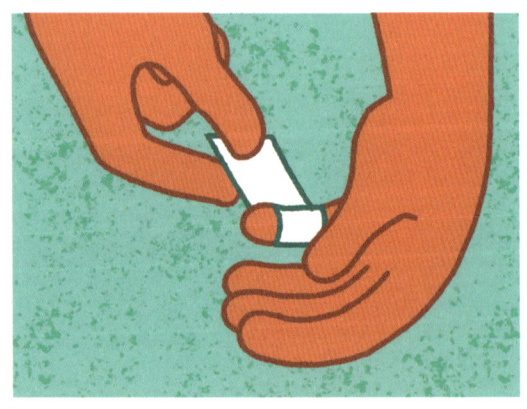

4. 종이 띠 1장을 집어서 손가락에 감아 주세요. 감은 종이를 손가락에서 빼낼 수 있을 정도의 세기로 단단하게 감아 주는 것이 좋아요.

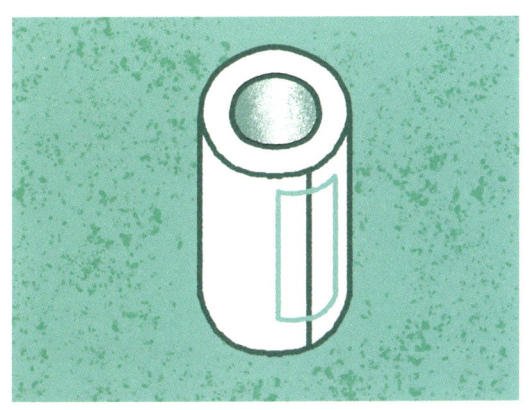

5. 손가락에서 감은 종이를 빼낸 다음, 종이를 당겨 단단하게 정리해 주세요. 테이프로 붙여서 잘 풀리지 않게 해 주세요.

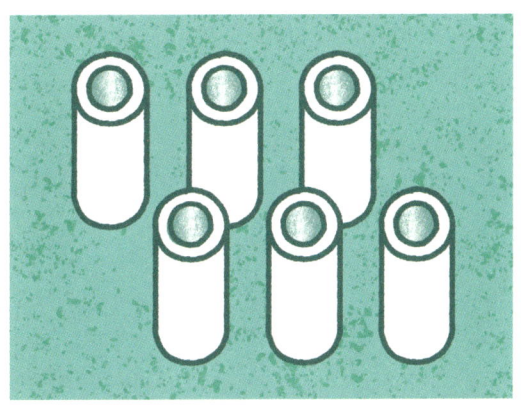

6. 다른 종이 띠들도 똑같은 방법으로 두루마리 모양으로 만들어요.

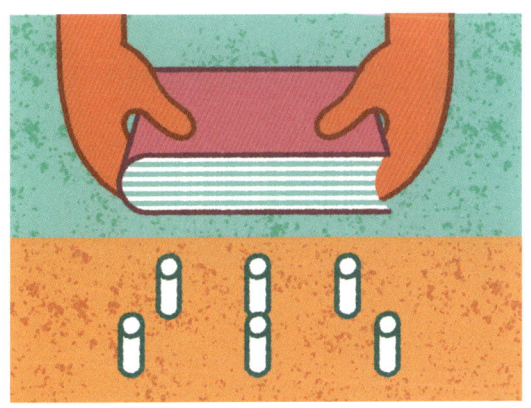

7. 6개의 종이 두루마리를 일정한 간격으로 2줄로 배치합니다. 준비한 책 중 가장 넓은 책을 종이 두루마리 위에 조심스레 올려놓아요.

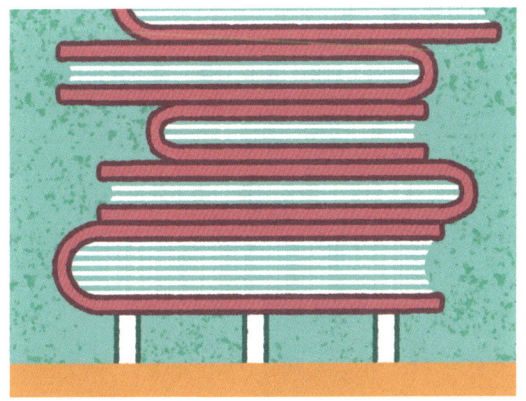

8. 조심스레 책을 1권씩 더 올리면서 몇 권까지 쌓을 수 있는지 확인해 보세요. 얇은 종이 1장의 힘이 얼마나 강한지 알 수 있을 거예요.

종이 나무 만들기

신문지로 멋진 나무를 만들어 보세요.

준비물
- 신문지 5장
- 가위
- 테이프

1. 신문지 1장을 바닥에 놓고 아래쪽 짧은 변을 말아 주세요.

2. 신문지를 반쯤 말았을 때, 다른 신문지 1장을 겹쳐 올려 같이 말아 주세요.

3. 남은 신문지도 같은 방법으로 이어서 말아 줍니다.

5. 한 손으로 신문지 밑을 잡고, 다른 손 검지를 잘린 신문지 안으로 집어넣은 다음, 신문지 속을 잡아당겨서 잔가지 모양을 만들어 주세요.

4. 그림과 같이 말린 신문지를 한손으로 잡고, 가위로 신문지 맨 끝부분을 기다랗게 4번 잘라 주세요. 신문지 길이의 반이 안 되게 잘라 주면 됩니다. 말린 신문지가 모두 잘렸는지 확인해 주세요.

6. 신문지 밑부분을 테이프로 감아서 신문지가 풀어지지 않게 하면, 멋진 나무가 완성됩니다.

1 마지막 도전!

종이와 물감,
빈 플라스틱 용기 등을 이용해서
자신이 살고 있는 동네의
입체 지도를 만들어 보세요.

여러 가지 만들기 활동
THINGS TO BUILD

한번 해 보세요!

목재와 나무못, 접착제, 직물, 솜뭉치 등 다양한 재료로 미니어처 가구를 만들어 보세요.

사용하던 물건이 부서졌을 때, 어느 부분에 이상이 있는지를 알아보고, 스스로 고칠 수 있는지 판단해 보세요. 단, 전자제품을 고쳐야 할 때는 어른의 도움을 받도록 해요.

우리 일상을 조금 더 편리하게 해 주는 물건을 만들어 볼까요? 예를 들면 소품 정리함(308쪽)이나 손이 닿지 않는 물건을 집을 수 있는 늘어나는 집게(318쪽) 등이 있어요.

동전을 높게 쌓아 올려 보세요. 얼마나 높게 쌓을 수 있나요? 쉽게 쌓을 수 있는 동전은 어떤 동전인가요?

컵을 쌓아 올려서 피라미드를 만들어 보세요. 피라미드 외에 다른 형태도 만들 수 있을까요?

과자 상자나 두꺼운 종이 등을 이용해서 자동차 도로를 만들어 보세요. 의자나 탁자 위에서 바닥으로 내려오도록 길을 만들고, 테이프로 연결해 주면 됩니다.

색종이 대포

색종이를 멋지게 뿌릴 수 있는 색종이 대포를 만들어 보세요. 아주 간단한 기본 도구만 있으면 얼마든지 만들 수 있답니다.

준비물

- 종이컵
- 가위
- 플라스틱 물병
- 비닐 백
- 펀치
- 고무줄
- 매직
- 색종이 조각 또는 솜뭉치나 털실 조각

1. 종이컵 바닥을 잘라내요. 플라스틱 물병 주둥이 부분도 잘라 주세요. (어른의 도움을 받도록 해요.) 비닐 백의 윗부분도 잘라 주세요.

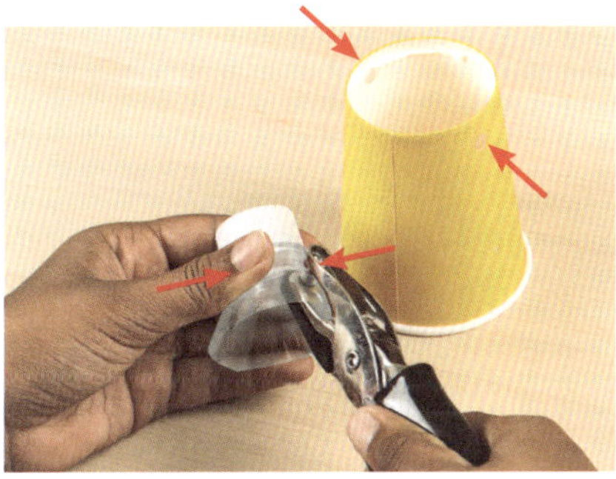

2. 그림과 같이 종이컵 바닥 가까이에 구멍 2개를 뚫고, 플라스틱 물병의 주둥이 부분에도 구멍 2개를 뚫어 주세요.

여러 가지 만들기 활동

3. 물병 주둥이 부분을 비닐 백에 집어넣고, 비닐 백 바깥에서 병뚜껑을 잠급니다.

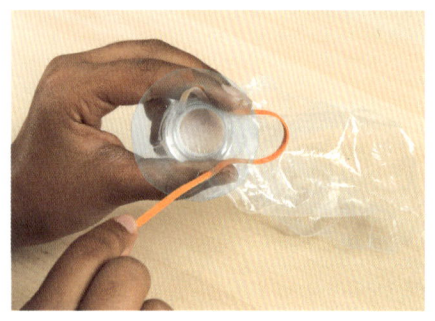

4. 물병 주둥이에 뚫은 구멍에 고무줄 잘라서 연결하세요.

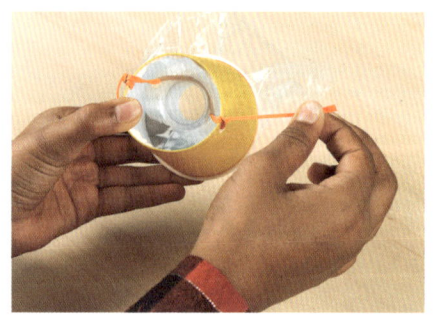

5. 그림과 같이 물병 주둥이를 종이컵에 넣고, 연결된 고무줄을 종이컵 구멍에 연결합니다. 고무줄 양 끝에 매듭을 만들어 고정시켜 주세요.

6. 비닐 백을 종이컵 입구 쪽으로 잡아당기고, 다른 고무줄로 컵 입구를 비닐 백과 함께 감싸서 비닐 백을 고정해 주세요. 매직으로 컵을 예쁘게 꾸민 뒤, 색종이 조각이나 작은 솜뭉치, 털실 조각 등을 물병 주둥이에 담아요.

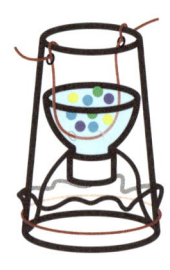

7. 한 손으로 컵을 잡고, 다른 손으로는 물병 주둥이의 병뚜껑을 뒤로 잡아 당겨 보세요. 넓은 공간을 향해 병뚜껑을 놓아 색종이 대포를 발사합니다.

변신하는 미로

할 때마다 새로워지는 미로 게임을 즐겨 보세요. 새로운 미로를 누가 먼저 통과하는지 시합해 보는 것도 좋아요.

인원 2명 이상

준비물

- 신발 상자 뚜껑
- 두꺼운 종이
- 연필 또는 펜
- 가위
- 자
- 굵은 빨대
- 펀치 또는 송곳
- 금속 파스너 또는 핀
- 점착 메모지
- 구슬

1. 두꺼운 종이 위에 신발 상자 뚜껑을 올리고, 본을 뜬 뒤 가위로 오려 주세요.

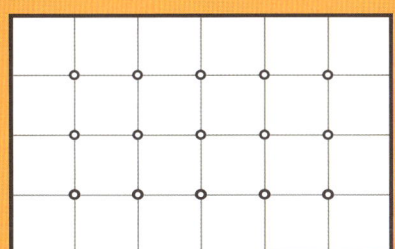

2. 종이 뒤에 그림과 같이 약 5cm 간격으로 격자선을 그어 주세요. 선이 교차하여 만나는 점에 구멍을 뚫어 주세요.

3. 빨대를 7.5cm 길이로 자른 뒤, 끝에서 2.5cm 떨어진 곳에 구멍을 하나 뚫어 주세요.

4. 금속 파스너로 빨대를 종이에 붙여 주세요. 금속 파스너가 없다면 핀으로 고정시켜 주어도 됩니다.

5. 점착 메모지로 출발점과 도착점을 적어 종이에 붙여 주세요. 두꺼운 종이를 신발 상자 뚜껑 안쪽에 붙여 주세요.

6. 빨대를 이리 저리 돌리며 미로를 바꾸어 보세요. 출발점에 구슬을 올리고 다른 플레이어에게 미로를 전달합니다. 다른 플레이어는 신발 상자 뚜껑을 이리저리 움직이며, 바뀐 미로를 따라 구슬을 도착점으로 이동시켜요. 구슬이 도착하면, 다시 빨대를 돌려서 미로를 바꾸고 다음 플레이어가 도전합니다.

여러 가지 만들기 활동

카드 집 만들기

카드로 만든 집에서 살 수 있을까요? 아마 쉽지 않을 거예요. 그렇다면 카드로 집을 만들어 볼 수는 있을까요? 카드로 집을 만들어 보고 자신이 만든 카드 집이 얼마나 오랫동안 서 있는지 확인해 보세요.

준비물
- 오래된 카드 1세트
- 얇은 테이블보 또는 작은 깔개

1. 양손에 카드를 1장씩 들고, 그림과 같이 카드 윗변을 맞대어 세워 주세요. 카드 2장이 서로 기대어 서 있도록 조정합니다. 이 삼각형 모양이 카드 집을 짓는 기본 구조랍니다.

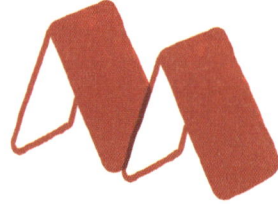

2. 삼각형 하나를 세웠다면, 그 옆에 또 하나의 삼각형을 세워 주세요. 삼각형을 촘촘하게 이어서 세워야 하지만, 삼각형끼리 꼭 맞닿아 있어야 하는 건 아니에요.

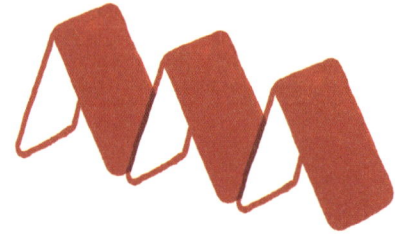

3. 나란히 이어서 세운 3개의 삼각형이 집의 토대가 됩니다.

Tip

- 새 카드는 광택이 나고 매끈해서 세우기 어려워요. 낡거나 오래된 카드가 미끄러지지 않아서 좋습니다.

- 테이블보나 깔개 위에 집을 지어야 카드가 직물 표면과 밀착되어 잘 무너지지 않아요.

- 삼각형이 안정된 상태를 유지하고 있다면, 삼각형 모양이 반듯하지 않더라도 집을 계속 만들어 나가는 것이 좋아요.

- 서두르지 말고 천천히 카드를 옮겨 보세요. 가볍게 놓거나 갑작스레 움직여서는 안 돼요.

- 카드가 쓰러지더라도 계속 시도하면 어느새 멋진 카드 집을 완성할 수 있을 거예요.

4. 2개의 삼각형 위에 카드 하나를 조심스레 올려놓아요. 균형을 잘 맞추도록 해요.

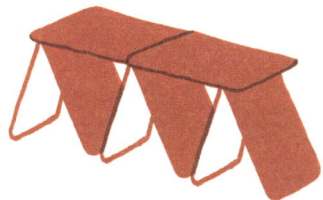

5. 다른 2개의 삼각형 위에도 카드를 올려 주세요.

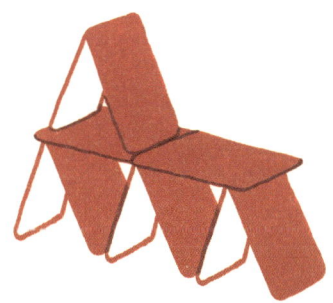

6. 층수를 높여서 삼각형을 세워 보세요. 아래 두 삼각형 사이의 한 층 위에, 새로운 삼각형이 위치해야 합니다.

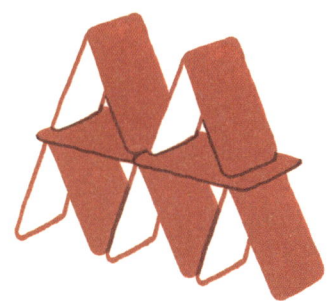

7. 삼각형 옆에 또 다른 삼각형을 세워 주세요. 조금만 실수해도 카드가 쓰러지기 때문에 천천히, 부드럽게 카드를 세우도록 합니다.

8. 2층 삼각형 2개 위에 또 다시 카드 1장을 올려 주세요.

9. 천천히 그리고 부드럽게 맨 꼭대기에 삼각형을 세워 보세요. 카드 집이 완성되었습니다.

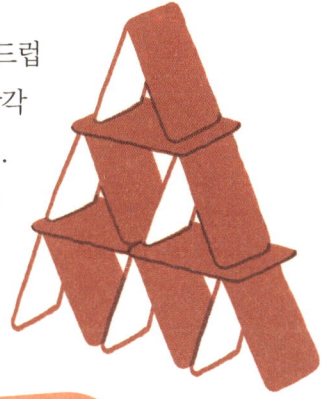

알고 있나요?

가장 아래에 있는 삼각형의 개수에 따라 층수가 결정돼요.
맨 꼭대기 층에 삼각형이 하나가 될 때까지,
각 층은 아래층보다 삼각형이 1개씩 적답니다.

전동 칫솔 로봇 만들기

오래된 전동 칫솔에 두꺼운 종이를 붙여 칫솔 로봇을 만들어 보세요.

준비물

- 낡은 전동 칫솔 또는 저렴한 전동 칫솔
- 두꺼운 종이
- 자
- 연필
- 가위
- 테이프
- 종이컵
- 매직
- 작은 탱탱볼
- 가느다란 철사
- 종이

2. 두꺼운 종이 중앙에 칫솔을 테이프로 붙이고, 칫솔모가 종이 반대쪽으로 향하도록 해 주세요. 종이를 뒤집어서 전동 칫솔의 스위치를 켜 두면, 전동 칫솔의 진동으로 인해 종이 전체가 조금씩 움직일 거예요. 종이 양쪽 접힌 변의 각도를 다르게 바꾸어 주면, 움직이는 방향을 조정할 수 있답니다. 똑바로 갈 수도 있고, 원을 그리거나 좌우로 움직이게 할 수도 있어요.

1. 전동 칫솔이 잘 작동하는지 확인해 주세요. 두꺼운 종이를 칫솔 길이와 비슷한 가로 12.5cm × 세로 17.5cm 크기의 직사각형으로 잘라 주세요. 그 다음 직사각형 종이의 긴 변 양쪽을 2.5cm 폭으로 접어 직각으로 세워 주세요.

3. 종이 위에 종이컵을 올리고, 테이프로 고정한 뒤 종이컵을 로봇의 얼굴처럼 꾸며 주세요.

놀이 방법

도망가는 골대

친구와 함께 칫솔 로봇 위의 종이컵에 탱탱볼을 던져 넣는 게임을 해 보세요. 3번을 먼저 집어넣는 사람이 이겨요.

안절부절 못하는 그림

펜 촉을 바닥에 닿게 하여 철사와 테이프로 펜과 종이컵을 고정해 주세요. 바닥에 종이를 깔고, 전동 칫솔의 스위치를 켜 보세요.

척척 대답하는 로봇

종이 양쪽 가장자리에 '네'와 '아니오'를 적어 주세요. 칫솔 로봇을 종이 가운데에 놓고, '네' 또는 '아니오'로 대답할 수 있는 질문을 한 뒤 전동 칫솔의 전원을 켜요. 칫솔 로봇이 향하는 방향에 따라 질문에 대한 답변이 결정된답니다.

여러 가지 만들기 활동

미니 런처 만들기

작은 사물을 발사할 수 있는 런처(발사 장치)를 만들어 볼까요?
3가지의 런처를 소개합니다.

클립 런처

준비물
- 클립

1. 그림과 같이 클립을 펴 주세요.

2. 클립의 양쪽 끝을 모은 뒤, 걸쇠로 잠그듯이 클립의 한쪽 끝부분이 다른 쪽 끝부분 밑에 걸리게 합니다. 한 번에 이 형태를 만드는 건 쉽지 않아요. 여러 번 시도하여 만들어 보세요.

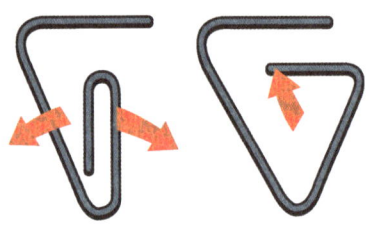

3. 끝부분이 걸린 쪽이 바닥에 닿도록 클립을 떨어뜨려 보세요. 클립이 튕겨져 날아오를 거예요.

빨대 로켓과 종이 로켓

준비물
- 종이 빨대
- 가위
- 테이프
- 커피 막대(커피를 젓는 막대)
- 얇은 종이

빨대 로켓

손가락 길이로 종이 빨대를 잘라 주세요. 종이 빨대 한쪽 끝을 테이프로 막고, 다른 쪽 끝에는 커피 막대를 쑤셔 넣어요. 입으로 빨대를 힘껏 불어 보세요. 커피 막대가 로켓처럼 힘차게 날아오를 거예요.

종이 로켓

종이 띠를 잘라서 빨대에 감아 작은 종이 관을 만들어요. 테이프로 종이 관 옆부분과 한쪽 끝을 막고, 종이 관을 빨대에 꽂아요. 빨대 반대편 입구를 세게 불어 보세요. 종이 로켓이 휙 날아오를 거예요.

근사한 투석기 만들기

준비물

- 아이스크림 막대 18개
- 접착제
- 털실
- 자
- 가위
- 클립 2개
- 스테이플러
- 펀치
- 작은 플라스틱 컵
- 펠트 천
- 직사각형 티슈 상자
- 서류 집게
- 글루건 또는 강력 테이프
- 굵은 빨대
- 작은 돌멩이 또는 구슬
- 연필
- 고무 밴드
- 작은 솜뭉치 또는 작은 공
- 작은 종이 그릇 또는 플라스틱 그릇

알고 있나요?

투석기는 중력을 이용해 물체를 던지는 기계랍니다. 중력 때문에 투석기 한쪽 팔 끝이 무거워져 아래로 내려가면, 시소처럼 다른 반대쪽 팔 끝이 위로 올라가죠. 이때 슬링도 함께 힘을 받아 위로 치솟고, 가장 높은 지점에서 슬링 속 물체가 힘을 받아 밖으로 튀어나가며 발사되는 원리예요.

투석기 부품 만들기

투석기 팔 그림과 같이 아이스크림 막대 4개를 접착제로 붙여 주세요.

뼈대 막대 그림과 같이 아이스크림 막대 3개를 접착제로 붙여요. 모두 4개를 만들어요.

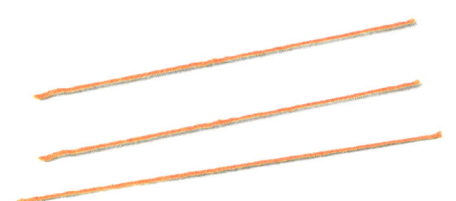

털실 22cm 길이로 3가닥을 잘라 주세요.

클립 그림과 같이 클립 2개를 각각 구부려 주세요.

균형추 컵 양쪽에 구멍을 뚫어 주세요.

슬링 펠트 천을 반으로 접어서 달걀 모양으로 잘라 주세요. 그림과 같이 스테이플러로 고정한 뒤, 펠트 천 각 장에 구멍을 뚫어 주세요.

투석기 조립하기

1. 투석기 바닥을 만들어 볼까요? 먼저 직사각형 티슈 상자의 윗면과 양 측면을 잘라 내요. 측면 꼭짓점 부분을 삼각형 모양으로 남겨둔 채로 잘라야 잘라 내지 않은 양 측면이 수직으로 세워져요.

2. 앞서 만든 뼈대 막대 2개에 아이스크림 막대 1개를 그림과 같이 접착제로 붙여서 삼각형 지지대를 만들어 주세요. 모두 2개를 만듭니다.

3. 삼각형 지지대의 접착제가 마를 때까지 기다린 뒤, 투석기 바닥에 삼각형 지지대를 접착제로 붙여 주세요.

4. 그림과 같이 서류집게의 손잡이 부분을 테이프로 투석기 바닥에 붙여 주세요.

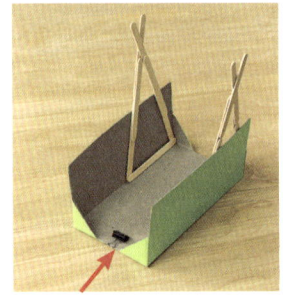

5. 글루건이나 강력 테이프로 구부린 클립과 빨대를

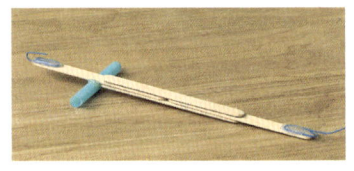

투석기 팔에 그림처럼 붙여 주세요. 바깥으로 펼쳐진 클립은 손가락 역할을 하고, 반대쪽 클립은 갈고리 역할을 해요. 글루건이나 강력 테이프를 사용할 때는 어른의 도움을 받아요.

6. 그림과 같이 컵에 뚫은 구멍에 털실을 꿰어 묶어 주세요. 남은 부분은 잘라냅니다. 털실 가운데에는 클립을 끼워 주세요. 컵에는 작지만 무거운 돌멩이나 구슬을 채워 주세요.

7. 그림과 같이 슬링에 뚫은 구멍에 털실을 꿰어 연결한 뒤, 털실 한쪽 끝을 묶어 고리를 만들어요. 다른 한쪽 끝은 투석기의 기다란 팔 끝에 연결해요.

8. 그림과 같이 투석기 팔에 붙어 있는 빨대 안으로 연필을 집어넣고 고무밴드로 연필과 삼각형 지지대를 단단히 고정시켜 주세요.

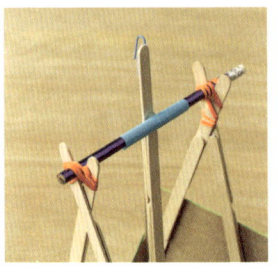

투석기 사용법

1. 슬링의 털실 고리를 투석기 팔의 손가락(바깥으로 펼쳐진 클립 부분)에 걸어 주세요.

2. 솜뭉치나 작은 공을 슬링 안에 집어넣어요.

3. 슬링을 투석기 안으로 잡아 당겨서 투석기에 붙어 있는 서류 집게로 단단히 고정해 주세요.

4. 투석기 팔의 짧은 쪽 갈고리에 균형추(컵)를 매달아 주세요.

5. 약 2m 정도 떨어진 곳을 깨끗하게 정돈하고 바닥에 그릇을 놓아요.

6. 서류 집게가 그릇 방향을 향하도록 위치를 조절합니다. 서류 집게에서 슬링이 빠져나오면 투석기가 작동합니다.

7. 솜뭉치나 공이 그릇 안에 잘 들어갔나요? 잘 조준되지 않았다면, 투석기 팔의 손가락을 위아래로 구부리며 슬링의 발사각을 조절해 주세요. 슬링에 다시 솜뭉치나 공을 장전하고 발사해 보세요.

여러 가지 만들기 활동

연쇄 반응 장치 만들기

멋진 엔지니어가 되어 볼까요? 여러 가지 작동이 차례로 일어나는 연쇄 반응 장치를 만들어 보세요.

1. 연쇄 반응 장치가 어떤 일을 하면 좋을지 생각해 보세요. 그 장치는 마지막에 어떻게 작동하게 될까요?

   몇 가지 보기가 있어요.
   a. 컵 아래에서 공 잡기
   b. 풍경을 쳐서 울리기
   c. 달걀 깨뜨리기
   d. 펼쳐진 책 덮기

2. 장치의 마지막 작동에 대해 아이디어를 떠올려 보세요. 그 다음에는 어떤 작동이 이어져 마지막 작동이 일어나는지 생각해 보세요. 해당 작동의 직전 작동을 차례로 생각해 보면 장치의 전체 작동들을 구성할 수 있을 거예요.

3. 부품으로 쓸 재료를 찾아 작동 순서대로 장치를 만들어 보세요. 1가지 장치를 만들 때마다 테스트를 해 보고, 잘못된 점이 있으면 부품을 변경하거나 추가해서 개선합니다. 그렇게 장치가 원활하게 작동할 때까지 테스트와 개선을 거듭하세요.

연쇄 반응 장치에 사용하면 좋은 재료

- 탁구공, 골프공, 테니스공, 구슬
- 장난감 자동차
- 건축용 완구
- 도미노 칩
- 작은 부채
- 작은 블록
- 작은 바구니
- 깔때기
- 재활용품: 달걀 트레이, 요구르트 병, 티슈 상자, 병뚜껑, 플라스틱 병

부품으로 활용하기 좋은 재료

- **바퀴** 두꺼운 종이, 공작용 점토, 병뚜껑, 플라스틱 컵
- **바퀴 축** 빨대, 나무 꼬치, 이쑤시개
- **경사면** 나무 블록, 두꺼운 종이, 장난감 미끄럼틀
- **지렛대** 아이스크림 막대, 연필, 자, 서류 집게
- **도르래** 릴, 얼레, 실
- **접착제** 테이프, 풀

1. 일렬로 늘어선 도미노를 향해 골프공을 굴리는 것으로 시작해요.

2. 첫 도미노가 넘어지면서 다음 도미노를 쓰러뜨리고, 계속해서 마지막 도미노까지 모두 쓰러뜨려요.

3. 마지막 도미노가 쓰러지면서 장난감 자동차를 경사면 아래로 밀어 주고, 장난감 자동차는 블록 탑과 충돌해요.

4. 자동차와 충돌한 블록 탑이 무너지면서 테이프 롤을 건드리면, 테이프 롤이 굴러가기 시작해요.

5. 테이프 롤에는 줄이 하나 묶여 있어요.

6. 테이프 롤이 굴러서 책상 아래로 떨어지면, 테이프 롤에 묶인 줄이 도르래 역할을 하면서 종이비행기를 끌어올려요. 갑자기 힘을 받은 종이비행기가 날아오르면 연쇄 반응 장치가 성공적으로 작동한 것이랍니다.

알고 있나요?

이런 종류의 연쇄 반응 장치를 '루브 골드버그 장치(Rube Goldberg Machine)'라고 불러요. 루브 골드버그는 미국의 만화가예요. 그는 매우 복잡한 기계 장치가 움직이면서 휴지를 들어올리거나 포크를 집어 드는 등의 아주 단순한 연쇄 반응을 그림으로 그렸답니다.

여러 가지 만들기 활동

종이비행기 만들기

세계 최초의 동력비행기는 1903년에 라이트 형제가 만들었답니다. 아래의 종이비행기는 라이트 형제의 비행기 디자인을 모방한 것이에요.

준비물
- 두꺼운 종이
- 자
- 연필
- 가위
- 접착제
- 긴 나무 막대
- 큰 클립 2개

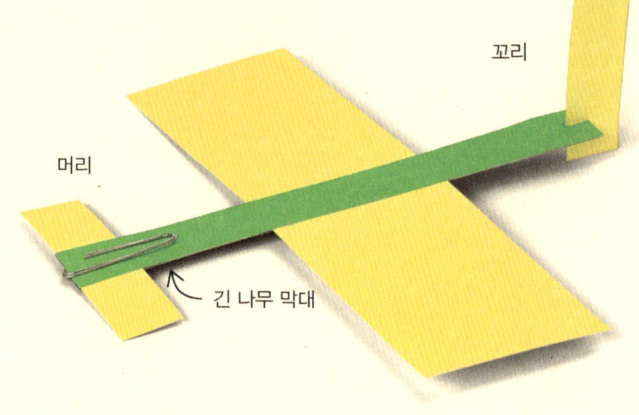

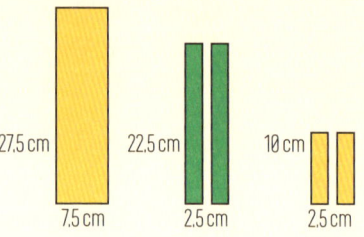

1. 두꺼운 종이를 그림과 같이 직사각형 5개로 오려 주세요.

2. 종이비행기의 날개가 되는 가장 큰 직사각형은 22.5cm 직사각형의 가운데에 수직으로 붙여 주세요. 10cm 직사각형도 22.5cm 직사각형 맨 앞부분에 수직으로 붙여 주세요.

3. 두 번째 22.5cm 직사각형을 첫 번째 직사각형 위에 포개어 접착제로 붙여 주세요. 긴 나무 막대를 종이비행기 몸체 앞부분에 접착제로 붙여 주세요. 몸체 맨 앞에는 그림과 같이 클립을 끼우고, 다른 클립도 첫 번째 클립 위에 겹쳐서 끼워 주세요. 그리고 접착제가 잘 마를 때까지 기다립니다.

4. 몸체 맨 끝의 가운데 부분을 약 1cm 정도 잘라 주세요. 두 번째 10cm 직사각형에 접착제를 발라 그림과 같이 몸체의 잘라 낸 틈에 끼워 넣고 말려 주세요.

종이비행기 날리는 방법

날개 바로 뒤 몸체 부분을 손으로 잡아요. 그림과 같이 엄지로 나무 막대를 받쳐 주고, 검지와 중지로 몸체 양옆을 잡아 똑바로 던집니다. 단, 너무 세게 던져서는 안 돼요.

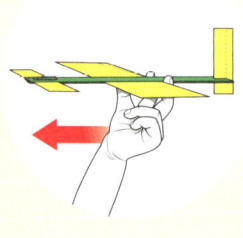

종이비행기 조종하기

그림과 같이 점선을 따라 날개를 접으면 비행기가 날아가는 방향을 바꿀 수 있어요.

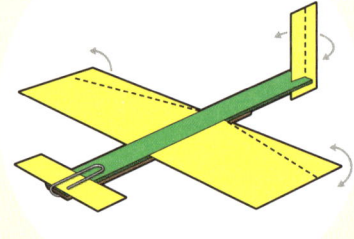

THINGS TO BUILD

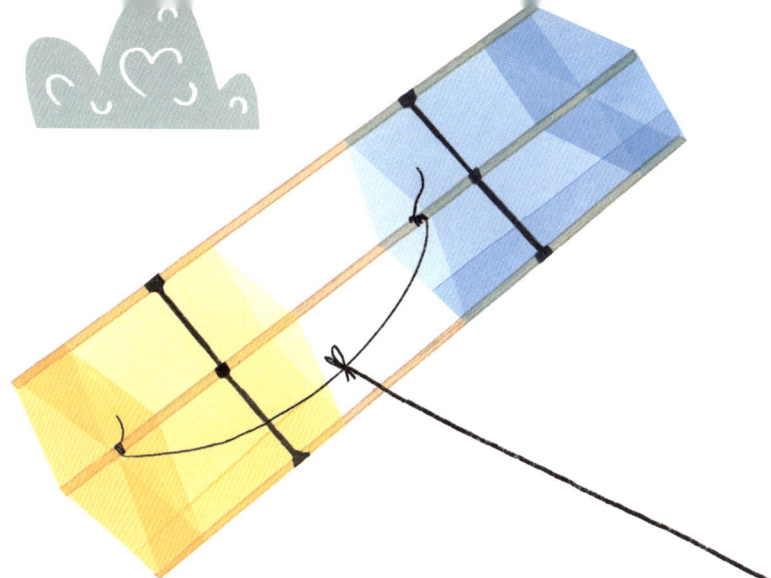

상자 모양 연 만들기

친구나 가족과 함께 직접 연을 만들어 보세요.

2명이 함께 만들어요.

준비물

- 자
- 연필
- 직경 6mm, 길이 30cm 나무 막대 4개
- 직경 6mm, 길이 92cm 나무 막대 4개
- 직경 2.5cm 이상, 길이 30cm의 두꺼운 나무 막대 1개
- 꽃철사 또는 가느다란 철사
- 절연 테이프 또는 폭이 좁은 접착테이프
- 셀로판지 또는 신문지, 포장지, 가벼운 비닐 테이블보, 커다란 비닐 봉지
- 투명 테이프
- 연줄 또는 가벼운 노끈
- 휴지심

뼈대 만들기

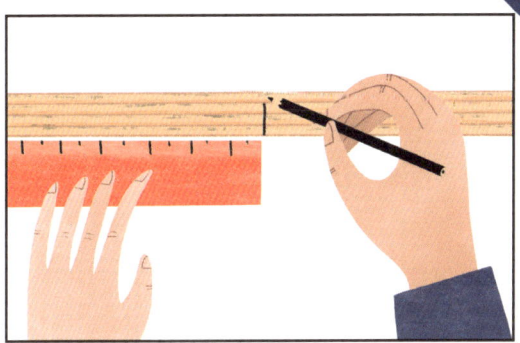

1. 직경 6mm, 길이 30cm 나무 막대 4개의 가운데에 위치를 표시해 주세요. 길이 92cm 나무 막대 4개는 양쪽 끝에서 12.5cm 떨어진 지점에 표시해 주세요.

여러 가지 만들기 활동 **267**

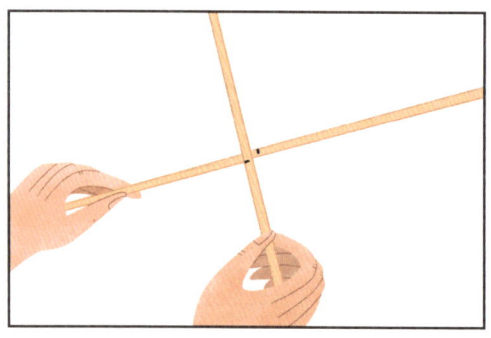

2. 길이 30cm 나무 막대 2개를 가운데에 표시한 점에서 서로 교차시켜 X자 모양으로 만들어 주세요.

3. 한 사람이 X자 형태로 나무 막대를 잡고 있으면, 다른 사람이 꽃철사로 교차된 부분을 여러 번 감아 2개의 나무 막대를 하나로 붙여요. 꽃철사는 잘 구부러지기 때문에 매듭으로 묶을 필요 없이 단단하게 조여 주기만 하면 됩니다.

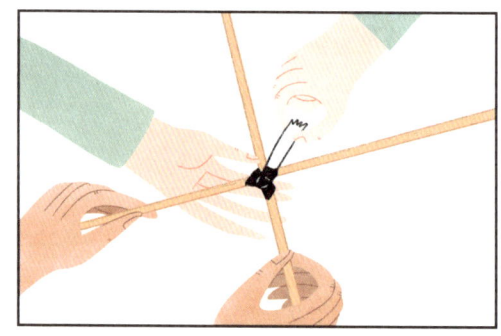

4. 꽃철사로 감은 부분을 다시 절연 테이프로 꼼꼼하게 감아서 연 버팀대 1개를 완성해 주세요.

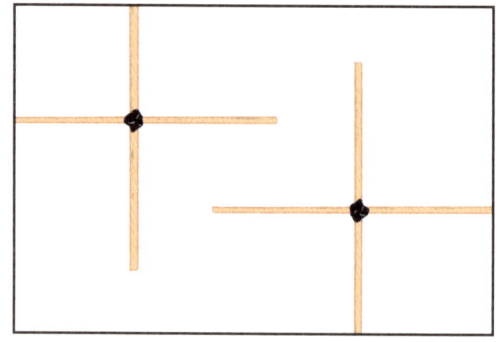

5. 2~4번 과정을 반복해서 버팀대를 1개 더 만들어 주세요.

6. 한 사람이 버팀대의 한쪽 끝을 92cm 나무 막대에서 표시한 점 바로 옆에 맞대고 있으면, 다른 사람은 그림과 같이 X자 중심에서부터 버팀대와 92cm 막대가 만나는 부분을 꽃철사로 고정해요. 여러 번 감아서 묶어 줍니다.

7. 나무 막대 2개가 만나는 점을 절연 테이프로 단단하게 감아 주세요.

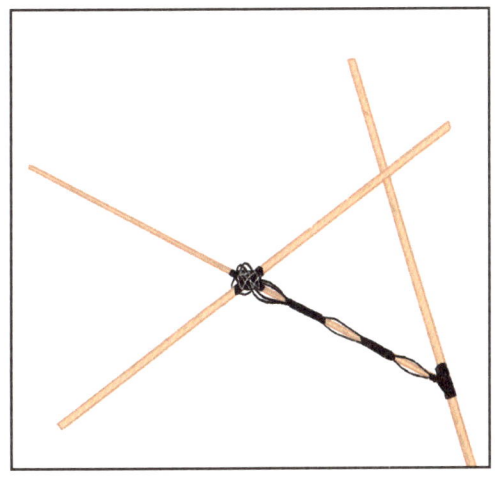

8. 버팀대를 따라서 늘어져 있는 꽃철사를 절연 테이프로 감아 철사를 고정해 주세요. 작은 테이프 조각으로 버팀대 중심축을 단단하게 고정해 줍니다.

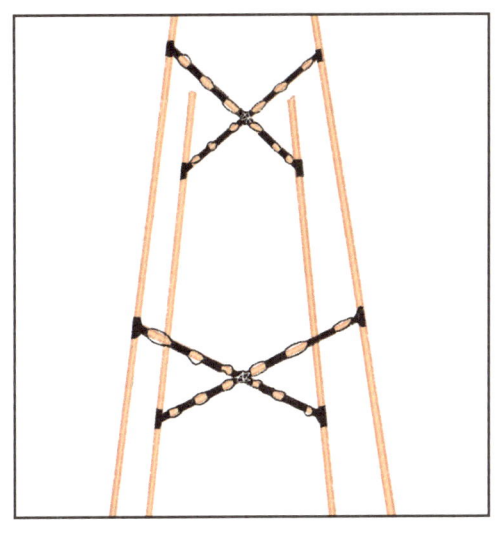

9. 버팀대의 나머지 3개 살도 6~8번의 과정을 반복해서 연결하고, 남은 버팀대에도 같은 과정을 반복해 주세요.

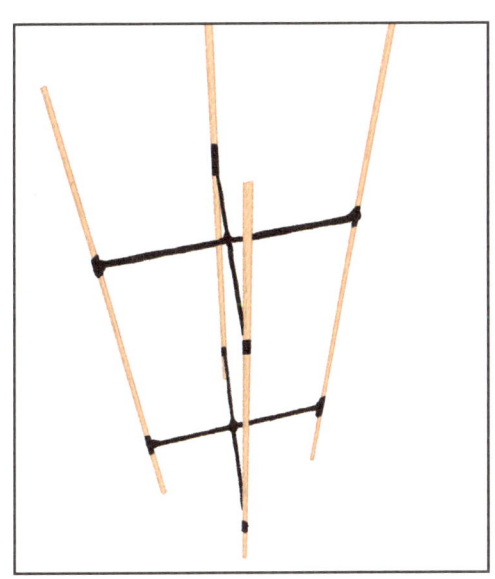

10. 각 버팀대의 중심축을 절연 테이프로 단단하게 감아 철사를 완전히 고정해요. 연 뼈대가 튼튼하게 완성되었어요.

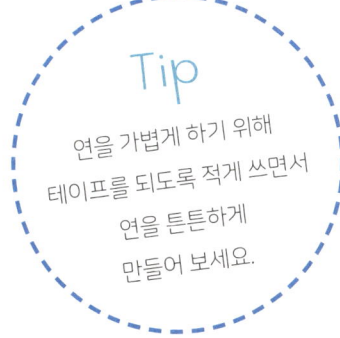

Tip

연을 가볍게 하기 위해 테이프를 되도록 적게 쓰면서 연을 튼튼하게 만들어 보세요.

셀로판지 붙이기

1. 셀로판지 2장을 잘라 주세요. 길이는 약 90cm이고 폭은 약 40cm예요.

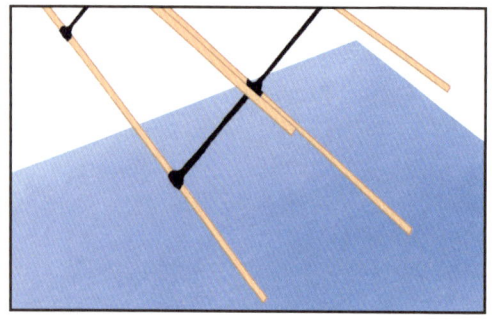

2. 셀로판지 1장을 테이블 위에 펼쳐 놓고, 그 위에 연 뼈대를 올려놓아요. 뼈대 밖으로 셀로판지 여분이 10cm정도 남게 올려 주세요.

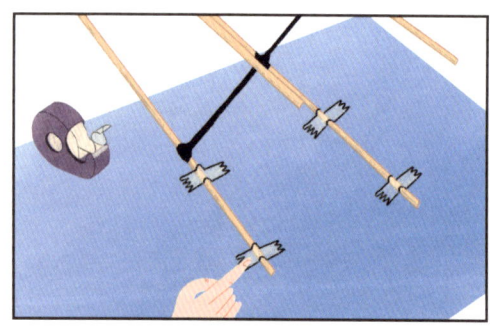

3. 그림과 같이 기다란 뼈대에 셀로판지를 투명테이프로 붙여 주세요. 연을 돌리면서 4면을 모두 붙여 주세요.

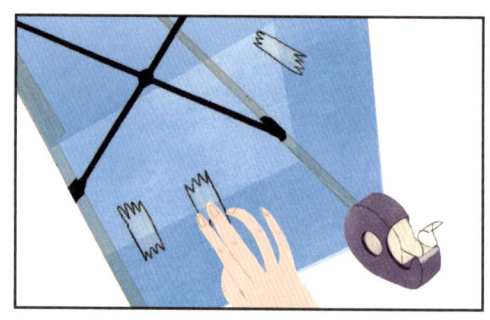

4. 뼈대 끝을 감싸면서 밖으로 나와 있는 셀로판지 여분을 뼈대 안으로 접어 주고, 접은 셀로판지를 테이프로 붙여 주세요.

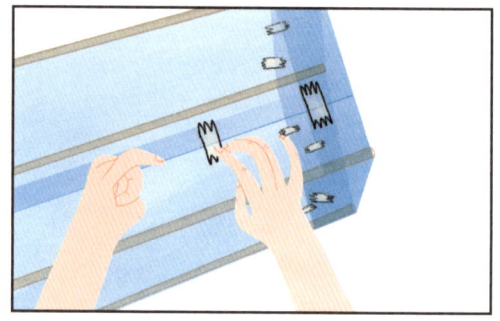

5. 뼈대 바깥쪽에도 셀로판지가 서로 겹치는 부분을 그림처럼 테이프로 붙여 주세요.

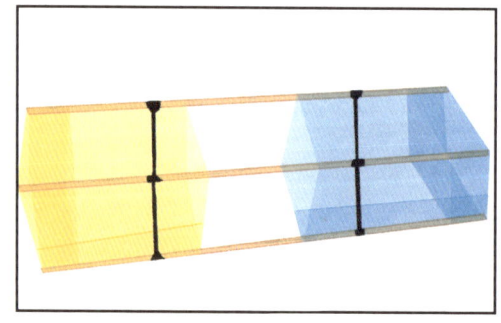

6. 다른 나머지 셀로판지도 그림과 같이 2~5번 과정을 반복하며 노란색 부분 뼈대에 붙여 주세요.

줄 매달기

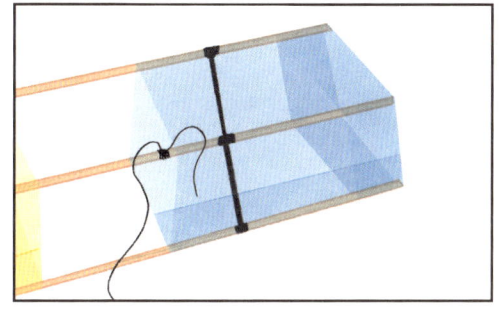

1. 약 120cm 길이로 연줄을 잘라서 첫 번째 셀로판지 가장자리의 뼈대에 줄을 묶어요. 여러 번 매듭을 만들어서 단단하게 고정해 주세요.

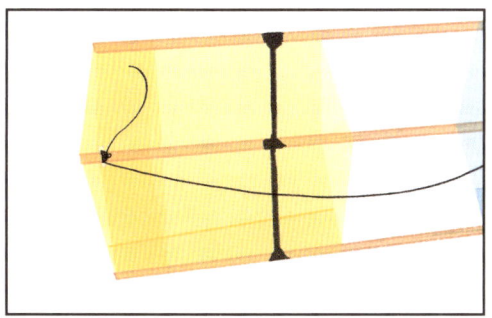

2. 연줄 반대쪽은 다른 셀로판지 가장자리에서 안쪽으로 2.5cm 지점에 위치한 뼈대에 그림과 같이 묶어 주세요. 셀로판지에 작은 구멍을 뚫어 줄을 묶으면 됩니다.

3. 휴지심에 연줄을 단단히 연결해 주세요. 그 다음 연을 높이 날릴 수 있게 연줄을 많이 감아 주세요. 필요한 만큼 감은 뒤 줄을 자르고, 두꺼운 나무 막대를 튜브 구멍에 꽂아 주세요. 이것이 얼레가 된답니다.

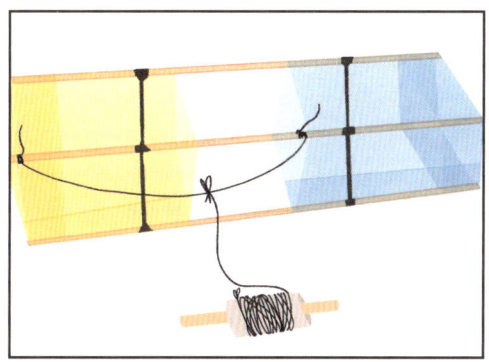

4. 그림과 같이 연에 묶은 줄에 얼레 줄을 묶어 주세요. 잔잔한 바람이 부는 날, 연을 날려 보세요.

연 날릴 때 주의사항

- 금속 물질을 연에 부착해선 안 돼요.
- 평탄하고 넓게 트인 장소에서 연을 날리세요. 전깃줄이나 안테나, 차가 다니는 도로에서 멀리 떨어져 있어야 해요.
- 천둥이나 번개가 칠 때 연을 날려서는 안 돼요.

새 모이통 만들기

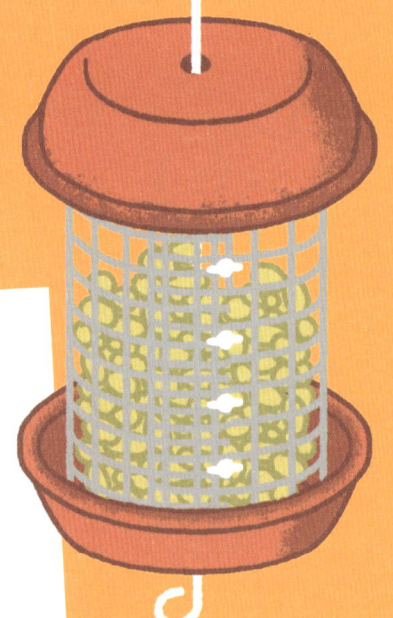

새를 집으로 불러들이는 간단한 방법은 바로 새 모이통을 만드는 것이랍니다. 새 모이통으로 참새나 비둘기, 제비 등 다양한 새들이 날아와 함께 어울려 모이를 먹는 모습을 볼 수 있을 거예요.

준비물

- 보호 장갑
- 굵기 약 0.5cm 넓이 철망, 가로 60cm × 세로 150cm의 철망
- 금속 절단용 가위
- 케이블 타이
- 보호 안경
- 지름 7~10cm의 플라스틱 접시 2개
- 송곳
- 철사 옷걸이
- 끝이 뾰족한 소형 펜치
- 새 모이

1. 보호 장갑을 끼고 금속 절단용 가위로 철망을 가로 38cm × 세로 22cm 크기로 잘라 주세요. 날카로운 도구를 다룰 때에는 어른의 도움을 받도록 해요.

2. 그림과 같이 철망 양 끝을 1.2cm 가량 겹치게 하여 철망의 긴 변을 둥글게 말아 주세요. 케이블 타이로 겹친 부분을 5cm 간격으로 묶어서 관 형태로 만들어요. 케이블 타이를 잡아 당겨 단단히 고정시키고, 튀어나온 케이블 타이는 잘라 주세요.

3. 보호 안경을 쓰고 송곳으로 접시 중앙에 지름 0.3cm의 구멍을 뚫어 주세요. 구멍을 뚫을 때는 어른의 도움을 받도록 해요.

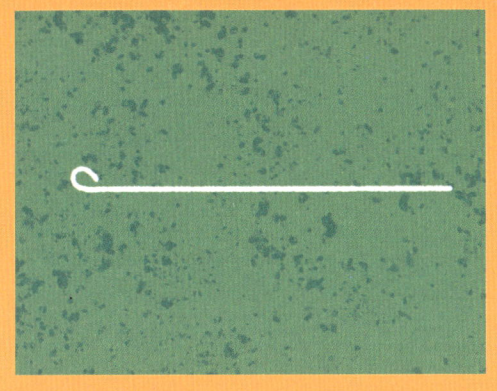 

4. 철사 옷걸이를 펴서 45cm 길이로 잘라 주세요. 펜치로 철사 끝을 구부려 작은 고리를 만들어 줍니다.

5. 펼친 옷걸이를 바닥에서 위로 접시 구멍에 꿰어 주세요. 철사 끝 고리에 접시가 걸리게 해요.

6. 철망을 접시 위에 올린 뒤, 철사 줄 가운데를 붙잡고 두 번째 접시를 뒤집어 철사 줄에 꿰어 주세요. 옷걸이 윗부분도 아랫부분처럼 구부려 고리를 만들어 줍니다.

7. 덮개를 살짝 들어올려 새 모이를 철망 안에 넣어요. 모이통을 줄에 매달아 나뭇가지에 걸거나 나뭇가지 위에 올려놓습니다.

여러 가지 만들기 활동

벌집 만들기

벌은 꽃에서 꿀을 채집하면서 꽃가루를 다른 꽃으로 퍼뜨려 식물의 번식에 도움을 줘요. 벌은 채집한 꿀을 벌집에 보관하지요. 또한 벌집은 벌이 알을 보관하는 곳이기도 해요. 벌들의 안식처인 벌집을 한번 만들어 볼까요?

준비물

- 1000ml 우유팩
- 가위
- 강력테이프
- 자
- 종이 빨대 75개
- 케이블 타이 긴 것

1. 우유팩 윗부분을 잘라내고 깨끗이 씻어 말립니다. 테이프로 우유팩 겉을 감아 주세요.

2. 종이 빨대를 약 18cm 길이로 잘라 주세요. 종이 빨대를 벌집에 가득 채워 넣으면 벌집이 완성됩니다.

3. 이른 봄이 되면 완성한 벌집을 밖에 내놓아요. 꽃밭 근처로 땅에서 1m 이상 떨어져 있고 햇빛이 들면서 바람과 비를 막을 수 있는 곳이 좋아요. 커다란 나무에서 나뭇가지가 갈라지는 부분이 가장 적합합니다.

4. 벌집은 해가 뜨는 쪽을 향하되, 아래로 약간 기울여서 빗물이 안으로 들이치지 않게 설치해 주세요. 벌집이 바람에 흔들리면 알이 생존할 수가 없어요. 그러므로 케이블 타이로 벌집이 움직이지 않도록 잘 고정해 주어야 해요.

5. 벌집과 벌집 주위에서 일어나는 일을 관찰하고 기록하는 관찰일지를 써 보세요. 벌이 진흙이나 꽃가루를 가져오는 모습을 볼 수 있어요. 벌이 알을 낳은 후에는 진흙으로 벌집 입구를 막아 버린답니다.

6. 6월 하순이 되면 벌집을 조심스레 내려서 종이 상자 안에 넣고, 서늘한 차고나 창고에 놓아두세요. 벌집 안에서는 벌의 알이 부화해서 애벌레가 자라고 있을 거예요.

7. 겨울이 끝날 무렵, 다시 벌집을 밖에 내놓고 해를 향해서 설치해 주세요. 몇 주가 지나면 벌들이 입구를 뜯어내고 밖으로 나와 꽃을 향해 날아갈 거예요.

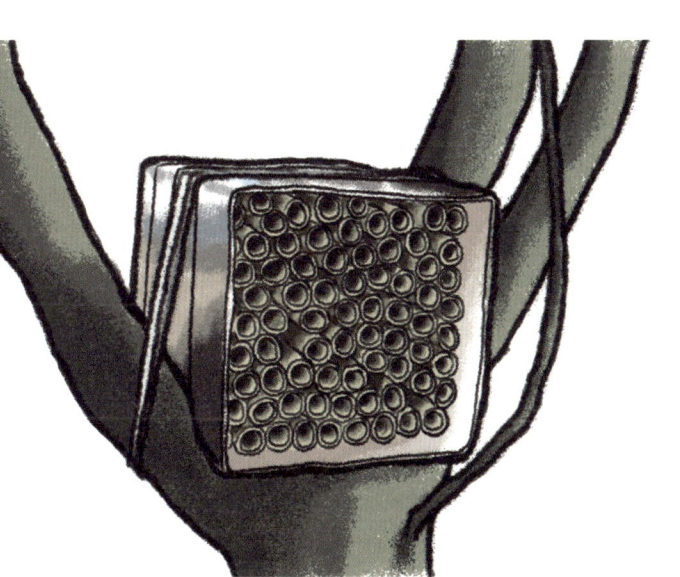

Tip

- 벌을 귀찮게 하지 마세요. 벌은 가만히 있는 사람은 쏘지 않아요.
- 진흙을 벌집 근처에 두면 벌들이 벌집 입구를 쉽게 막을 수 있어요.
- 벌집 근처에 새가 자주 나타난다면, 벌집 앞부분을 철망으로 감싸서 벌집을 보호해 주세요.

캠 장치 카드 만들기

캠(cam)은 회전 운동을 왕복 운동으로 바꾸는 장치예요. 간단한 캠 장치를 만들어 특별한 방법으로 메시지를 전해 보세요.

준비물

- 작은 종이컵 2개
- 펀치
- 연필
- 가위
- 종이 빨대
- 접착제 또는 테이프
- 10원짜리 동전
- 두꺼운 종이
- 셔닐 스틱(잔털이 많은 천으로 감싼 가느다란 철사)
- 매직
- 도화지

1. 그림과 같이 펀치로 종이컵 옆면에 구멍 2개를 뚫어 주세요. 연필로 컵 바닥에 구멍을 뚫은 뒤, 연필을 조금씩 움직여 구멍을 넓히고 연필을 빼내요.

2. 다른 종이컵의 옆면을 잘라내고 바닥만 남겨 두세요. 종이 빨대를 1/3 정도 잘라서 그림과 같이 접착제로 종이컵 바닥에 수직으로 붙입니다.

3. 10원짜리 동전을 두꺼운 종이에 대고 그린 뒤 오려 주세요. 오려낸 종이 가장자리에 구멍을 뚫어 주세요.

4. 셔닐 스틱을 반으로 접어서, 2번 과정에서 잘라내고 남은 종이 빨대 2/3에 끼워 넣고, 그림과 같이 구부려 주세요.

5. 2번 과정에서 만든 것을 종이컵 안에 집어넣어 주세요. 1번의 컵 바닥 구멍에 2번의 종이 빨대를 꿰어요.

6. 4번에서 만든 빨대를 종이컵 옆 구멍에 밀어 넣은 뒤, 3번에서 만든 동그란 종이를 끼워 줍니다.

7. 빨대를 끝까지 밀어 넣어 종이컵 반대쪽 구멍에 꿰어요. 빠져나온 셔닐 스틱의 끝을 구부려 빨대가 빠지지 않도록 고정하고, 동그란 종이는 종이컵 안 가운데에 위치시켜요.

8. 매직으로 동물이나 원하는 그림을 종이에 그려 오린 뒤, 종이컵과 종이컵 바닥을 뚫고 나온 빨대에 붙여 주세요.

9. 종이컵을 거꾸로 들고, 다른 손으로 구부러진 종이 빨대를 천천히 돌려 보세요. 종이컵 바닥을 빠져나온 빨대가 위아래로 움직일 거예요.

1 마지막 도전!

신문지를 말아서 종이 막대를 여러 개 만들어 보세요. 신문지 종이 막대 여러 개를 테이프로 묶어 높은 빌딩을 만들어 보는 거예요. 얼마나 높게 만들 수 있는지 도전해 보세요!

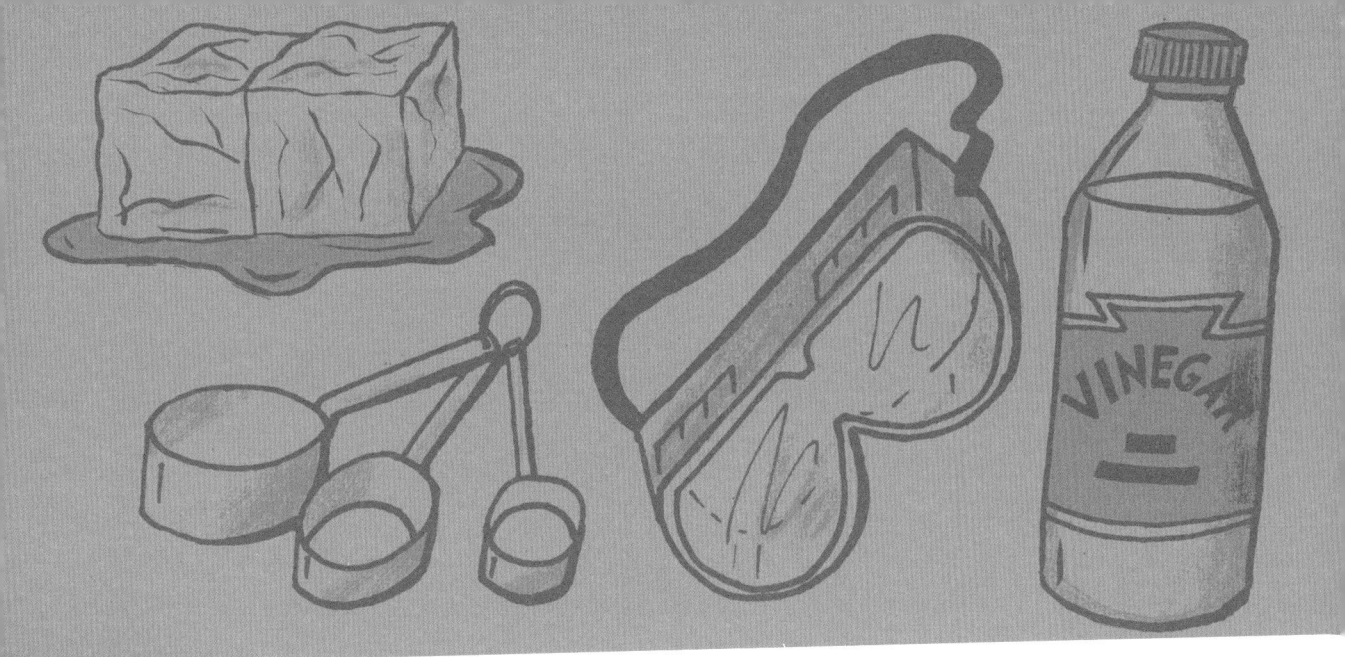

여러 가지 과학 실험 활동
SCIENCE EXPERIMENTS TO DO

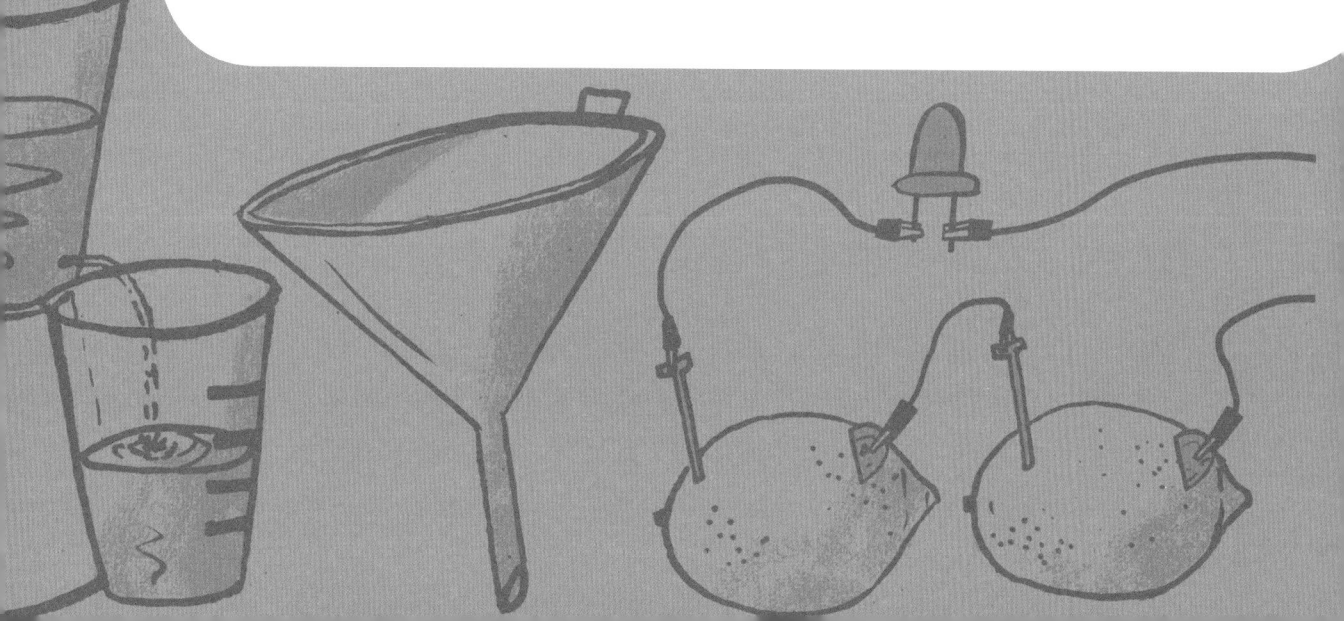

한번 해 보세요!

물이 담긴 컵에 빨대를 집어넣고,
빨대 윗부분을 손가락으로 막은 뒤
빨대를 들어 올려요.
손가락을 떼기 전에는
빨대에 들어간 물이 흘러내리지 않아요.
그 이유는 무엇일까요?

직육면체 얼음 조각 2개를 맞대어
30초간 꼭 눌렀다가 손을 뗍니다.
얼음 조각은 서로 붙어 있을까요?
떨어져 있을까요?

친구에게 눈을 감게 하고,
친구 주위에서 손가락을 튕겨 소리를 내 보세요.
친구는 소리가 나는 위치를 알아낼 수 있을까요?

뜨거운 물과 차가운 물을 유리잔에 넣고,
유리잔 표면에 수증기가 생기는 모습을 관찰해 보세요.
왜 서로 다른 부분에 수증기가 생기는 걸까요?

숟가락이나 젓가락, 자 등의 기다란 사물을
그림과 같이 손가락 위에 올리고
떨어지지 않도록 균형점을 찾아보세요.
모든 균형점은 사물의 한가운데일까요?

빈 유리잔과 물이 담긴 유리잔에
정육면체 얼음 조각을 하나씩 넣고
관찰해 보세요.
어느 유리잔의 얼음이 더 빨리 녹을까요?
그 이유는 무엇일까요?

*위 내용에 대한 설명은 303쪽에 있어요.

물속으로 사라져요

우리 주위의 다양한 물질 중에서 물에 녹는 것은 무엇일까요?

준비물
- 설탕, 밀가루, 옥수수가루, 베이킹 소다, 식물성 기름, 기타 식재료
- 투명한 컵
- 물

다양한 식재료를 준비해서 어떤 식재료가 물에 녹는지 알아볼까요? 물이 담긴 컵에 식재료를 넣고 저어서 물에 녹는지 확인합니다. 식재료를 바꿀 때마다 컵을 깨끗이 씻고 물을 새로 갈아 주세요.

왜 그럴까요?
설탕이나 소금과 같은 물질의 분자는 극성을 띠고 있어요. 극성이 있는 분자는 물과 같은 다른 극성 분자에 쉽게 달라붙는 성질이 있어요. 그래서 이러한 극성 분자를 물에 넣으면 마치 사라지는 것처럼 보인답니다. 그러나 기름이나 밀가루 같은 물질은 극성이 없는 무극성 분자들로 이루어져 있어 물에 녹지 않아요.

비가 내려요

비가 내리는 이유를 생각해 본 적 있나요?

준비물
- 끓기 직전의 뜨거운 물
- 고온에도 잘 깨지지 않는 투명한 유리 그릇
- 유리나 금속으로 된 그릇 뚜껑
- 정육면체 얼음 조각

1. 끓기 직전의 뜨거운 물을 유리 그릇에 1/4 정도 부어 주세요. 화상의 위험이 있으므로 반드시 어른의 도움을 받도록 해요.
2. 그릇에 뚜껑을 거꾸로 덮어 주세요.
3. 정육면체 얼음 조각 3~4개를 뚜껑 위에 올린 뒤, 뚜껑에 수증기가 맺혔다가 물방울이 되어 아래로 떨어지는 과정을 관찰해 보세요.

왜 그럴까요?
물이 뜨거워지면 기화해서 수증기가 됩니다. 수증기는 공기 중의 먼지와 같이 차가운 물질과 부딪힐 때까지 하늘로 올라가요. 차가운 먼지와 부딪혀 수증기가 식으면서 작은 물방울이 되지요. 이 물방울은 서로 뭉쳐서 점점 더 커지고, 하늘에 떠 있을 수 없을 정도로 무거워지면 비가 되어 땅으로 떨어진답니다. 마찬가지로 유리 그릇 속의 뜨거운 물도 수증기로 변해서 위로 올라가다가 차가운 뚜껑에 부딪혀 작은 물방울로 변하고, 이 물방울들이 뭉쳐서 무거워지면 다시 아래로 떨어지는 것이지요.

물 현미경 만들기

근사한 현미경이 없어도 사물을 확대해서 볼 수 있어요. 우리 주변에서 쉽게 구할 수 있는 재료들로 간단하게 현미경을 만들어 보세요.

준비물

- 눈알 스티커(지름 3cm 이상)
- 가위
- 종이컵
- 연필
- 테이프
- 숟가락
- 물
- 가까이 보고 싶은 작은 물체들: 꽃 일부, 과일 조각, 조개껍질, 나뭇잎 등

1. 눈알 스티커의 접착면을 잘라서 투명한 플라스틱과 분리해 주세요. 날카로운 도구를 사용해야 하므로 어른의 도움을 받도록 해요.

2. 눈알 스티커의 둥근 플라스틱 부분을 뒤집은 종이컵에 올리고, 테두리를 연필로 그려 주세요. 컵 양 옆면에도 U자를 뒤집은 모양을 크게 각각 그리고, 그려진 선을 따라 잘라 주세요.

3. 눈알 스티커 플라스틱 부분의 움푹 들어간 부분이 종이컵 안쪽으로 향하도록 올린 뒤, 가장자리와 컵 안쪽에 테이프를 붙여 고정해 주세요.

4. 숟가락으로 물을 떠서 움푹한 플라스틱에 가득 채워 주세요. 작은 물체를 종이컵 안쪽에 밀어 넣고, 물이 담긴 부분을 통해 관찰합니다. 종이컵을 조금씩 움직이면서 잘 보이도록 조절하세요.

왜 그럴까요?

눈알 스티커의 볼록한 부분에 담긴 물이 볼록렌즈 역할을 하기 때문이에요. 볼록렌즈는 가운데가 두껍고 가장자리로 갈수록 얇아져요. 볼록렌즈는 렌즈를 통과하는 빛을 굴절시켜 아래의 물체가 크게 보이게 해 준답니다.

무릎, 꼼짝 마!

무릎을 들어올리는 건 쉬워요. 하지만 과연 다음과 같은 상황에서도 무릎을 들어올릴 수 있을까요?

오른쪽 어깨와 오른발을 벽에 기대고 서서 그림과 같이 양발을 20cm 정도 벌려요. 이 상태에서 왼쪽 무릎을 들어올려 보세요. 어떤가요? 잘 들어올릴 수 있나요?

왜 그럴까요?

오른발과 오른쪽 어깨를 벽에 기대고 있으면 균형을 잡기 위해 왼발에 체중이 실려요. 즉, 왼쪽 무릎에 힘이 많이 들어가 있어 왼쪽 무릎을 쉽게 움직일 수 없죠. 벽에 기대지 않은 상태에서 왼쪽 무릎을 들어올려 보세요. 두 자세의 차이를 확실하게 느낄 수 있을 거예요.

저절로 양팔 벌리기

의도하지 않게 저절로 양팔을 벌리게 된다고요? 어떻게 하면 될까요?

방문에 열린 상태에서 문틀 쪽에 섭니다. 양팔을 벌려 손등으로 문틀을 강하게 밀어내 보세요. 양팔에 세게 힘을 주고, 30초 이상 바깥으로 밀어내야 합니다. 그 다음 문틀 앞으로 나와 편하게 팔을 옆구리에 붙여 보세요. 팔이 저절로 올라가는 듯한 느낌이 들 거예요.

왜 그럴까요?

이 현상을 콘스탐 현상(Kohnstamm's phenomenon)이라고 해요. 일정 시간 자신의 의지대로 특정 근육에 힘을 주면, 잠시 근육에 힘을 빼더라도 저절로 근육에 힘이 들어가는 현상이지요. 콘스탐이라는 학자가 발견한 현상이랍니다.

개와 고양이 관찰하기

오른손잡이나 왼손잡이 같은 건 사람에게만 있는 걸까요? 아니에요. 고양이나 개에게도 오른손잡이나 왼손잡이처럼 자주 쓰는 신체 부위가 있답니다.

과학자들은 일부 동물들이 사람처럼 오른손잡이나 왼손잡이라는 사실을 발견했어요. 여러분도 고양이나 개를 잘 관찰하면 이러한 사실을 알아낼 수 있답니다.
고양이가 장난감을 가지고 놀거나 목표물을 향해 달려갈 때, 어떤 발을 주로 사용하는지 관찰해 보세요. 악수를 할 수 있는 개라면, 어떤 발을 더 많이 내미는지 확인해 보세요. 어려운 일을 시킬수록 동물은 자신에게 편한 쪽을 더 많이 사용한답니다.

장난꾸러기 컵 만들기

장난꾸러기 컵에 액체를 따라 보세요. 기준량보다 액체를 더 따른다면, 액체가 모두 흘러넘치게 될 거예요.

준비물
- 플라스틱 컵
- 핀 또는 압정
- 연필
- 주름이 있는 빨대
- 가위
- 물

1. 싱크대나 화장실 세면대에서 실험을 진행해요. 압정으로 플라스틱 컵 바닥에 작은 구멍을 뚫어 주세요.

2. 구멍에 연필을 끼워 구멍 크기를 더 넓혀 주세요. 빨대가 겨우 통과할 수 있을 정도로 크기를 맞춰요.

3. 컵 아래에서 빨대를 구멍에 집어넣어 위로 잡아 당겨요. 그리고 빨대를 아래로 구부려서 빨대 끝이 컵 바닥으로 향하게 해요.

4. 컵 바닥 밑으로 빨대가 튀어나온 부분을 잘라 주세요.

5. 컵에 물을 따라 보세요. 따르는 물의 양을 조절해서 여러 번 시도해 보세요. 어떤 일이 일어날까요?

왜 그럴까요?

컵에 담긴 액체가 빨대보다 낮게 차 있으면 액체가 흘러나오지 않아요. 그러나 액체를 더 부어서 빨대가 굽은 곳보다 더 높이 차오르면, 빨대 안의 액체가 빨대의 굽은 곳을 넘어 흘러나오게 되죠. 이때 빨대는 사이펀 역할을 하기 때문에 컵 안에 있던 나머지 물도 빨대를 통해 컵 바닥의 구멍으로 빠져나가요.

화장실 변기도 사이펀의 원리로 작동해요. 그래서 한 번에 많은 물이 변기 안으로 쏟아져도 넘치지 않고 빠져나가는 것이랍니다.

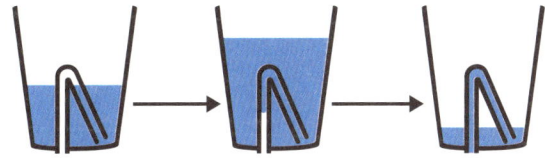

알고 있나요?

이 장난꾸러기 컵은 2,500여 년 전에 그리스의 철학자 피타고라스가 고안했다고 해요. 절제할 줄 아는 삶의 중요성을 가르치는 좋은 예시가 되고 있어요.

물시계 만들기

고대 이집트 사람들은 물시계를 이용했다고 해요. 그것과 비슷한 시계를 만들어 볼까요?

준비물
- 핀 또는 압정
- 투명한 플라스틱 컵 4개
- 테이프
- 물
- 식용 색소
- 타이머
- 유성 매직

1. 핀이나 압정으로 플라스틱 컵 바닥에 가까운 옆면에 구멍을 뚫어 주세요.

2. 그림과 같이 구멍을 뚫은 컵과 다른 컵의 바닥이 맞닿게 붙여 주세요. 단, 두 컵의 바닥이 완전히 맞닿지 않고, 첫 번째 컵의 구멍 부분이 튀어나오도록 합니다.

3. 세 번째 컵을 두 번째 컵 옆에 놓아요. 이때 세 번째 컵은 첫 번째 컵의 구멍 바로 밑에 있어야 해요.

4. 네 번째 컵에 물을 붓고 물감을 섞어 주세요.

5. 첫 번째 컵의 구멍을 손가락으로 막고 컵에 물을 부어 주세요.

6. 구멍을 막은 손가락을 떼면서 타이머를 작동시켜 주세요. 물은 구멍을 통해 세 번째 컵으로 흘러내릴 거예요.

7. 1분이 되면 재빠르게 세 번째 컵에 차오른 물 높이를 컵 표면에 눈금으로 표시해 주세요.

8. 매 분마다 똑같이 표시를 해 주세요. 물이 다 흘러서 첫 번째 컵이 비워지고, 물줄기가 물방울이 되면 타이머를 멈춰요.

9. 가장 처음 표시한 눈금부터 차례로 번호를 매기고 컵의 물을 버린 뒤, 다시 한 번 4~6번 과정을 반복하며 눈금이 정확하게 표시되었는지 점검해요.

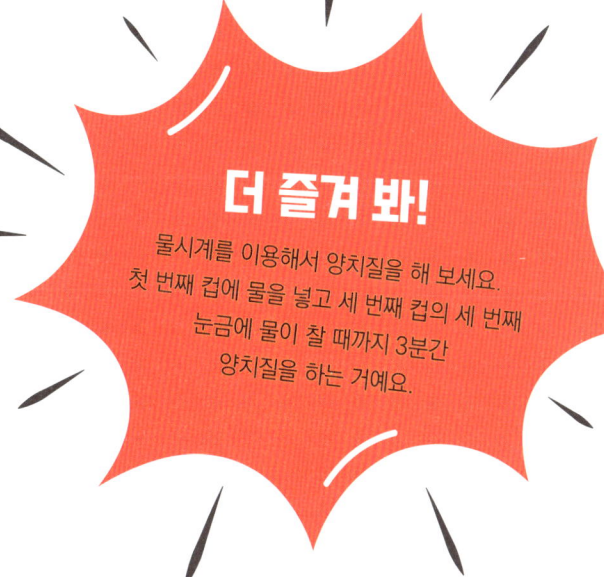

더 즐겨 봐!

물시계를 이용해서 양치질을 해 보세요. 첫 번째 컵에 물을 넣고 세 번째 컵의 세 번째 눈금에 물이 찰 때까지 3분간 양치질을 하는 거예요.

홈메이드 아이스크림

몇 가지 간단한 재료를 섞어서 뒤적여 주면 아이스크림이 완성된답니다. 한번 해 볼까요?

준비물

- 우유 1컵
- 설탕 1/4컵
- 바닐라 1/2 티스푼
- 작은 냉동용 지퍼 백(약 1L 들이)
- 큰 냉동용 지퍼 백(약 3.7L 들이)
- 얼음 20컵
- 소금 1.5컵
- 두꺼운 방한 장갑(선택)

1. 우유와 설탕, 바닐라를 작은 냉동용 지퍼 백에 집어넣고 공기를 뺀 다음, 지퍼를 닫아 외부 공기를 차단해 주세요. 지퍼를 완벽하게 닫지 않으면, 아이스크림을 제대로 만들 수 없어요.

2. 1번의 냉동용 지퍼 백을 큰 냉동용 지퍼 백에 집어 넣어요.

3. 커다란 지퍼 백에 얼음을 가득 채워 주세요.

4. 소금 1컵을 얼음 위에 뿌리고, 지퍼 백을 꼼꼼하게 닫아 주세요.

5. 장갑을 끼고 커다란 지퍼 백을 천천히 5분간 뒤적여 주세요. 실수로 지퍼 백이 터지거나 내용물이 빠져나올 수 있으므로 야외나 욕실에서 하는 게 좋아요.

6. 지퍼 백을 열어서 얼음 녹은 물을 따라 내요. 소금물은 식물에게 좋지 않으므로, 얼음 녹은 물을 잔디나 다른 식물에 주지 않도록 주의하세요.

7. 지퍼 백에 소금과 얼음을 더 넣고, 다시 지퍼 백을 닫고 5분간 뒤적여 주세요.

8. 작은 지퍼 백 안을 살펴 보세요. 아이스크림이 완성되었나요? 지퍼 백을 잘 닫고 더 오래 뒤적여 주세요.

9. 완성된 아이스크림을 국자로 퍼서 그릇에 담고, 좋아하는 과일이나 시럽, 크림, 초콜릿, 쿠키 등을 듬뿍 얹어 맛있게 먹어요.

왜 그럴까요?

얼음이 녹으면서 얼음의 찬 기운으로 인해 우유의 온도가 점차 낮아져요. 우유의 온도가 어는점에 다다르면 아이스크림이 되죠. 지퍼 백을 더 오랫동안 뒤적일수록, 아이스크림의 얼음 입자는 작아져서 더 부드러운 아이스크림이 만들어진답니다.

여러 가지 과학 실험 활동

사탕의 비밀

우리가 즐겨 먹는 달콤한 사탕. 사탕은 무엇으로 만들어지는지 궁금하지 않나요? 사탕과 물, 그리고 간단한 도구 몇 가지로 예상하지 못한 사탕의 성분들을 알아내 보세요!

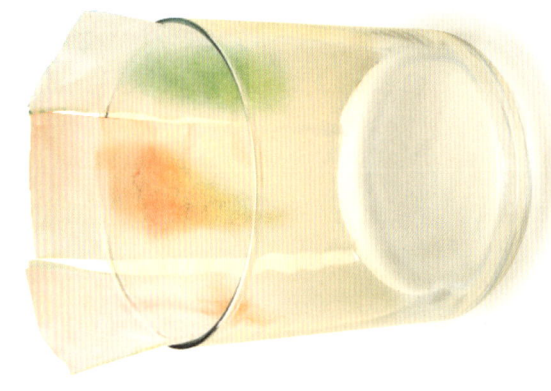

산

새콤한 사탕에는 산이 들어 있어요. 혀에는 신맛을 느끼는 미뢰가 있는데, 이 미뢰가 자극을 받으면 신맛을 느끼게 된답니다. 과일향이 나는 대부분의 사탕에는 구연산이 들어 있어요. 구연산은 레몬에 있는 새콤한 물질이랍니다.

오일

부드럽게 씹어 먹을 수 있는 사탕은 오일로 만들어요. 오일은 사탕을 만들 때 사탕이 기계에 달라붙는 것을 막아 주고 사탕을 부드럽고 씹기 좋게 만들어 주지요.

염료

제과 회사에서는 사탕에 색을 넣기 위해 염료를 섞어요.

산이 들어 있는지 알아볼까요?

물이 반쯤 담긴 컵에 사탕을 넣고 녹여 보세요. 사탕을 녹인 물에 베이킹 소다 1티스푼을 넣어 주세요. 사탕 안에 산이 들어 있다면 거품이 생길 거예요.

왜 그럴까요?

베이킹 소다는 산과 반응하여 이산화탄소를 발생시켜요. 이 이산화탄소가 거품을 일으킨답니다.

오일이 들어 있는지 알아볼까요?

뜨거운 수돗물이 담긴 컵에 사탕을 넣고 녹여 주세요. 사탕에 오일이 들어 있다면, 물 표면에 반짝이는 얇은 기름막이 보일 거예요. 물이 식으면 표면에 하얀 밀랍층이 생기는데, 이것이 바로 오일이에요.

왜 그럴까요?

사탕에 들어가는 오일은 뜨거울 때는 물 표면에 투명하게 떠 있어요. 물이 식으면 오일도 같이 식으며 하얀 밀랍과 같은 고체가 된답니다. 오일은 물보다 가볍기 때문에 물 위에 뜰 수 있지요.

몇 가지 색이 있는지 알아볼까요?

커피 필터를 직사각형으로 잘라요. 색이 있는 사탕을 물에 적셔 주세요. 필터 바닥에서 5cm 위 지점에 젖은 사탕을 차례로 집어 주고, 물이 1.5cm 높이까지 차 있는 컵에 필터 끝이 닿게 하여 컵 안에 붙여 주세요. 물이 필터를 타고 조금씩 올라가는 모습을 볼 수 있을 거예요.

물이 필터 전체를 적시면 필터를 떼어 내어 염료가 어떤 색으로 분리되었는지 살펴보세요. 색을 구분하기 힘들다면 필터를 하얀 접시 위에 올려서 확인해 보세요.

왜 그럴까요?

필터에 물이 스며들면서 염료가 물에 녹고, 물에 녹은 염료가 물과 함께 필터를 따라 올라가요. 물에 먼저 녹은 색소가 더 빠르게 움직이기 때문에 염료 속 색소들이 구분되는 것이랍니다.

용암 램프 만들기

화려한 색깔의 물방울이 폭발하듯 분출하는 광경이 펼쳐집니다. 아마 "우와!"하고 깜짝 놀라게 될 거예요. 2가지의 용암 램프 만드는 방법을 소개합니다.

준비물

- 비닐 테이블보
- 투명한 유리 단지 또는 병(가늘고 긴 형태)
- 베이킹 소다
- 숟가락
- 카놀라유
- 하얀 식초
- 작은 그릇
- 식용 색소
- 손전등 또는 휴대 전화의 플래시
- 지퍼 백(휴대 전화가 들어갈 만한 크기)
- 물
- 소금

베이킹 소다와 식초를 이용한 용암 램프

1. 비닐 테이블보를 바닥에 깔고 베이킹 소다 2~3스푼을 병에 넣어 주세요.

2. 카놀라유를 병의 2/3 높이까지 넣어 주세요. 이때 병을 흔들거나 휘젓지 마세요. 베이킹 소다가 병 바닥에 그대로 있어야 해요.

3. 작은 그릇에 식초를 담고 그 위에 식용 색소 4방울을 떨어뜨려 주세요.

Tip

배수구가 막힐 수 있으므로 액체를 배수구에 함부로 버리지 마세요. 실험하고 난 액체를 버릴 때는 어른의 도움을 받도록 해요.

4. 색을 띤 식초를 숟가락으로 떠서 병에 천천히 넣어 주세요. 색깔 방울이 카놀라유 속 곳곳에서 피어오를 거예요.

5. 휴대 전화의 플래시를 켜서 지퍼 백에 넣고 지퍼를 단단히 닫아 주세요. 손전등을 사용한다면 손전등을 병 아래나 뒤에 둡니다.

6. 불빛을 받은 색색의 방울들이 화려하게 움직이는 방울 쇼를 감상해 보세요. 화학 반응으로 인한 현상이므로 오랫동안 감상하기는 어렵답니다.

왜 그럴까요?

산(식초)이 병 바닥의 베이킹 소다에 닿으면서 화학 반응이 일어나요. 이때 이산화탄소와 물이 생기는데요, 이산화탄소가 액체 속에 있을 때에는 거품이 발생해요. 이때 발생한 이산화탄소 거품에는 식용 색소가 코팅되어 있기 때문에, 색 방울들이 오일 표면으로 올라와 터지는 모습을 볼 수 있답니다.

식초는 왜 가라앉나요?

식초의 밀도가 오일보다 더 높기 때문이에요.

알고 있나요?

용암 램프는 1960년대 말, 미국에서 처음 유행했어요. 초기의 용암 램프는 식용유와 특정한 색의 밀랍으로 채워져 있었답니다. 병 밑바닥에 가라앉은 밀랍이 점차 달궈져 식용유보다 더 가벼워지면, 밀랍이 떠오르게 되는 원리였죠. 반면 밀랍이 식으면 밀도가 높아져 다시 밑바닥으로 가라앉았답니다.

오일과 소금을 이용한 용암 램프

1. 병의 3/4 높이까지 물을 채워 주세요.

2. 물감 4방울을 물에 떨어뜨려요.

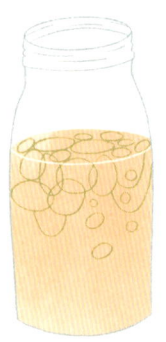

3. 병이 가득 찰 때까지 식용유를 붓고, 오일이 물 표면에 떠 있는지 잘 살펴보세요.

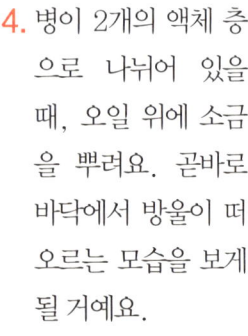

4. 병이 2개의 액체 층으로 나뉘어 있을 때, 오일 위에 소금을 뿌려요. 곧바로 바닥에서 방울이 떠오르는 모습을 보게 될 거예요.

5. 휴대 전화 불빛을 사용한다면, 휴대 전화의 플래시를 켜서 지퍼 백에 넣어 지퍼를 단단히 잠가 주세요. 손전등을 사용한다면 손전등을 병 아래나 뒤에 둡니다.

6. 전등을 끄고 주변을 어둡게 한 뒤 멋진 쇼를 감상해 보세요. 색 방울이 더 이상 나오지 않으면 소금을 조금 더 넣어서 방울을 만들 수 있어요.

왜 그럴까요?

오일은 물보다 밀도가 낮아서 물 위로 뜬답니다. 반면 소금은 물보다 밀도가 높아서 바닥으로 가라앉지요. 소금을 넣으면 오일 방울이 소금 알갱이에 달라붙으며 물이 있는 바닥으로 가라앉게 돼요. 그러나 소금은 차츰 물에 녹게 되고, 소금이 다 녹으면 오일 방울이 다시 위의 오일층으로 올라가게 되죠. 소금을 더 넣어 주면 다시 오일 방울이 움직이기 시작한답니다. 물론 물이 더 이상 소금을 녹일 수 없을 때까지만요.

탄산음료를 마시면 왜 트림을 할까?

탄산음료를 벌컥벌컥 들이마시면,
이내 '꺼억' 하고 시원하게 트림이 나와요.
왜 그럴까요? 실험을 통해서 알아볼까요?

인원 2명

준비물

- 풍선
- 소금 1티스푼
- 작은 페트병에 든 탄산음료

1. 탄산음료의 거품이 튀거나 흘러넘칠 수 있으므로 야외나 주방 싱크대 또는 욕실에서 진행하세요. 젖지 않은 풍선 안에 소금을 넣어요.

2. 탄산음료의 병뚜껑을 따고 '쉬익' 하고 거품 빠지는 소리가 들리는지 꼭 확인하세요. 한 사람이 병을 잡고, 다른 사람은 풍선에 병 주둥이를 끼워 넣어요. 이때 풍선 안의 소금이 탄산음료 병으로 들어가지 않게 주의해요.

3. 풍선이 병에 잘 끼워져 있는지 확인한 뒤, 풍선을 위로 들어 올려서 안에 있는 소금을 병에 넣어요. 거품이 부글부글 솟구치며 풍선이 부풀어 오를 거예요. 거품이 사그라들며 기품이었던 액체가 다시 병으로 들어가면, 가스만 가득 찬 풍선이 남아요.

왜 그럴까요?

탄산음료에 소금을 넣으면 탄산음료 속 이산화탄소가 분리되는 화학 반응이 빠르게 진행돼요. 분리된 이산화탄소가 풍선에 가득 차게 되는 거죠. 탄산음료를 마시면 트림이 나오는 것도 같은 원리예요. 위에서 이산화탄소가 발생하는데, 가스가 너무 많아지면 트림을 하게 되는 것이랍니다.

끊임없는 거품

끊임없이 보글보글 분출하는 거품! 재미있는 실험으로 확인해 보세요!

준비물

- 작은 플라스틱 물병
- 깔때기
- 3% 과산화수소 1/2컵
- 액체 비누 1/4컵
- 물감(선택)
- 따뜻한 물 1/2컵
- 작은 컵
- 건조 이스트
- 종이 포일

1. 빈 병에 깔대기를 끼우고, 과산화수소와 액체 비누를 빈 병에 부어 주세요. 깔대기를 빼낸 후, 물감을 몇 방울 짜 넣고 병을 흔들어 섞어 주세요.

2. 뜨거운 물을 작은 컵에 따르고(어른의 도움을 받아요.) 약 5분간 이스트를 넣고 저어서 이스트를 활성화시켜 주세요.

3. 1번의 병을 종이 포일 한가운데에 놓아요.

4. 병에 깔때기를 끼우고, 이스트 섞은 물을 병에 넣은 뒤 재빠르게 깔때기를 빼 주세요. 한 걸음 뒤로 물러서서 병에서 거품이 흘러넘치는 것을 확인하세요.

왜 그럴까요?

이스트를 과산화수소에 넣으면 과산화수소는 물과 산소로 빠르게 분해돼요. 그 전에 과산화수소에 액체 비누를 섞어 두면, 발생한 산소가 바로 액체 비누과 만나 엄청나게 많은 거품이 발생하게 된답니다.

안전을위한 Tip

반드시 3% 이하의 과산화수소만 사용하세요. 더 높은 농도의 과산화수소는 화재와 화상의 위험이 크기 때문에 사용하지 않도록 합니다.

태양열로 만드는 음식

오븐이나 가스레인지, 전자레인지가 없어도 간단하게 음식을 만들 수 있어요. 태양열만 있다면 얼마든지 요리를 할 수 있답니다.

준비물
- 두꺼운 종이로 된 상자
- 가위
- 마스킹 테이프
- 알루미늄 포일
- 검정 테이프 또는 종이
- 뚜껑 있는 유리 병
- 나초, 치즈, 소시지 등의 식재료

4. 나초나 치즈, 소시지 등 음식을 유리병에 담아서 상자 안에 넣고, 상자를 햇볕이 잘 드는 곳에 옮겨 두어요. 15분마다 확인하면서 음식이 잘 익을 때까지 기다립니다.

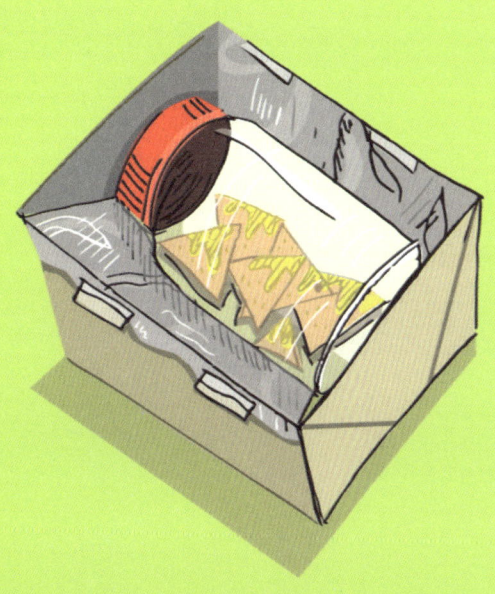

1. 테이프로 상자 안쪽 면을 포일로 감싸요.
2. 포일을 잘라요. 너비는 상자와 같게 자르되 길이는 상자 길이보다 1.5배 정도 더 길게 잘라 주세요.

검정 테이프

왜 그럴까요?
검은색은 빛을 흡수하고, 포일이 태양광선을 유리병으로 모아준답니다. 유리병에 모인 빛이 열에너지로 바뀌어, 유리병 안의 열기가 음식을 데워 줍니다.

3. 그림과 같이 검정 테이프를 포일 한가운데에 붙여 주세요. 포일을 상자 양쪽 벽 위에 테이프로 고정해서 상자 안에 포일이 느슨한 U자 모양으로 걸려 있게 해요.

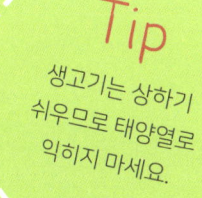

Tip
생고기는 상하기 쉬우므로 태양열로 익히지 마세요.

여러 가지 과학 실험 활동

레몬 배터리 만들기

배터리는 화학 에너지를 전기 에너지로 바꿔 줘요. 레몬도 약간의 장치만 있으면 훌륭한 배터리가 될 수 있답니다.

준비물

- 레몬 5개
- 작은 칼
- 아연 도금된 못, 나사받이, 집에서 쓰는 금속 물건
- 10원짜리 동전 5개 또는 구리선
- 악어 입 클립이 달린 짧은 전깃줄 6가닥
- 3~5mm 길이의 LED 다이오드

1. 레몬을 테이블 위에 놓고 손바닥으로 누르면서 이리저리 굴려 주세요. 이렇게 하면 레몬 안에 즙이 고이게 됩니다.

2. 레몬 표면 2cm 이상 간격을 두고 칼집을 내 주세요. 날카로운 도구를 사용할 때는 어른의 도움을 받도록 해요.

3. 칼집 하나에 못이나 나사받이를 끼우고, 다른 칼집에는 10원짜리 동전이나 구리선을 꽂아 주세요. 되도록 깊게 꽂아야 하지만, 레몬에 꽂은 두 물체가 서로 닿아서는 안 돼요.

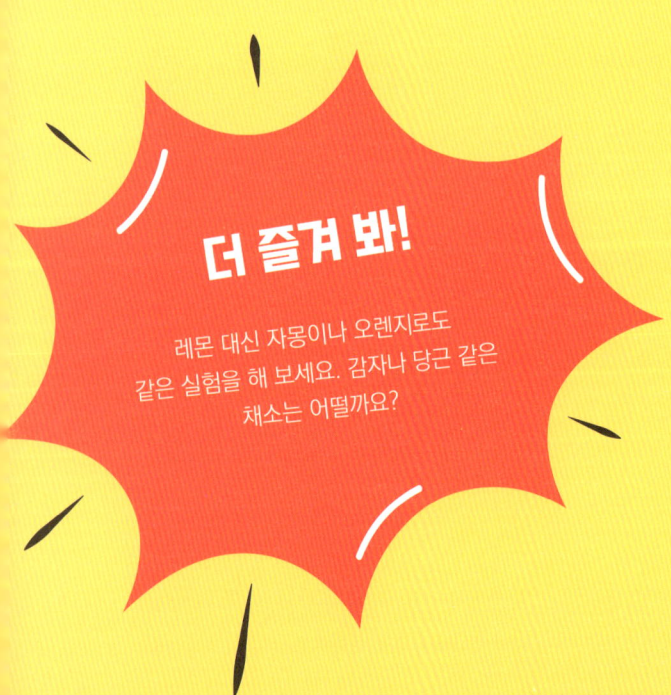

더 즐겨 봐!

레몬 대신 자몽이나 오렌지로도 같은 실험을 해 보세요. 감자나 당근 같은 채소는 어떨까요?

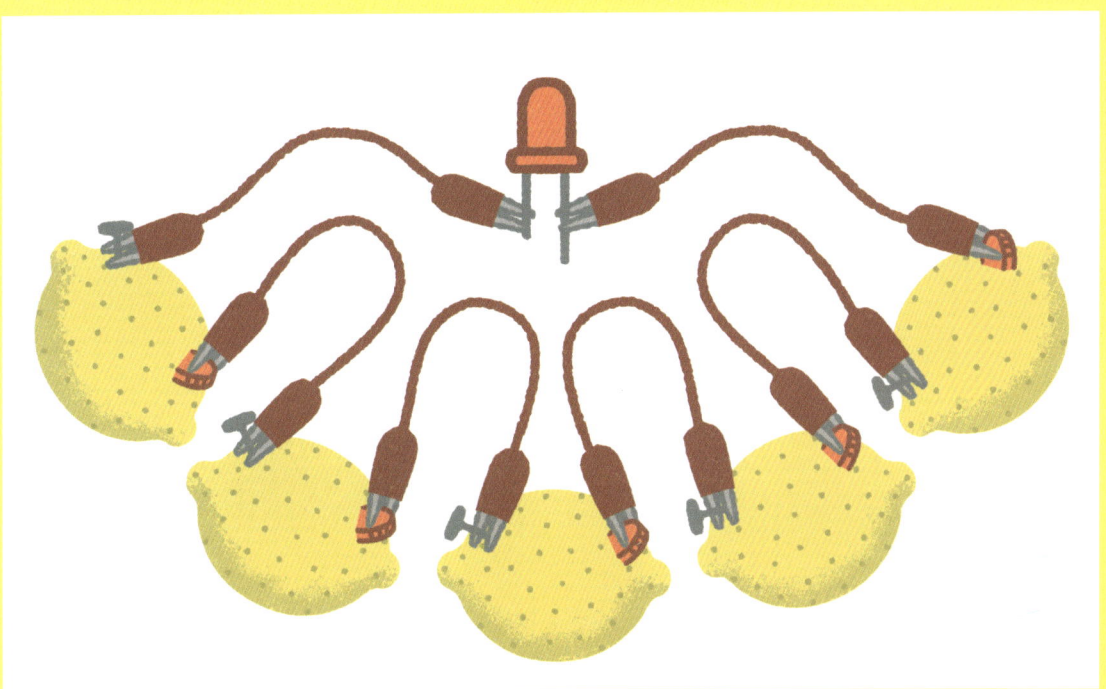

4. 나머지 레몬 4개도 2~3번 과정을 진행해 주세요.

5. 10원짜리 동전은 오른쪽에, 못은 왼쪽에 위치하게 하여 레몬을 일렬로 놓아 주세요.

6. 전깃줄 하나로, 맨 오른쪽 레몬의 못과 두 번째 오른쪽 레몬의 동전을 연결해 줍니다. 반복해서 두 번째 오른쪽 레몬과 왼쪽 옆 레몬을 연결해요. 4개의 전깃줄을 모두 같은 방식으로 위 그림과 같이 연결합니다.

7. 맨 오른쪽 레몬의 동전에 전깃줄 한쪽을 연결한 뒤, 다른 쪽을 LED 다이오드의 긴 다리에 연결해요. 맨 왼쪽 레몬의 못과 LED 다이오드의 짧은 다리도 전깃줄 하나로 연결해 주세요.

8. LED 다이오드에 불이 켜지는지 확인해 보세요. 만약 불이 켜지지 않았다면 동전과 못을 더 깊게 박아서 불이 켜지는지 확인해 보세요.

왜 그럴까요?

이 실험에서 못은 배터리의 음극 단자 역할을 해요. 음극에서는 전자를 내보내지요. 동전이나 구리선은 양극 단자 역할을 하고 전자를 받아들여요. 전자가 레몬의 산을 통해서 음극에서 양극으로 흐르면, 화학 에너지가 전기 에너지로 바뀌게 돼요. 배터리에서 전기가 흐를 때, 배터리 단자를 LED 다이오드의 반대 단자와 연결하면 불이 켜진답니다.

여러 가지 과학 실험 활동

전기 회로 구성하기

불이 켜지는 미니 텐트나 코가 빛나는 얼굴 인형을 만들어 보면서, 전기 회로를 구성하는 방법을 배워 보아요.

준비물
- 두꺼운 종이
- 가위
- 3~5mm의 LED 다이오드
- 마스킹 테이프
- 알루미늄 포일
- 투명 테이프
- AA 건전지 2개
- 고무 밴드
- 매직

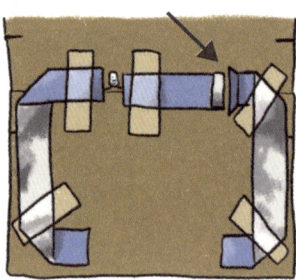
스위치

4. 그림과 같이 포일을 붙인 띠를 접거나 잘라서 다이오드와 함께 정렬한 뒤, 테이프로 종이에 붙여 주세요. 포일 하나의 끝부분을 접어 세워 스위치를 만들어요.

5. 건전지의 양극과 음극이 서로 접촉하도록 테이프로 붙여 주세요.

불이 켜지는 텐트

1. 두꺼운 종이를 반으로 접고, 그림과 같이 접힌 부분의 양옆을 가위로 조금씩 잘라 4개의 홈을 내 주세요.

2. 다이오드 다리를 양쪽으로 구부려 벌려서 두꺼운 종이 가운데에 놓아요.

3. 마스킹 테이프 3줄을 알루미늄 포일에 붙이고 오려 주세요.

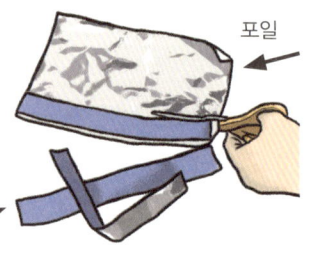
마스킹 테이프
포일

6. 건전지 양쪽 끝이 포일과 접촉하도록 테이프로 붙여 주세요. 고무 밴드를 이용해 건전지를 종이에 잘 고정시켜 주세요.

7. 두꺼운 종이를 반으로 접어 그림과 같이 세우고, 홈에 고무 밴드를 걸어 주세요.

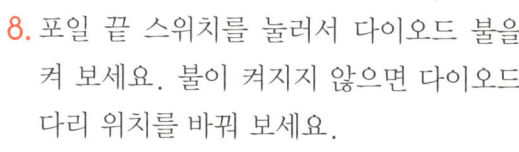

8. 포일 끝 스위치를 눌러서 다이오드 불을 켜 보세요. 불이 켜지지 않으면 다이오드 다리 위치를 바꿔 보세요.

불이 켜지는 얼굴

1. 두꺼운 종이를 관처럼 둥글게 말아 반으로 잘라 주세요. 종이 한 장의 가운데에 구멍을 뚫어요. 구멍을 뚫을 때는 어른의 도움을 받도록 해요.

2. LED 다이오드 다리를 양쪽으로 벌려서 구멍을 뚫지 않은 종이 위에 올려 주세요.

3. 마스킹 테이프 3줄을 포일에 붙인 뒤 오려 주세요.

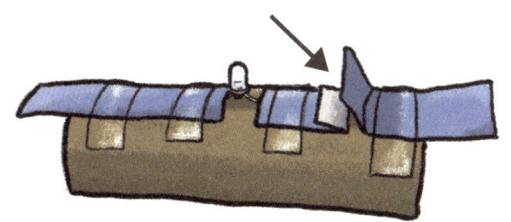

4. 오려낸 조각을 접거나 잘라서 다이오드와 함께 투명 테이프로 두꺼운 종이에 붙여 주세요. 조각 하나의 끝 부분을 접어 세워서 스위치를 만들어 주세요.

5. 건전지의 양극과 음극이 서로 만나도록 테이프로 연결해 주세요.

6. 건전지 양쪽 끝이 포일 조각과 연결되도록 테이프로 붙인 뒤 고무 밴드로 잘 묶어서 고정해 주세요.

7. 스위치를 눌러서 다이오드에 불을 켜 보세요. 불이 켜지지 않으면 다이오드의 다리 위치를 바꾸어 보세요.

8. 불 켜진 다이오드가 구멍으로 빠져나오게 구멍 낸 종이를 다이오드가 붙은 종이 위에 올려요. 다이오드가 코가 되도록 얼굴을 그려 주세요.

왜 그럴까요?

전류가 다이오드를 지날 때 LED 다이오드에 불이 켜져요. 전기는 건전지에서 다이오드로, 다시 다이오드에서 건전지로 원을 그리며 움직여요. 이때 전도체라고 부르는 금속 연결체를 통해 흐른답니다. 이렇게 전기가 흐르는 원을 '회로'라고 불러요.

보글보글 거품 슬라임

거품이 흘러넘치는 슬라임을 만들어 보세요!
눈으로만 보세요. 절대로 먹어서는 안 돼요!

준비물

- 큰 용기, 작은 용기 각 1개
- 접착제 1/2컵
- 베이킹 소다 2스푼
- 녹색 식용 색소
- 식초 1/4컵
- 콘택트렌즈 보존액 2티스푼
- 빵 굽는 팬

1. 접착제와 베이킹 소다, 녹색 식용 색소를 커다란 용기에 넣고 섞어 주세요.

2. 식초와 콘택트렌즈 보존액을 작은 용기에 넣고 섞어 주세요.

3. 용기 2개를 팬에 올려요. 작은 용기의 액체를 커다란 용기에 넣고 몇 번 저어 주세요. 혼합물이 점차 거품을 내기 시작할 거예요.

4. 슬라임 놀이를 하고 싶다면 거품이 더 이상 흘러내리지 않을 때까지 기다려 주세요. 거품이 흘러내리지 않으면, 베이킹 소다 3스푼을 넣고 섞어 주세요. 그리고 슬라임 놀이를 즐겨 보세요.

왜 그럴까요?

식초가 베이킹 소다와 반응하면 이산화탄소가 발생하면서 거품을 일으키게 되죠. 한편 콘택트렌즈 보존액이 베이킹 소다와 섞이면 붕산 이온이 발생해요. 이 붕산 이온이 접착제 분자를 서로 연결시켜서 끈적끈적한 슬라임이 만들어진답니다.

자석과 실을 사용해서 클립을 공중에 매달 수 있는 방법을 생각해 보세요.
방법은 아래에 소개되어 있어요.

해설

280쪽
빨대
손가락으로 빨대 위를 막고 있을 때, 기압은 중력이 물을 아래로 끌어내리는 것보다 아래에서 물을 더 강하게 밀어 올려요. 빨대에서 손가락을 떼면 기압은 물 위와 아래에서 동일하게 작용하죠. 이 때문에 상대적으로 중력이 더 커져서 물을 아래로 끌어당기게 돼요.

균형점
모든 물체는 균형점(무게 중심)이 있지만 그 위치가 항상 물체의 가운데에 있는 것은 아니에요. 길고 곧은 막대는 무게 중심이 가운데에 있지만, 숟가락처럼 모양이나 굵기가 고르지 않은 물체의 무게 중심은 가운데와 더 무거운 부분 사이의 어딘가에 있답니다.

손가락 튕기는 소리
친구들이 눈을 감고 있어도 '시차'라는 현상 때문에 내가 있는 위치를 가리킬 수 있어요. 손가락을 튕기는 소리가 친구의 오른쪽에서 난다면, 왼쪽 귀에 소리가 도달하기 전에, 오른쪽 귀에 먼저 소리가 들어갈 거예요. 그러면 뇌는 시차를 느끼고 왼쪽 귀에 소리가 들리기까지 시간이 얼마나 지났는지를 계산하게 돼요. 그렇게 계산한 결과로 오른쪽에서 딱 소리가 난 것이라고 뇌가 인식하게 되는 것이죠.

신기한 김 서림
뜨거운 물이 담긴 유리잔 속 수증기가 위로 올라가다가 윗부분의 차가운 유리에 닿으면 응축되어 작은 물방울이 맺혀요. 그러므로 유리컵 안쪽 윗부분에 김이 서리게 되죠. 차가운 물이 담긴 유리잔에서는 공기 중의 따뜻한 수증기가 차가운 물이 담긴 유리컵 아래에 닿았을 때 응축되어 물방울이 돼요. 그래서 유리컵 바깥 아랫부분에 김이 서리게 된답니다.

정육면체 얼음 조각 붙이기
얼음 조각 2개를 붙이고 눌러주면, 두 얼음 조각 사이에 압력이 생겨요. 압력은 얼음을 녹여서 그 사이에는 물로 된 얇은 막이 생기죠. 압력이 사라져도 이 물로 된 막이 다시 얼면서 두 얼음을 달라붙게 한답니다.

녹고 있는 얼음 조각
주변의 따뜻한 미립자가 얼음을 감쌀 때, 얼음이 서서히 녹아요. 물이 공기보다 더 많은 미립자로 얼음 조각을 감싼답니다. 따라서 물을 통해서 더 많은 열에너지가 얼음으로 전달되기 때문에 물속에 있는 얼음이 더 빨리 녹아요.

303쪽
마지막 도전!
공중에 클립을 매달아 볼까요? 먼저 실 한쪽을 클립에 묶고, 다른 한쪽은 의자 등받이에 묶어 주세요. 자석으로 클립을 붙여서 실이 팽팽해질 때까지 들어 올려요. 클립이 자석과 막 떨어지려는 지점까지 자석을 들어 올려 보세요. 클립이 자석과 조금 떨어져 있어도, 자석의 끌어당기는 힘 때문에 클립은 여전히 공중에 정지 상태로 매달려 있게 돼요.

여러 가지 과학 실험 활동

재활용품으로 즐기는 활동

RECYCLED MATERIALS

한번 해 보세요!

달걀판을 예쁘게 꾸며서 수집품이나 액세서리, 작은 소품 등을 정리하는 보관함으로 사용해 보세요.

볼링 레인을 만들고, 플라스틱 병이나 신발 상자 등을 모아 볼링 핀처럼 세워서 볼링 게임을 즐겨 보세요.

재활용품으로 모자나 가방 등의 액세서리를 만들어 보세요.

병이나 용기, 상자 등 재활용품으로 멋진 물건을 만들어 보세요.

요구르트나 요거트 병을 깨끗이 씻어서 안에 흙을 넣고, 작은 꽃이나 허브 씨앗을 심어 보세요. 화분에 물을 주고 햇볕을 쬐게 해요.

박스와 가위, 테이프를 이용해 동물의 은신처를 만들어 주세요. 동물들이 스스로 은신처에 적응하는 모습을 지켜봐 주세요.

플라스틱 병의 재탄생

빈 플라스틱 병을 버리지 말고, 다른 용도로 활용해 보세요. 어떻게 사용할 수 있을까요?

물뿌리개

준비물
- 빈 세제통과 뚜껑
- 유성 매직
- 전기 드릴

1. 세제통과 뚜껑을 깨끗이 씻어서 비눗기를 완전히 없애요.

2. 뚜껑에 매직으로 점을 10여 개 찍어 주세요. 점은 약 1cm씩 간격을 두고 찍어요.

3. 뚜껑을 병에 끼운 뒤, 어른의 도움을 받아 드릴로 점을 찍은 곳에 구멍을 뚫어 주세요.

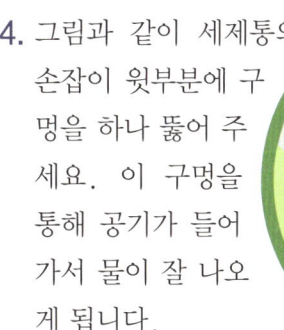

4. 그림과 같이 세제통의 손잡이 윗부분에 구멍을 하나 뚫어 주세요. 이 구멍을 통해 공기가 들어가서 물이 잘 나오게 됩니다.

5. 세제통에 물을 가득 채우고 뚜껑을 닫아요. 나무나 꽃에 물을 주는 물뿌리개로 사용해 보세요.

소품 정리함

준비물
- 신문지나 오염 방지용 시트
- 유성 매직
- 500ml 플라스틱 병 2개
- 가위
- 마스킹 테이프
- 약 20cm 길이 지퍼
- 글루건

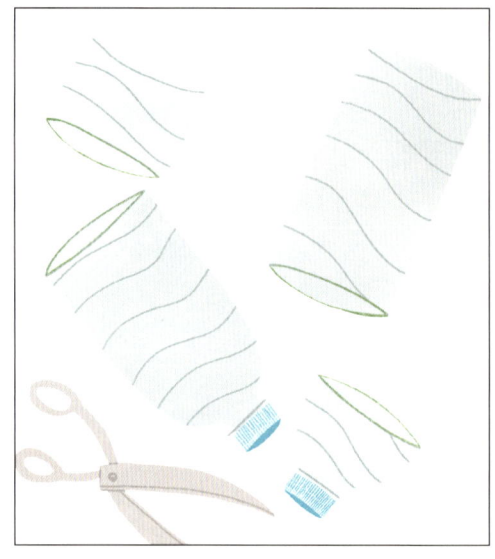

2. 선을 따라서 병을 잘라 주세요.

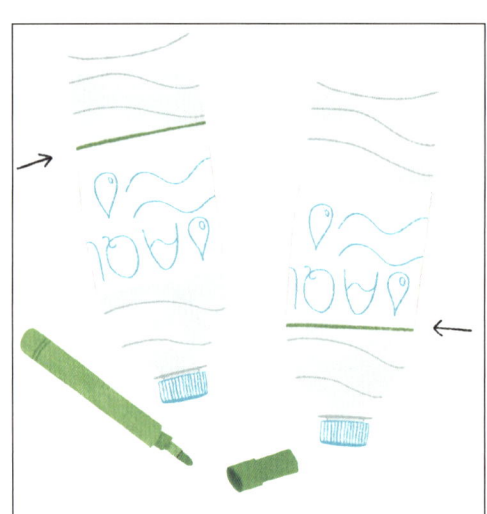

1. 작업할 공간에 신문지나 오염 방지용 시트를 깔아요. 플라스틱 병 하나에는 라벨 위에 선을 그어 주고, 다른 병에는 라벨 아래에 선을 그어준 뒤 모두 라벨을 벗겨 주세요.

3. 잘라낸 병의 아랫부분 2개를 연결합니다. 그림과 같이 약 1.5cm 정도 간격을 띄우고 테이프를 붙여 연결해 주세요.

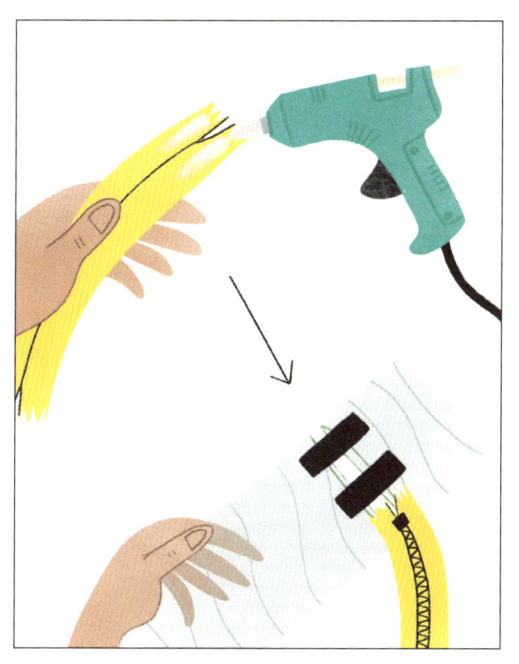

4. 글루건으로 지퍼 꼬리 뒷부분을 그림과 같이 병에 붙여 주세요. 글루건은 뜨거워서 화상의 위험이 있으므로 반드시 어른의 도움을 받도록 해요.

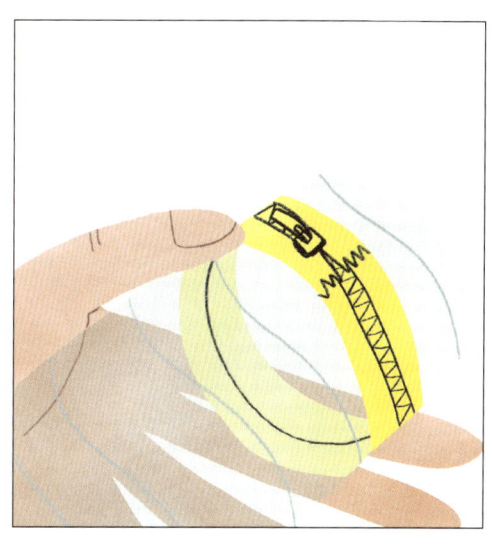

6. 지퍼의 맨 위 꼬리 부분까지 접착제로 모두 붙인 뒤, 지퍼가 잘 잠기고 열리는지 확인하세요. 그리고 필요한 물건을 보관하는 정리함으로 사용해 보세요.

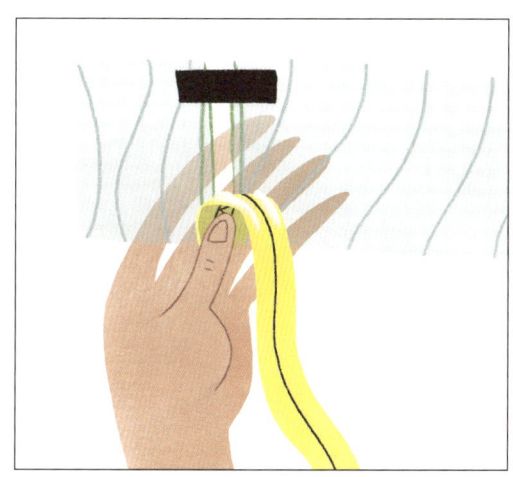

5. 지퍼를 병에 붙여 주세요. 병과 연결된 지퍼의 꼬리 부분부터 약 2~3cm씩 글루건으로 접착제를 발라가며 병과 붙여 줍니다. 물병에 붙여둔 테이프를 하나씩 떼어가며 차례로 붙여 주세요.

모래 삽

준비물
- 빈 세제통과 뚜껑
- 고무 밴드
- 유성 매직
- 전기 드릴
- 큰 가위

1. 병과 뚜껑을 깨끗이 씻어서 뚜껑을 잠그고, 고무 밴드로 병을 감아요. 그림과 같이 손잡이 아래에서 반대편 바닥 근처까지 비스듬히 감아 줍니다.

2. 고무 밴드를 따라서 매직으로 병에 선을 긋고, 고무 밴드를 빼 주세요.

3. 어른의 도움을 받아 매직으로 그은 선 바로 아래에 드릴로 구멍을 뚫어 주세요.

4. 구멍에 가위를 집어넣고, 선을 따라 잘라 주세요. 단단한 플라스틱은 자르기 어려울 수 있으므로 어른의 도움을 받도록 합니다. 잘린 부분을 다듬어서 매끄럽게 만들어 주세요.

5. 완성된 모래 삽으로 깊은 구덩이를 파거나 모래성을 쌓아 보세요.

테이블 테더볼

테더볼(Tetherball)은 기둥에 매단 공을 라켓으로 치고 받는 게임을 말해요.
테이블 위에서 가볍게 즐길 수 있는 테더볼을 만들어 보아요.

인원 2명

준비물

- 골판지
- 가위
- 대형 빨대
- 털실
- 셔닐 스틱
- 접착제
- 테이프
- 솜뭉치 또는 탁구공
- 포장지

1. 골판지에 지름 10~12cm의 원을 2개 그리고 오려 주세요. 원 하나에 포장지를 붙이고, 중앙에 구멍을 뚫어요.

2. 커다란 빨대 한쪽 끝에 2개의 가느다란 홈을 내 주세요. 털실은 빨대 길이 2배로 자르고, 셔닐 스틱은 빨대보다 조금 더 길게 자른 뒤, 털실과 셔닐 스틱을 빨대 안으로 집어넣어 주세요.

3. 원 중심의 구멍에 접착제를 바르고, 갈라진 빨대 끝을 구멍에 넣고 눌러 주세요. 원 뒷면에 테이프를 붙여 구멍을 뚫고 나온 빨대 끝과 셔닐 스틱, 그리고 털실을 고정시켜 주세요. 남은 골판지 원을 첫 번째 골판지 원 뒷면에 대고, 접착제로 붙여 주세요.

4. 원에 수직으로 세운 빨대의 윗부분을 잘라서 홈을 만들고, 털실을 홈 사이로 잡아당겨요. 접착제로 탁구공이나 솜뭉치를 털실과 연결해 주세요.

5. 완성된 테더볼로 게임을 즐겨 보세요. 엄지와 검지 또는 엄지와 중지로 볼을 튕겨서 털실이 빨대에 한 바퀴 감기게 해요. 이때 공이나 솜뭉치가 막대에 닿으면 1점을 얻어요. 먼저 5점을 얻는 사람이 이겨요.

재활용품으로 즐기는 활동

한 손으로 즐기는 게임

손 안에 쏙 들어오는 앙증맞은 놀잇감으로 재미있는 게임을 즐겨 보세요.

준비물

- 지름 7cm 이상, 두께 0.3cm 이상의 커다란 병뚜껑
- 얇은 골판지
- A4지
- 메모지
- 샤프 펜슬 또는 펜
- 가위
- 접착제
- 매직
- 작은 구슬
- 랩 또는 투명한 플라스틱 용기
- 고무 밴드

1. 병뚜껑을 골판지에 대고 원을 2개 그려 주세요. 그 다음 A4지에 원을 1개 그려 주세요. 원 3개를 오린 뒤 병뚜껑 안에 끼워 넣을 수 있을 정도로 크기를 다듬어 주세요.

2. 종이 원을 접착제로 뚜껑 안에 붙여 주세요.

3. 골판지로 만든 원 2개를 접착제로 붙이고, 접착제가 마르면 골판지 한쪽 면에 그림을 그려요. 그림에는 반드시 작은 원 여러 개가 있어야 해요. 예를 들어 동그란 스프링클이 뿌려진 아이스크림 콘이나 동그란 사과가 달린 사과나무, 공으로 저글링을 하는 사람 등을 그릴 수 있겠죠.

4. 펜이나 연필 끝으로 그림 속의 작은 원에 구멍을 뚫어 주세요.

5. 골판지에 그린 그림이 보이게 뚜껑 안에 붙여 주세요.

6. 작은 구슬을 하나씩 그림의 구멍 위에 올려요.

7. 그림 위에 플라스틱 덮개를 씌워서 구슬이 뚜껑 밖으로 튀어나가지 않게 해요. 덮개를 만드는 방법은 2가지가 있어요. 첫 번째는 뚜껑 위에 랩을 씌우고 뚜껑 주위를 고무 밴드로 감아서 랩을 고정시키는 방법이에요. 또 다른 방법은 투명한 플라스틱 용기에 뚜껑을 올리고 테두리를 따라 원을 그린 뒤 잘라내고, 뚜껑 테두리를 접착제로 붙여 주는 거예요.

8. 뚜껑을 이리저리 움직이며 모든 구슬이 구멍 안에 들어가게 해 보세요.

호루라기

테이프와 병뚜껑으로 호루라기를 만들어 보세요.

준비물
- A4지
- 자
- 연필
- 가위
- 테이프
- 글루건
- 병뚜껑 2개
- 팔찌 구슬
- 털실

Tip
- 호루라기를 잡고 오랫동안 불어 보세요.
- 호루라기를 위아래로 움직여서 가장 소리가 잘 나는 각도를 찾아보세요.

1. A4지를 가로 2.5cm × 세로 20cm 길이로 길게 오려 주세요.

2. 종이 양면에 테이프를 붙이고 한쪽 끝을 그림과 같이 U자로 오려 주세요.

3. 테이프나 접착제로 병뚜껑을 종이 띠 끝 가장자리 양쪽에 붙여 주세요.

4. 종이 띠 위로 병뚜껑을 굴리면서 접착제로 붙여 주세요. 그림과 같이 마지막 0.5cm 정도는 틈을 남겨 주세요.

5. 0.5cm 정도 남은 지점에서 종이 띠를 그림과 같이 반대로 접어 주세요.

6. 종이 띠를 다시 앞으로 접어서 U자 모양이 0.5cm 틈 위로 오게 해요. 그 다음 종이 끝을 접었다 펴서 주름을 만들어 주세요.

7. 접힌 종이 띠를 테이프로 붙이고, 접힌 끝 부분을 잘라 주세요.

8. 팔찌 구슬 하나를 접착제로 호루라기 위에 붙여 주세요. 접착제가 마르면 구슬에 털실을 꿰어서 목걸이로 만들어요.

지렁이에 대한 자세한 설명은 87쪽에 나와 있어요.

지렁이 관찰

지렁이를 관찰할 수 있는 도구를 만들어 보아요. 지렁이를 볼 수 있는 가장 좋은 때는 비 온 뒤랍니다. 비가 오면 지렁이는 땅속에서 지표면으로 나와야 살 수 있기 때문이에요.

준비물
- 유리 단지
- 흙
- 지렁이
- 물
- 검정색 종이 또는 신문지
- 테이프
- 상추, 빵, 시리얼
- 밝은 색의 그물망
- 고무 밴드
- 모래

2. 약 1L 들이의 단지라면 지렁이 3마리, 3L 이상의 단지에는 지렁이 10마리 정도를 넣어 주세요.

3. 지렁이를 모래 위에 올려 주세요. 지렁이들은 햇빛을 피해 재빨리 굴을 파서 흙속으로 숨을 거예요.

4. 검은색 종이나 신문지로 유리 단지를 감싸서 테이프로 붙여 주세요. 단지 안을 어둡게 하는 것이 지렁이에게 좋기 때문이에요.

1. 유리 단지에 흙을 3/4 가량 채우고 나머지는 모래로 채웁니다. 물을 뿌려서 흙과 모래를 적셔 주세요.

5. 작은 상추 조각이나 빵, 시리얼을 단지 속에 넣어 주세요. 단지 주둥이에는 그물망을 씌우고, 고무 밴드를 감아 고정시켜 주세요.

6. 1~2일이 지나면 지렁이들은 굴을 파서 흙 속을 이리저리 다닐 거예요. 종이 일부를 잘라 내고 지렁이가 만든 흙 속 터널들을 관찰해 보세요.

7. 지렁이 관찰이 끝나면 화단이나 밭에 지렁이를 풀어 주세요. 지렁이는 흙을 파헤치고 뒤집어서 땅을 건강하게 만들어 줄 거예요.

인쇄용 판

콜라그래프

콜라그래프는 사물의 독특한 질감을 표현할 수 있는 인쇄 방법을 말해요.

준비물

- 두꺼운 종이
- 연필
- 스펀지, 골판지, 셔널 스틱 같은 특별한 질감이 있는 소재들
- 접착제
- 템페라 물감
- 스펀지
- 검은색 종이

1. 두꺼운 종이에 원하는 그림을 그려 주세요.

2. 그림 각 부분마다 각기 다른 질감을 가진 소재들을 접착제로 붙여 주세요. 예를 들면, 구름은 솜뭉치로, 물은 스펀지 조각으로 붙여 주는 거예요. 붙인 재료들을 말리면 인쇄용 판이 완성됩니다.

3. 스펀지로 템페라 물감을 묻혀서 인쇄용 판에 발라 주세요.

4. 인쇄용 판 위에 종이를 올려서 부드럽게 눌러 준 뒤, 떼어내 말려 주세요.

5. 3~4번 과정을 반복해서 그림을 여러 장 찍어 보세요.

재활용품으로 즐기는 활동

퀼 장식 만들기

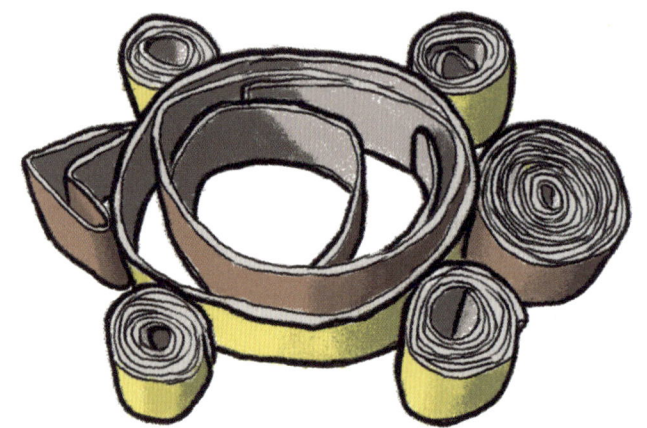

휴지심이나 두꺼운 종이를 말거나 누르고, 모양을 내어 멋진 장식을 만들 수 있어요. 이러한 종이 공작을 '퀼링'이라고 해요.

준비물

- 신문지 또는 오염 방지용 시트
- 휴지심, 두꺼운 종이
- 아크릴 물감 또는 템페라 물감
- 그림 붓
- 연필
- 자
- 가위
- 접착제
- 종이 클립
- 밴드

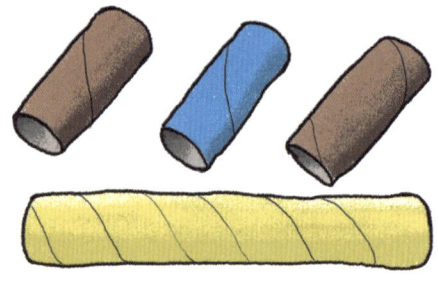

1. 작업 공간에 신문지를 깔고 휴지심이나 동그랗게 말아 붙인 종이를 물감으로 색칠한 뒤 완전히 말려 주세요.

2. 동그랗게 말린 종이를 납작하게 누르고, 1cm 간격으로 선을 그은 뒤, 선을 따라 잘라 주세요.

3. 종이 띠를 꼬집듯이 누르거나 동그랗게 말고, 작은 띠를 큰 띠 안에 집어넣는 등 여러 가지 방법으로 원하는 모양을 만들어 보세요. 옆에서 소개하는 '여러 가지 모양 만들기'를 참고해 주세요.

4. 원하는 모양을 만들어 접착제로 고정시켜 주세요. 접착제가 완전히 마를 때까지 손가락으로 모양을 잡아 주거나, 클립이나 고무 밴드로 고정시켜 주세요.

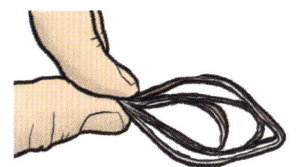

5. 여러 가지 모양을 서로 연결해서 새로운 장식이나 모형을 만들어 보세요.

여러 가지 모양 만들기

동그랗게 말기

두꺼운 종이를 말아 보세요. 단단하게 말면 크기가 작아지고, 느슨하게 말면 커져요. 말아 놓은 종이는 달팽이 집처럼 보인답니다.

종이 띠 끝에 접착제를 조금 발라서 붙여 주세요. 접착제가 마를 때까지 고무 밴드로 감아 고정시켜 주세요. 말린 종이를 4곳에서 동시에 누르고 모서리를 꼬집듯이 세게 누르면 네모 모양이 만들어져요.

꼬집듯이 눌러주기

휴지심이나 둥글게 말린 종이의 한쪽 끝을 꼬집듯이 눌러서 물방울 모양을 만들어 보세요. 양쪽 끝을 누르면 꽃잎 모양이 되고, 가운데를 누르면 리본 모양이 돼요.

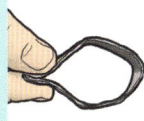 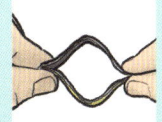 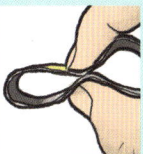

물방울 모양   꽃잎 모양   리본 모양

테두리 안 채우기

종이 띠로 커다란 테두리를 만들고, 그 안에 종이를 만 것이나 물방울 모양, 사각형 모양 등으로 채워 주세요.

겹겹이 쌓인 모양 만들기

종이 띠를 구부려서 작은 모양을 만들고, 조금씩 크기를 키워서 작은 모양을 감으며 붙여 주세요.

늘어나는 집게 만들기

원하는 곳까지 길게 뻗을 수 있는 집게나 길이를 조절할 수 있는 집게가 있다면 얼마나 편리할까요? 편리한 도구를 만들어 물건을 집어 보세요.

준비물
- 얇은 골판지 3장
- 접착제
- 매직
- 가위
- 펀치
- 금속 파스너

1. 골판지 3장을 포개어 접착제로 붙여 주세요. 접착제가 완전히 마르면, 골판지 위에 그림과 같은 모양과 점을 그리고 오려 주세요.

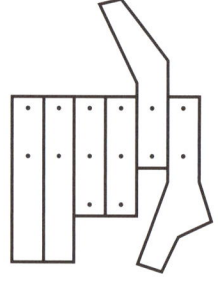

2. 점을 찍은 곳에는 구멍을 뚫어 주세요.

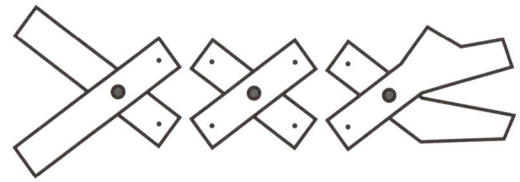

3. 골판지를 잘라 그림과 같이 집게 각 부분을 만들고, 구멍끼리 잘 맞춰 금속 파스너로 고정해 주세요.

4. 집게로 작고 가벼운 물건을 집어 보세요.

립밤 만들기

입술을 촉촉하고 윤기 있게 해 주는 립밤을 만들어 보세요. 간단한 재료로 금방 만들 수 있어요. 정성스럽게 만든 립밤을 주위 사람들에게 선물해 보세요.

준비물
- 플라스틱 병 2개
- 가위
- 접착제
- 라벨지
- 코코넛 오일
- 지퍼 백
- 페퍼민트 추출액 약간
- 식용 색소

용기 만들기

1. 빈 병의 주둥이를 그림과 같이 잘라 주세요. 어른의 도움을 받도록 해요.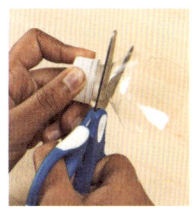

2. 다른 병뚜껑을 잘라낸 물 병 주둥이 밑에 접착제로 붙여 주세요. 원래 있던 뚜껑은 분리해 두세요.

3. 병뚜껑 2개에 종이를 붙이고 말려 주세요.

립밤 만들기

1. 지퍼 백에 코코넛 오일을 넣어요.

2. 페퍼민트 추출액과 식용 색소를 약간 넣고 지퍼 백을 닫아요.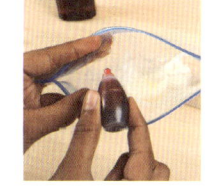

3. 지퍼 백을 주물러서 내용물을 잘 섞어 주세요.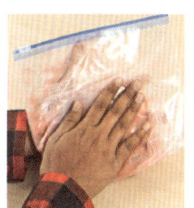

4. 지퍼 백 아래 모서리를 조금 잘라서 내용물을 용기에 짜 넣어요. 뚜껑을 닫고, 라벨지를 붙여 만든 날짜와 제품명을 적어 주세요.

독특한 가면 만들기

재활용품을 사용하여 개성 넘치는 가면을 만들어 보세요.

준비물

- 신문지 또는 오염 방지용 시트
- 두꺼운 종이, 시리얼 상자, 달걀 판, 휴지심 등의 재활용품
- 가위
- 매직
- 노끈 또는 신발끈
- 스테이플러
- 마스킹 테이프
- 글루건
- 템페라 물감 또는 아크릴 물감
- 그림 붓

1. 어떤 종류의 가면을 만들지 생각해 보세요. 좋아하는 동물이나 식물, 또는 캐릭터를 떠올리고 그 특징이 무엇인지를 생각해 보고, 적당한 재활용품을 찾아보세요.

2. 321쪽을 참조하여 어떤 스타일의 가면을 만들지 스케치 해 보세요.

3. 눈, 코, 귀, 입을 비롯해 뿔이나 날개 등을 더할 수 있어요. 322쪽을 참조하여 다양한 재료들로 원하는 가면을 만들어 보세요. 스테이플러를 사용한 곳에는 뒷면에 테이프를 붙여서 스테이플러 끝에 얼굴을 찔리지 않게 해요. 글루건이나 스테이플러 등을 사용할 때는 어른의 도움을 받도록 해요.

4. 작업 공간에 신문지나 시트를 깔고 가면에 물감을 칠해 주세요.

*색을 칠하거나 섞을 때는 185쪽을 참조해 주세요.

가면 만드는 방법

1 자신이 생각한 가면의 이미지를 떠올리며 알맞게 오린 골판지를 얼굴에 대고 양쪽 귀 부분을 표시해 주세요. 표시한 곳에 구멍을 뚫고, 끝에 매듭이 있는 노끈을 양쪽 구멍에 각각 끼운 뒤 서로 묶어 주세요. 가면을 머리에 씌우고, 다른 사람에게 부탁해서 눈 위치를 가면 위에 표시합니다. 가면을 벗고 눈 부분에 구멍을 뚫어 주세요.

 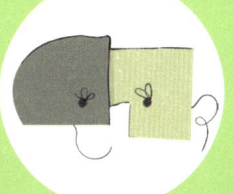  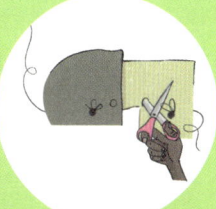

2 두꺼운 종이를 5cm 너비로 여러 줄 잘라 주세요. 머리 둘레 길이만큼 종이를 연결해 주세요. 얼굴 크기에 맞게 종이를 잘라 얼굴에 댄 뒤, 다른 사람에게 부탁해 눈과 코 위치를 표시합니다. 가면을 벗고 눈과 코 부분을 오려내 주세요. 머리띠와 가면 부분은 스테이플러로 연결해 주세요.

  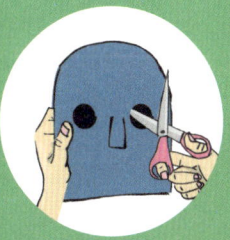 

다양한 재료로 가면 꾸미기

연결하기

붙일 조각 끝부분을 여러 번 잘라 바깥으로 접고, 접힌 부분에 테이프를 붙여 가면과 연결해요.

곡선 만들기

종이에 좁고 긴 홈을 내서 그림과 같이 가장자리를 겹치면 곡선이 나와요. 스테이플러나 테이프로 고정해요.

세밀하게 표현하기

머리카락 또는 털 종이띠의 가장자리를 잘라서 만들요.

구레나룻 빨대나 종이띠를 비틀어서 표현해요.

코 병뚜껑이나 플라스틱 병으로 표현해 보세요.

질감 마스킹 테이프를 덧붙여 돌출된 부분을 표현하고, 색칠해서 질감을 나타내요.

바늘구멍 카메라

카메라는 어떻게 커다란 장면을 작은 그림으로 바꿀 수 있을까요? 카메라를 만들어서 작동하는 과정을 알아보아요.

준비물

- 시리얼 상자
- 연필
- 파라핀 종이
- 테이프 또는 고무 밴드
- 담요

1. 연필로 상자 바닥 가운데에 구멍을 뚫어 주세요.

2. 파라핀 종이로 상자 입구를 막고, 테이프나 고무 밴드로 고정해 주세요.

3. 어두운 방 안에서 램프를 켜고, 카메라를 들고 담요를 뒤집어써요.

4. 카메라와 일정한 거리를 두고, 파라핀 종이를 마주한 상태에서 카메라에 구멍이 뚫린 부분을 담요 밖으로 빼 주세요. 카메라 구멍을 방 안의 밝은 물체에 맞추면 파라핀 종이에서 위아래가 바뀐 물체의 모습을 볼 수 있을 거예요.

알고 있나요?

구식 필름 카메라는 바늘구멍 카메라와 같은 원리로 작동하는데, 파라핀 종이 대신 필름이 그 역할을 하기 때문에 더 뛰어난 화질의 사진을 뽑을 수 있어요. 필름은 화학 물질로 코팅이 되어 있는데, 빛에 반응해요. 바늘구멍 카메라의 파라핀 종이와 같이 카메라 렌즈는 빛을 받아들여서 위아래가 바뀐 이미지를 필름에 비춘답니다.

모래와 조개, 파란색 식용 색소를 물에 넣어서 아이스 랜턴을 만들 수 있어요.

아이스 랜턴 만들기

빛의 독특한 성질을 이용해서 추위를 녹여 줄 따스한 랜턴을 만들어 보세요.

준비물

- 크고 작은 플라스틱 용기 각 1개
- 포장 테이프 또는 강력 접착테이프
- 동전
- 물
- 물감, 구슬, 모래, 조개 등
- 방수 기능이 있는 작은 램프

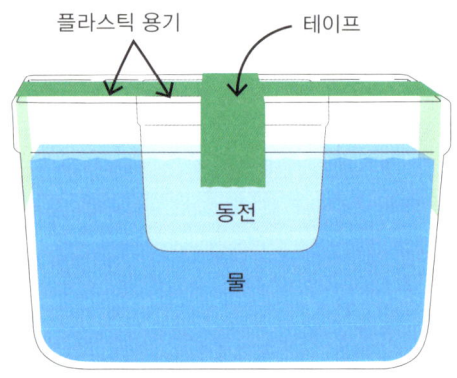

1. 테이프로 큰 플라스틱 용기 안에 작은 용기를 그림과 같이 매달아 보세요. 작은 용기는 큰 용기로부터 모든 방향에서 약 2cm 이상 떨어져 있어야 해요. 작은 용기 안에는 동전을 3~4개 넣어요.

RECYCLED MATERIALS

2. 큰 플라스틱 용기에 물을 채워요. 용기 맨 위에서 약 2cm 정도를 남기고 물을 채웁니다. 기온이 영하인 야외나 냉동실에 두고 물을 얼려 주세요.

3. 물이 얼음으로 변하면 작은 용기를 꺼냅니다. 작은 용기가 함께 얼어붙어 꺼내기 힘들다면, 작은 용기에 뜨거운 물을 부어서 빼 주세요.

4. 큰 용기에서 얼음을 빼주세요. 얼음이 달라붙어서 잘 빠지지 않으면, 어른의 도움을 받아 큰 용기를 뒤집고(얼음이 깨지지 않게 주의합니다.) 용기 표면에 뜨거운 물을 흘려서 약간 녹여 주세요.

5. 얼음이 깨지지 않도록 주의하며 건조한 실외에 내놓아요. 낮에는 햇빛이 아이스 랜턴을 통과하여 빛을 내요. 밤에는 방수 기능이 있는 작은 램프를 아이스 랜턴 중앙에 넣어 아이스 랜턴에서 나오는 따스한 빛을 감상해 보세요.

이렇게 해 보세요

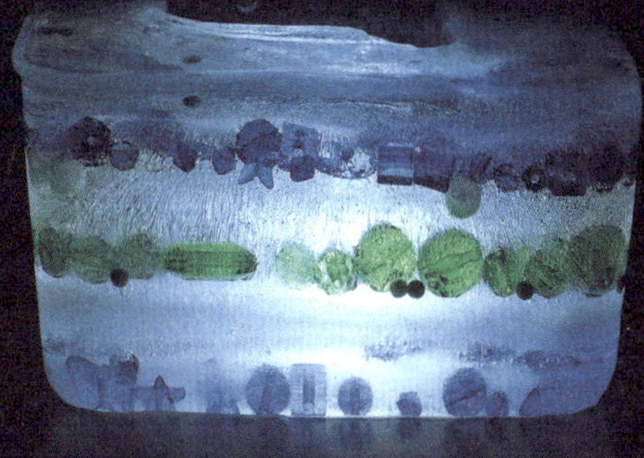

빛나는 구슬

큰 용기에 1/4정도 물을 채운 뒤, 투명한 구슬을 넣고 얼립니다. 얼음 위에 구슬을 더 넣고 물을 더 부어 또 얼려요. 이 과정을 2~3번 반복하면 구슬 층이 있는 아이스 랜턴을 만들 수 있어요.

해질녘 노을

큰 용기에 약 3cm 정도 물을 붓고, 빨간색 물감을 풀어준 뒤 얼려요. 얼음 위에 물을 더 붓고 오렌지색 물감을 풀어 얼립니다. 반복해서 노란색, 보라색 등 해 질 녘에 접할 수 있는 다양한 색상의 물을 얼려 주세요.

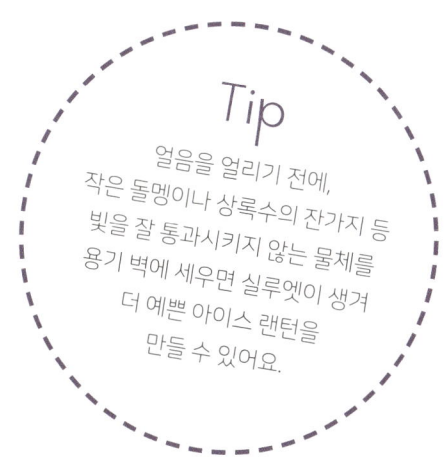

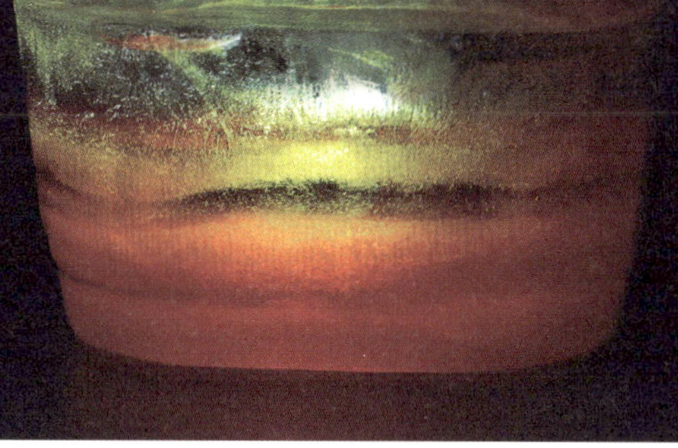

Tip
얼음을 얼리기 전에, 작은 돌멩이나 상록수의 잔가지 등 빛을 잘 통과시키지 않는 물체를 용기 벽에 세우면 실루엣이 생겨 더 예쁜 아이스 랜턴을 만들 수 있어요.

비행 원반 만들기

간단하게 비행 원반을 만들어서 방안에서 날려 보세요.

준비물
- 두꺼운 종이
- 자
- 연필
- 가위
- 테이프

3. 위 꼭짓점이 아래 꼭짓점과 만나게 접어 주세요.

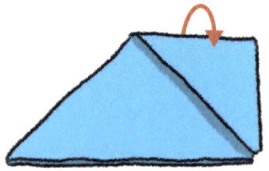

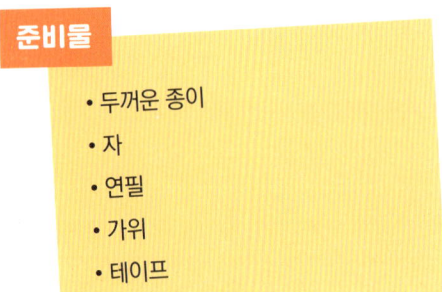

4. 나머지 종이도 똑같이 접어 주세요.

1. 종이를 한 변에 5cm인 정사각형 8조각으로 잘라 주세요.

2. 그림과 같이 대각선으로 접어 삼각형을 만들어요.

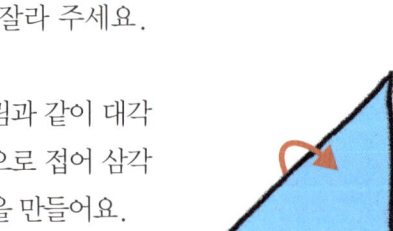

5. 그림과 같이 접은 종이의 뾰족한 부분을 다른 종이 오른쪽 공간에 밀어 넣어요.

6. 다른 사각형도 같은 방법으로 연결해서 팔각형의 리스 모양을 만들어 보세요. 테이프로 연결 부분을 고정시켜 주세요.

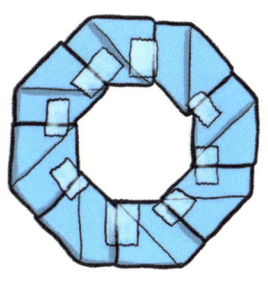

7. 테이프가 붙은 쪽으로 가장자리를 조금씩 접어 주세요. 접힌 부분이 원반이 잘 뜨도록 도와줄 거예요.

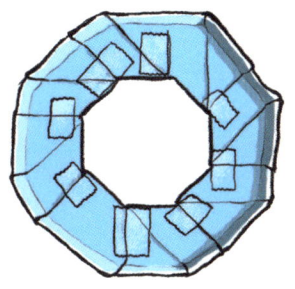

8. 방 가장자리에서 빠른 손목 스냅을 이용해 그림과 같이 원반을 잡고 던져 보세요. 던지는 높이와 각도를 조절해 멀리 날릴 수 있도록 연습해 보세요.

1 마지막 도전!

320쪽에서 만든 가면에 어울리는 의상을 만들어 함께 입어 보세요. 재활용품과 테이프, 물감 등을 사용하여 직접 만들어 보세요.

의미 있는 활동
DO GREAT THINGS

한번 해 보세요!

부모님 모르게 집안일을 해서
부모님을 기쁘게 해요.

어린 아이들은 형이나 누나를
동경하고 좋아한답니다.
동생들과 함께 놀아 주며
즐거운 시간을 만들어 보세요.

다른 사람에게 도움이 되는 작은 일들을 해 보세요.
예를 들면 열린 문을 잡아 주거나,
상대방이 떨어뜨린 물건을 집어 주는 일 등이 있죠.
사소한 일이라도 친절을 베풀면
상대방은 아주 기분이 좋아질 거예요.

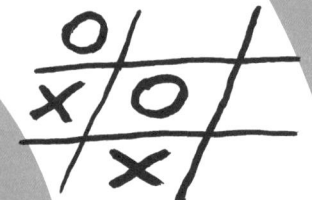

게임을 하거나
줄을 서서 기다릴 때,
남에게 먼저 양보해 보세요.

다른 사람의 이야기를 주의 깊게 듣고,
도중에 상대방의 말을 끊지 않도록
주의하세요.

친구나 가족에게 전화해서
안부를 물어 보세요.
당신의 목소리를 듣고
기분 좋은 하루를 보낼 수
있을 거예요.

보도에 긍정적인 메시지 남기기

보도나 차고 진입로에 긍정적인 메시지를 남겨 보세요.

메시지는 화려한 글자체, 평범한 글자체 등 무엇이든 좋아요. 소용돌이 모양이나 번개 불, 하트, 별 등 자신이 원하는 장식을 덧붙여 보세요. 먼저 부모님과 주위 어른들께 허락을 받고 메시지를 써야 해요. 물로 잘 지워지는 분필로 좋아하는 격언 중 하나를 선택해 남겨 보세요.

긍정적인 메시지

'항상 웃어라!', '모든 사람에게 친절하라!', '긍정적으로 생각하라.', '오늘이 최고의 날' 등 사람들을 미소 짓게 하는 문구를 떠올려 보세요. 몇 가지 조언을 함께 공유할 수도 있어요.

재미있는 메시지

'멋진 신발이야!', '경고: 뱀이 출몰합니다.' 등 기발한 내용을 적어 보세요.

격려 메시지

'당신은 할 수 있어요.'와 같이 힘을 북돋우는 문장을 써 보세요. '당신은 당신이 생각하는 것보다 더 강한 사람이에요.'와 같이 자존감을 높이고 기분 좋아지게 하는 글을 쓸 수도 있어요.

화려한 그림

그림을 그려서 사람들을 즐겁게 할 수도 있어요. 활짝 미소 짓는 얼굴, 귀여운 강아지 등 보면 기분 좋아지는 그림을 그려 보세요. 보도 틈의 잡초를 활용해서 멋진 그림을 그려보는 것도 좋아요.

> 193쪽의 '길 꾸미기'를 참고해 보세요.

의미 있는 활동

긍정적인 해답 구하기

기분이 좋지 않은 친구에게 힘을 불어 넣어 주고 싶다면 다음 게임을 해 보세요. 친구나 가족은 물론이고 자신에게 격려가 필요할 때도 도움이 돼요.

준비물

- 흰 종이
- 자
- 가위
- 색연필 또는 매직

1. 한 변이 약 20cm인 정사각형으로 종이를 잘라 주세요. 자른 종이를 위에서 아래로 접었다 펴고, 왼쪽에서 오른쪽으로 접었다 펴 줍니다.

2. 꼭짓점 4개를 중앙으로 모아 접고, 삼각형마다 각각 다른 색을 칠해 주세요.

3. 종이를 뒤집어서, 꼭지점 4개를 중앙으로 모아 접어 주세요. 작은 삼각형 8개에 번호를 매겨 주세요.

4. 접은 삼각형 4개를 다시 편 뒤, 각 번호 뒷면에 긍정적인 메시지를 적어요. 아래의 보기를 참고해도 되고, 직접 생각한 내용을 적어도 좋아요. 위로가 될 만한 메시지를 떠올려 보세요.

6. 색칠한 덮개 아래로 엄지와 검지를 집어넣은 뒤, 손가락을 가운데로 모아 종이를 원뿔 형태로 만들어 주세요.

예시
- 파이팅! 아자아자!
- 자신에게 솔직해지면 돼.
- 꿈이 이뤄질 거야.
- 넌 할 수 있어.
- 오늘은 너의 날이야.
- 대단하다!
- 삶은 모험이야.
- 너 자신을 믿어!

게임 방법

1 4개의 색깔 중 하나를 선택해요.

2 떠오르는 수를 말하고 1부터 그 수까지 세어요. 1을 말하면서 원뿔을 옆으로 벌리고, 다음 수를 말할 때는 앞뒤로 벌려 주세요.

3 마지막 수에서 벌렸을 때 보이는 수 4개 중 하나를 선택하고, 선택한 만큼 원뿔을 번갈아 벌려 주세요.

4 맨 마지막으로 보이는 수 4개 중 하나를 선택한 뒤, 선택한 수 덮개 뒤에 적힌 내용을 상대방에게 읽어 주세요. 당신이 전하는 위로의 메시지입니다.

5. 그림과 같이 사각형 종이를 아래에서 위로 반으로 접으면 번호가 안으로 접혀 들어가 보이지 않게 돼요. 접은 종이의 윗부분을 양손으로 잡고, 꼭짓점이 서로 마주하도록 안쪽으로 밀어 주세요.

친절 목록 만들기

사소한 친절도 계속 베풀면 큰 변화를 불러와요. 특별한 계획을 세우지 않아도 좋아요. 친절한 행동 목록을 작성해서 시도해 보세요. 목록에 적지 않은 친절한 행동도 도 저절로 떠오를 거예요.

집에서

- 쿠키를 만들어 친구에게 나눠 주세요.
- 책을 모아서 도서관에 기증해 보세요.
- 동전을 모아 생일에 자선단체에 기부해 보세요.
- 영화 상영의 밤을 기획해서 친구가 보고 싶어하는 영화를 상영해요.
- 다른 사람이 귀찮아 하는 일을 해 보세요.
- '좋은 아침!'이라고 적힌 예쁜 쪽지를 만들어서 화장실 거울에 붙여 보세요.
- 동생이나 친구의 숙제를 도와주세요.

마을에서

- 다음 행동을 하기 전에 부모님이나 어른들에게 허락을 받아요.
- 눈을 치우거나 잡초를 뽑고, 쓰레기를 정돈해요.
- 몸이 아픈 이웃을 위해 간식을 만들어 주거나, 꽃다발로 마음을 전해요.
- 이웃 동생들을 위해 책을 읽어 주세요, 도장인물의 특징을 살린 목소리를 내 보세요.
- 상태가 괜찮은 옷과 장난감을 모아서 자선단체에 기부하고, 이웃에게도 기부를 권해 보세요.

- 소방서와 경찰서, 병원 등에 감사의 뜻을 담은 카드나 간식을 전해 보세요.
- 도로와 공원의 쓰레기를 주워 보세요.
- 노숙자를 위한 생필품 꾸러미를 준비해 보세요. 부모님의 도움을 받아 마음 쉼터나 노숙자 기관을 찾아보고, 필요한 물품이 있는지 파악해 보세요.
- 동물 보호소나 양로원, 무료 급식소 등의 사회 복지 시설에서 봉사 활동을 해 보세요. 마을 공동체 행사에도 적극적으로 참여해 보세요.

- 음료 가판대를 설치해서 모은 돈으로 노숙자를 위한 생필품 꾸러미를 준비해 보세요.
- 이웃 할머니, 할아버지와 함께 산책하거나 말동무가 되어 보세요.

DO GREAT THINGS

학교에서

- 학교 도서관 사서에게 책 대해 주세요. 358쪽의 '새 친구를 환영하는 법'을 참고해 보세요.
- 학교 도서관 사서에게 책을 정리하거나 다른 도울 일이 있는지 물어보세요.
- 학교 선생님과 학교에서 근무하는 분께 감사 인사를 합니다.
- 새로 전학 온 친구에게 먼저 인사를 건네며 친절하게
- 새 친구를 조대해서 같이 놀거나 같이 점심 식사를 해요.
- 학교 운동회에서 자신의 팀이나 친구들을 응원해 보세요.
- 수업 전후에 선생님께 도울 일이 없는지 여쭈어 보세요.
- 농담과 수수께끼로 친구들을 웃게 해 보세요.
- '잘했어!', '멋진 생각이야!' 등의 표현으로 상대방을 칭찬해 주세요.
- 게임을 할 때 상대방에게 순서를 양보해 보세요.

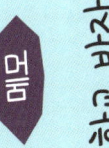

주간 친절 계획표

일요일	화요일	토요일	금요일
책 기증하기	야구 경기		

목요일	일요일	화요일	
학교 바자회에서 구워 굽기	자원봉사 오후 2~5시	메모	

335 의미 있는 활동

브라우니 믹스 선물하기

초콜릿을 좋아하는 친구에게 맛있는 브라우니를 만들 수 있는 재료를 예쁘게 포장해 선물해 보세요.

Tip
재료를 섞기 전에, 음식을 받을 친구에게 특정 재료에 알레르기가 있는지를 반드시 확인하세요.

준비물
- 카드
- 펜
- 색연필 또는 매직
- 1~1.5L 들이의 뚜껑 있는 단지
- 설탕 1컵
- 달지 않은 코코아 가루 1/3컵
- 밀가루 1/2컵
- 베이킹파우더 1/4티스푼
- 소금 1/4티스푼
- 미니 초콜릿 칩 1/4컵
- 미니 마시멜로우 1/3컵
- 잘게 썬 피칸 1/4컵(선택)
- 펀치
- 리본 또는 털실

시작하기 전에
다음 페이지의 조리법을 카드에 적고, 카드를 멋지게 꾸며 보세요.

라키 로드 브라우니 만드는 법

1. 오븐을 180도로 예열하고, 팬에 오일을 뿌려요. 오븐을 다룰 때는 어른의 도움을 받도록 해요.
2. 단지에 든 재료를 큰 그릇에 쏟아 붓고, 녹인 버터 1/2컵과 달걀 2개, 바닐라 추출액 1티스푼을 넣어 잘 섞이도록 저어요. 오일을 뿌린 팬에 고르게 잘 부어 주세요.
3. 20~25분간 오븐에 구워 주세요. 이쑤시개나 젓가락으로 가운데를 찔러서 아무것도 묻어나지 않을 때까지 구워 주세요.
4. 식힘망 위에 놓고 식힌 뒤, 네모반듯하게 16조각으로 잘라 주세요.

단지 채우기

1. 시작하기 전에 손을 깨끗이 씻어요.
2. 단지 안에 설탕, 코코아가루, 밀가루, 베이킹소다, 소금, 초콜릿 칩, 마시멜로, 피칸을 차례대로 층층이 넣어 주세요.
3. 카드 가장자리에 펀치로 구멍을 뚫고, 리본이나 털실로 꿰어서 단지에 예쁘게 묶어 주세요.

생필품 꾸러미 보내기

멀리 이사 간 친구나 몸이 아픈 친구가 주변에 있나요? 생필품 꾸러미를 준비해서 그들을 그리워하거나 걱정하는 마음을 전해 보세요.

먼저 친구들이 좋아하는 것이 무엇인지를 생각해 보세요. 그런 다음 책이나 직접 만든 브라우니 믹스(336쪽 참고), 간단한 게임, 이 책에서 만든 다양한 소품이나 장난감 등을 모아서 정성껏 포장해요. 선물 사이에 구긴 신문지나 패킹 재료를 넣어서 내용물이 흐트러지지 않게 포장해 주세요.

선물 상자 안에 무늬가 있는 포장지로 안감을 대고 포장해 보세요. 한층 더 정성스러운 느낌을 전할 수 있을 거예요.

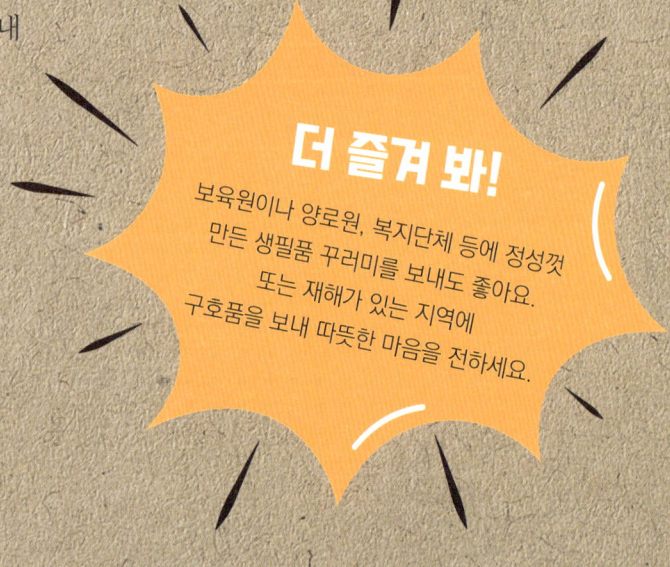

더 즐겨 봐!
보육원이나 양로원, 복지단체 등에 정성껏 만든 생필품 꾸러미를 보내도 좋아요. 또는 재해가 있는 지역에 구호품을 보내 따뜻한 마음을 전하세요.

이달의 선물

소중한 친구에게 독특한 방법으로 마음을 전하고 싶나요? 상품권을 만들어서 보내는 건 어떨까요? 친구가 무엇을 좋아하는지 생각해 보고 친구가 좋아할 만한 일들을 예쁜 종이에 적어 보세요. 예를 들면, 매달 만나서 놀기, 매달 통화하기, 우스운 이야기 들려 주기 등의 미션과 더불어 직접 만든 쿠키, 친구가 좋아하는 연예인의 사진, 예쁜 그림 등 소소한 선물을 함께 보내는 거예요. 3~4달 이상 미리 계획해 두고, 지속적으로 할 수 있는 미션이나 선물들을 준비해 보세요.

선물을 정했다면, 상품권을 디자인해요. '매월 5일에 만나기' 또는 '1달에 1번 쿠키 증정권'과 같이 상품권의 이름을 생각해요. 상품권의 유효 기간(예를 들면 4개월), 상품 전달 및 미션 수행 시기(예를 들면 매달 마지막 주)도 적어 주세요.

그림 상품권

상품명: 1달에 1번 배송되는 직접 그린 그림 1장

받는 사람: 할머니

보내는 사람: 민주

추신: 매달 첫 주에 제가 직접 그린 그림을 보내드려요. 손편지도 함께 전해 드릴게요.

친절한 돌멩이

작은 돌멩이로 사람들을 기쁘게 하거나 힘을 북돋아 주세요. 작은 돌멩이 하나로 서로의 관계가 더 돈독해 질 거예요.

준비물

- 손바닥 크기의 표면이 매끄러운 돌멩이
- 아크릴 물감
- 그림 붓
- 유성 매직
- 무독성 밀폐제
- 투명 스프레이 물감

1. 손바닥 크기의 매끄러운 돌멩이를 모아서 먼지나 모래를 깨끗하게 씻고 말려 주세요.

2. 돌멩이에 색을 칠하거나 무늬를 그려 주세요. 색칠하기와 무늬 그리기를 동시에 진행해도 좋아요. 돌멩이에 물방울 무늬나 줄무늬를 그리고, 메시지에 어울리는 장식을 해 주세요. 메시지를 적을 공간을 남겨 두고, 색을 칠한 뒤 완전히 말려 주세요. 색칠하지 않고 돌멩이 자체의 색으로 메시지를 돋보이게 해도 좋아요.

3. 유성 매직으로 메시지를 써 주세요.

DO GREAT THINGS

4. 메시지를 다 썼다면, 돌멩이를 뒤집어서 뒷면에 '#친절한돌멩이'라고 써 두세요. 그 다음 돌멩이 전체에 무독성 밀폐제를 뿌리고 말려 주세요. 투명 스프레이 페인트가 있다면, 밖에서 스프레이 페인트로 코팅을 해서 글씨가 오래도록 지워지지 않게 해요. 스프레이를 뿌릴 때에는 어른의 도움을 받고, 반드시 환기가 잘 되는 야외에서 작업합니다.

5. 친절한 돌멩이를 사람들이 발견하기 쉬운 곳에 놓아두세요. 단, 놓기 전에 돌멩이를 놓아도 괜찮은 곳인지 부모님이나 어른에게 허락을 받아요.

친절한 메시지

- 즐겁게 여행하세요.
- 당신의 미소가 좋아요.
- 당신이 가장 소중합니다.
- 무지개 바위!
- 있는 그대로가 좋아요.
- 걱정 말아요! 행복할 거예요!
- 안아 주세요!
- 심호흡해 보세요.
- 신나게 즐겨요!
- 괜찮아요.
- 사랑해요.
- 당신은 충분히 멋져요.
- 정말 대단해요.

더 즐겨 봐!

다른 나라에서 진행되고 있는 친절한 돌멩이 프로젝트 thekindnessrocksproject에 대해 알아보세요.

의미 있는 활동 | 341

자신에게 질문하기 : 상대방의 말을 집중해서 듣나요?

누군가에게 관심이 있음을 알리는 가장 좋은 방법은 그 사람의 말을 잘 들어 주는 거예요. 여러분은 다른 사람의 말을 잘 듣는 편인가요? 아니면 잘 듣지 않는 편인가요? 다음 질문을 통해서 확인해 보세요!

1. 스마트폰으로 게임을 하고 있는데 동생이 울면서 방으로 들어와요. 현재 게임은 다음 레벨로 승급하기 직전입니다. 당신은 어떻게 하나요?

   a '조금만 더 점수를 내면 돼!' 게임에 집중합니다.
   b 동생에게 무슨 일이냐고 묻지만, 시선은 스마트폰을 향해 있어요. 동생의 말은 제대로 들리지 않아요.
   c 게임을 중단하고 동생을 바라보며 물어요. "무슨 일이야?"

2. 사촌이 놀이동산에 놀러간 일을 신나게 말하고 있어요. 당신은 어떻게 하나요?

   a 관심이 없어서 다른 이야기로 화제를 돌려요.
   b "멋지다!"라고 말하고 지난 번 자신이 놀이공원에 갔던 때를 회상해요.
   c 집중해서 사촌의 이야기를 들어요. 이야기를 듣고 나서 "정말 즐거웠겠다!"라며 맞장구쳐요.

3. 친구가 짜증 난 듯 보여요. 어디가 불편한지 물어보니, 당신이 계속 무시해서 그렇다고 말해요. 당신은 어떻게 하나요?

   a 친구 말을 끊고 그런 적 없다고 말해요. 그리고 친구가 자기 입장을 설명하기 전에, 자신의 입장을 먼저 말해요.
   b 친구에게 이유를 말해 보라고 해요. 그 사이에 당신은 친구가 틀렸다는 사실을 증명하기 위한 답변을 생각합니다.
   c 친구에게 일부러 그런 게 아니었다고 설명하고, 언제 무시당한 것 같았는지 물어봐요.

4. 수업이 시작되었어요. 선생님이 수업을 시작하는데 친구가 반려동물 동영상이 나오는 스마트폰을 건넵니다. 당신은 어떻게 하나요?

a 선생님의 눈에 띄지 않게 몸을 굽히고 동영상을 봐요.
b 선생님의 강의를 잠시 들으며 동영상을 힐끔힐끔 봅니다.
c 스마트폰을 친구에게 돌려주며 "나중에 볼게."라고 말해요. 그리고 수업에 집중해요.

5. 수업이 끝나고 집으로 가는 길, 엄마가 말해요. "집에 도착하면 말야. 꼭 네 방을……." 당신은 어떻게 하나요?

a 집에서 하고 싶은 일을 떠올립니다.
b 엄마의 말을 대충 들어요. 분명 귀찮은 방 청소 이야기이니까요. 잊어버려도 괜찮아요. 엄마가 다시 말할 테니까요.
c 집중해서 엄마의 말을 기억해 두고, 궁금한 점이 있거나 사정이 있다면 미리 말을 해요.

결과

대답이 대부분 a 인 경우

당신은 상대방의 말을 잘 듣지 않기 때문에, 사람들은 당신이 자신에게 관심이 없다고 생각할 수 있어요. 상대방이 말할 때는 눈을 바라보면서 말하는 내용에 집중해요. 상대방의 말을 주의 깊게 들어 보세요. 분명 상대방과의 관계에 긍정적인 변화가 있을 거예요.

대답이 대부분 b 인 경우

당신은 상대방의 말을 들으려 노력하지만 금세 자신만의 세계에 빠져들곤 해요. 그래서 중요한 정보를 쉽게 놓쳐 버리죠. 상대방은 당신이 대화에 집중하지 않는다는 사실을 알고 있어요. 좀 더 상대방의 대화에 집중하려 노력해 보세요.

대답이 대부분 c 인 경우

당신은 상대방의 말을 집중해서 듣고, 관심을 잘 표현하고 있어요. 사람들은 당신의 배려와 관심에 고마워하며, 당신은 상대방에게 일어난 일을 잘 파악할 수 있어요.

의미 있는 활동

좋은 친구가 되는 법

친구와의 깊은 우정은 그 무엇과도 바꿀 수 없는 소중한 보물이에요. 우정을 지키기 위해서는 서로에 대한 이해와 배려가 필요해요. 우정을 더욱 돈독하게 다질 수 있는 몇 가지 방법이 있어요.

- **친구의 의견을 열린 마음으로 받아들이고, 때로는 배려하고 먼저 양보하세요.** 많은 사람들이 당신과 더 좋은 친구가 되고 싶어 할 거예요.

- **친구의 기분이 상하지 않도록 주의해요.** 사람들은 종종 의도치 않게 실수를 하곤 해요. 비록 실수였더라도, 미안하다고 사과하는 것이 중요해요.

- **친구가 무엇을 하고 싶어 하는지 먼저 물어보세요.** 친구가 부탁할 때까지 기다리지 말고 친구가 좋아하는 게임과 놀이가 무엇인지 생각해 보고, 먼저 함께할 것을 제안해 보세요. 친구와 함께 시간을 보내고 싶어 하는 당신의 마음을 친구들이 알면 아주 기뻐할 거예요.

- **당신의 의견과 경험을 먼저 말하기보다, 친구의 평소 생각이나 관심사에 대해 잘 들어 보세요.** 당신의 관심사에 대해 다른 사람들이 관심을 가지면 반가운 것처럼, 친구 역시 자신에게 관심을 갖고 의견을 들어주는 당신에게 고마움을 느낄 거예요.

- **친구와 의견이 일치하지 않더라도, 친구의 관점에서 친구의 감정을 이해하려 노력해 보세요.** 서로 다른 의견을 어떻게 타협하고 절충할 수 있을지 생각합니다. 하고 싶은 게임이 다를 때, 서로가 원하는 게임을 모두 해 보거나, 모두가 하고 싶어하는 새로운 게임을 찾아보세요.

- **친구의 생일을 기억하고, 친구가 좋아할 만한 작은 이벤트를 열어 보세요.** 이 책에서 소개하고 있는 작은 선물이나 독특한 카드 등을 만들어 전하는 것도 좋아요.

- **친구의 개성과 본모습을 받아들이고 인정해 주세요.** 누구나 각자 고유의 성격과 행동 방식이 있어요. 좋아하는 것과 싫어하는 것도 서로 다르지요. 기억하세요. 모두 저마다 생각과 의견이 달라요. 아무리 잘 맞는 좋은 친구 사이라도, 생각과 견해가 다를 수 있음을 알아야 해요. 중요한 것은 의견이 달라도 서로를 존중할 줄 아는 마음입니다.

의미 있는 활동

친구와 화해하는 법

친한 사이라도 다툼이 일어날 수 있어요. 의견이 맞지 않을 수도 있고, 서로에게 상처가 되는 말을 할 수도 있지요. 의견 충돌로 인한 갈등을 끝내는 최고의 방법은 서로의 잘잘못을 따지는 것이 아닌, 먼저 이해하고 사과하는 모습임을 잊지 마세요.

비폭력적인 해결책이 친구와 화해하는 데에 도움이 될 거예요. 다음에서 소개하는 내용이 갈등을 해결하는 데에 도움이 되기를 바랍니다.

- **누구나 자신의 이익과 경험, 의견을 우선시해요. 그것은 지극히 자연스러운 일입니다.** 대부분의 다툼은 서로가 자기 방식만을 고집하거나, 자신은 옳고 상대는 틀렸다고 생각할 때 일어나요. 내 생각과 상대방의 생각이 다를 수 있음을 인지해야 해요. 친구들과 잘 지내기 위해서는 친구를 조심스럽게 대하고, 친구의 생각과 어려움을 이해하고 배려하며, 조금씩 양보하는 마음을 갖고, 때로는 기꺼이 도움을 주기도 해야 합니다.

- **친구가 괜찮을 때에 대화할 수 있는지 물어보세요.** 갈등 중일 때는 정중하고 상냥하게, 그리고 관대한 태도로 대화를 시도하는 것이 중요해요. 친구 관계는 한쪽이 이끄는 일방적인 관계가 아닌, 서로 주고받아야 하는 평등 관계입니다. 따라서 다툼이 생겼을 때에는 양쪽 모두 어느 정도의 책임이 있다는 사실을 명심해야 해요.

- **자신의 잘못을 먼저 사과하며 대화를 시작하세요.** 실수를 솔직하게 인정하고 진실되게 사과하세요. "전에 내가 한 행동에 대해 사과하고 싶어. 미안해. 기분 나쁘게 한 것도 미안해." 우정이 매우 소중하다는 사실을, 그리고 다시 사이좋게 지내고 싶다고 친구에게 말해 주세요.

- **자신의 입장에서 말하기보다, 친구의 감정을 상하게 해서 슬프고 안타깝다는 마음을 먼저 표현하세요.** 그런 다음 당신 또한 상처 받았음을 알리세요. 하지만 손가락질을 하는 등 부정적인 행동이나 상대방의 책임을 추궁하는 듯한 행동을 해서는 안 돼요. "네가 나를 초대하지 않았을 때, 나는 너무 속상했어."라는 식으로 속상했던 감정을 표현하는 말로 자신의 뜻을 전하는 것이 좋아요.

- **둘 사이의 갈등 상황이 기억에 생생하게 남아 있다고 하더라도, 얼마든지 서로 용서할 수 있어요.** 계속 화가 나 있거나 불쾌한 감정을 가지는 것은 건강에도 좋지 않아요. 나쁜 감정이 사라지기까지는 시간이 걸릴 수 있어요. 하지만 그런 태도를 떨치고 서로 미안하다고 말하는 것이 모두에게 이롭다는 사실을 잊지 마세요.

- **똑같은 갈등 상황을 반복하지 않기 위해 어떻게 해야 할지 말해 보세요.** 적극적으로 변화하려 노력하거나 양보하겠다고 다짐해 봐도, 친구들은 지난 번과 똑같은 행동을 할지도 몰라요. 친구의 마음을 알아내겠다는 생각으로 대화에 임하며, 친구의 마음이 어떤지를 확인해 보세요.

- **한번 금이 간 교우 관계를 회복하는 데에는 시간이 걸리므로 인내심을 가지고 천천히 다가가야 해요.** 둘 사이에 어느 한 명이 아직 예전 관계로 돌아갈 준비가 되지 않았다고 하면, 그 결정을 존중하고, 서로 약간의 거리를 유지하는 것이 좋아요. 부담스럽지 않게 조금씩 친절을 베풀며 서로의 관계를 회복하기 위해 노력하면, 머지않아 다시 좋은 친구가 될 수 있을 거예요.

- **어떤 사람도, 어떤 우정도, 어떤 관계도 완벽하지 않다는 사실을 기억하세요.** 우리는 사람이고, 모든 사람에게는 결점이 있어요. 또한 누구나 실수를 한답니다.

- **친구와 다툰 후에 어떻게 해야 할지 막막하다면, 부모나 신뢰할 수 있는 어른에게 고민거리를 털어놔 보세요.**

형제들과 잘 지내는 법

때로는 형제간에도 잘 지내지 못하고 다툴 때가 있어요. 많은 시간을 같이 지내다 보면, 신경이 거슬리거나 짜증이 나는 일도 빈번하게 생겨요.

형제간에는 얼마든지 의견 충돌이나 다툼이 일어날 수 있어요. 그러므로 가급적 싸우지 않도록 노력해야 해요. 다음 내용을 읽어 보고 형제 사이를 한층 더 돈독하게 하기 위해 노력해 보세요.

- **형제와 같이 운동하고 놀면서 재미있는 시간을 보내요.** 게임이나 놀이를 함께 하자고 형제에게 제안해 보세요.

- **형제가 혼자 있고 싶어할 수도 있어요.** 그럴 때는 충분히 기다려 주어야 해요.

- **당신이 혼자 있고 싶을 때도 마찬가지예요.** 같이 놀고 싶지만, 가끔은 혼자 있고 싶을 때도 있다고 말하세요. 형제라면 충분히 이해해 줄 거예요. "지금은 혼자 있고 싶어. 잠시만 기다려 줄래?"라며 기분 좋게 말해 주세요.

- **형제가 귀찮게 할 때는 가급적 대꾸하거나 과하게 반응하지 않도록 해요.** 짜증내지 않을수록 싸울 가능성은 줄어들어요.

- **화가 나거나 기분이 좋지 않을 때는 혼자만의 시간을 보내는 것이 좋아요.**

- **다투기 쉬운 상황은 일으키지 않는 게 좋아요.** 예를 들면 서로 화나게 하거나 감정을 상하게 하는 주제나 놀이, 게임은 하지 않는 거죠. 다툼이 생겼다면 휴식 시간을 갖고 감정을 누그러뜨리도록 하세요.

- **동생은 나이가 어리기 때문에 자신보다 의젓하게 행동할 수 없다는 사실을 기억하세요.** 또한 당신은 동생에게 매우 소중한 존재라는 걸 알아야 해요. 동생은 당신을 우러러보고, 당신에게서 많은 것을 배우고 있답니다. 동생의 투정이나 장난을 긍정적으로 받아들이고 친절하게 대해 주세요.

- **친구를 대하는 것처럼 형제를 대해 보세요.** 친절하게 먼저 도움을 주려 하고, 애정이 담긴 시선과 말투로 대하세요. 형제와는 세상에서 가장 좋은 친구가 될 수 있어요. 344쪽의 '좋은 친구가 되는 법'을 확인해 보세요.

- **형제간에 걱정이나 고민거리가 있다면, 부모님께 조언을 구해 보세요.** 부모님은 당신과 형제 모두를 가장 잘 알고 있는 사람입니다.

화를 다스리는 법

화가 나는 건 자연스러운 현상이에요. 분노는 사람의 일부분이기 때문이죠. 이따금 여러분도 화가 치밀어 오를 때가 있을 거예요. 화를 다스리는 방법에 대해 알아볼까요?

- **화가 나는 이유를 정확히 파악합니다.** 쉽게 화를 내는 성격 때문일 수도 있고, 피곤하거나 배가 고프기 때문일 수도 있어요. 때로는 누군가가 당신을 자꾸 화나게 할 수도 있답니다. 무엇이 당신을 자극하는지 알아야 화나는 감정에 대해 이해할 수 있고, 더 크게 화가 나기 전에 마음을 다스릴 수 있어요.

- **누구나 마음만 먹으면 자신의 행동을 통제할 수 있어요.** 화가 났을 때도 마찬가지예요. 상대방에게 상처를 주는 말이나 행동은 얼마든지 참을 수 있어요.

- **화가 날 것 같다면 심호흡을 해 보세요.** 숨을 들이쉬면서 4까지 세고, 내쉬면서 8까지 세는 거예요. 숫자를 세면서 차분하고 평화로운 이미지나 기분이 좋아지는 장소를 떠올려 보세요. 예를 들어 파도가 잔잔하게 몰려오는 평화로운 바다, 모래 속에 발을 집어넣고 꼼지락거리며 모래의 감촉을 느끼는 모습 등을 떠올려 보는 거예요. 속상한 일이 있거나, 기분이 좋지 않을 때마다 이 장소를 머릿속에 떠올려 보세요.

- **화가 날 때, 어떤 일을 하면 좋을지 미리 적어 보세요.** 마음이 답답해 크게 소리치고 싶을 때에는 밖으로 나가서 운동을 하거나 무언가에 집중해 보세요. 자신의 마음을 하나하나 글로 적으면서 마음을 달래는 사람도 있어요. 자신이 흘린 땀, 집중하는 사물, 일기장 등이 자신의 나쁜 감정을 모두 빨아들여 준다고 믿어 보세요.

- **가족이나 친구, 선생님 등 믿을 만한 어른과 이야기를 나눠 보세요.** 그들은 당신의 화난 감정에 대해 조언을 아끼지 않을 거예요. 때로는 속상한 감정이 뚜껑 덮인 냄비 속 끓어오르는 물처럼 부글부글 끓어올라 더 이상 참을 수 없게 되기도 해요. 그런 고통스러운 감정을 누군가에게 털어놓는 것은 냄비의 뚜껑을 열어 거품을 가라앉히는 것과도 같답니다.

- **아무 말도 하지 않는 것이 좋을 때도 있어요.** 화가 치밀어 오르지만 자신의 기분에 대해 제대로 설명할 수 없을 때는 그 상황을 피하고, 화가 나는 대상과 거리를 두는 것이 좋아요.

의미 있는 활동

슬픔이나 걱정에 대처하는 법

슬픔, 걱정, 불안 등을 느끼더라도, 당연한 감정으로 받아들일 줄 알아야 해요. 이 감정들을 어떻게 다룰 수 있을지 답을 찾아보세요. 슬픔이나 걱정을 극복하고 기분을 달랠 수 있는 몇 가지 방법을 소개합니다.

- **당신의 생각과 감정에 귀를 기울여 주는 누군가가 있다면 큰 도움이 될 거예요.** 어색하고 부끄러워도, 가족이나 신뢰하는 사람에게 자신의 속마음을 털어놓는 일은 아주 중요하답니다. 그들은 당신의 마음을 위로하고 적절한 조언을 해 줄 수 있어요.

- **일기장이나 노트에 자신의 감정을 그림이나 글로 표현해 보세요.** 나쁜 기분을 없애는 데에 큰 도움이 될 거예요.

- **걱정되고 불안한 일을 성장하고 배우는 기회로 삼아 노력해 보세요.** 성공한 사람들은 인생의 고비나 갈림길에서 더 노력하고 배우며 도전했기에 훗날 성공이라는 커다란 결실을 맺을 수 있었답니다. 물론 힘든 상황을 긍정적으로 받아들이기란 쉽지 않아요. 하지만 가급적 나쁜 상황 이면의 좋은 점들을 찾아내어 긍정적으로 생각하고 도전해 보세요. 얼마든지 극복해 좋은 결실을 맺을 수 있을 거예요.

- **특별히 잘하는 것이나 자신의 강점, 성격상 장점 등 자신의 좋은 점을 리스트로 만들어 보세요.** 속상하거나 자신감이 떨어질 때, 이 리스트를 읽어 보고, 스스로가 좋은 사람임을 되새겨 보세요.

- **독서나 그림 그리기, 각종 운동, 게임 등 좋아하는 일을 꾸준히 해 보세요.** 또한 다른 사람들을 돕거나 좋은 영향을 미치기 위해 노력해 보세요. 좋아하는 일이나 긍정적인 영향을 주는 일을 계속 하다 보면 기분이 좋아지고 전체적인 생활의 만족도도 높아져요.

- **자신의 몸과 마음을 잘 돌보는 것이 가장 중요해요.** 슬프거나 걱정거리가 있다면, 자기 자신에 대해서는 좀처럼 신경 쓰지 않게 돼요. 바쁜 생활 중에서도 시간을 내어 균형 잡힌 식사와 즐거운 운동, 충분한 수면을 통해 건강을 관리하고, 긍정적인 마음을 가지며 자신을 가꾸도록 하세요.

- **앞으로 일어날 일을 미리 계획해 보는 것도 마음을 다스리는 데에 도움이 될 수 있어요.** 여름 방학을 어떻게 보낼지, 날이 좋은 오후에는 무엇을 하며 시간을 보낼지, 소중한 사람의 생일을 어떻게 축하할지 등 앞으로의 일들을 미리 계획해 보면, 불안감을 상당히 줄일 수 있답니다.

- **매일 10~15분 정도 긴장을 푸는 시간을 갖도록 해요.** 마음이 평온해지는 곳에서 편안한 자세로 심호흡을 하며 몸의 긴장을 풀어 주세요. 스트레스와 긴장을 해소하면 긍정적으로 생각하게 되고, 몸도 편안해지는 것을 느낄 수 있어요.

의미 있는 활동

아픈 사람을 돕는 법

주위 사람들이 아플 때, 어떻게 도우면 좋을지 생각해 보세요.

다른 사람을 돕는 일은 친절과 배려에서 시작해요. 누군가가 아프거나 다쳤다는 소식을 들었을 때, 바로 찾아가 보지는 못하더라도 분명 상대방을 도울 수 있는 방법이 있을 거예요.

- **병문안을 할 수 있다면,** 먼저 상대방에게 필요한 것이나 하고 싶은 것이 무엇인지를 물어 보세요. 답답한 병원에 있어야 하는 상황에서 좋아하는 책이나 영화 등을 보거나 간단한 게임을 할 수 있다면, 기분이 좋아지고 활력이 생길 거예요.

- **카드나 편지를 써 보세요.** 정성이 담긴 손편지는 당신의 마음을 전하는 가장 쉬운 방법 중 하나입니다. 편지를 통해 빠른 쾌유를 빌며 늘 응원하고 있다는 메시지를 전해 보세요.

- **친구가 아픈 상황이라면,** 친구나 가족의 도움을 받아 친구를 어떻게 위로하면 좋을지 알아 보세요. 그들은 친구의 감정 상태나 현재 상황에 대해 알려 주고, 친구가 어떤 일을 좋아할지 알려 줄 거예요.

- 같은 학급의 친구가 아프다면, 반 친구들에게 같이 메시지를 전할 것을 제안해 보세요. 모든 학급 친구들이 쾌유를 기원하는 메시지를 전한다면, 아픈 친구도 힘을 얻어 좀 더 빠르게 회복할 수 있을 거예요.

- 병문안을 할 수 없는 상황이라면, 아픈 친구에게 작은 선물을 보내세요. 잡지나 퍼즐, 게임, 책 등 환자가 통증이나 자신이 아프다는 사실을 잊고 시간을 보낼 수 있는 선물이 좋아요. 338쪽을 참고해 주세요.

- 소중한 사람의 병이나 사고는 자신에게도 부정적인 영향을 미칠 수 있어요. 소중한 사람이 아프면 걱정이 되고 무서운 생각이 들게 되죠. 이럴 땐 부모님이나 믿을 수 있는 어른들과 대화를 나누며 걱정되고 혼란스러운 마음을 달래는 것이 좋아요.

놀림이나 괴롭힘에 대처하는 법

때때로 우리는 누군가로부터 놀림이나 괴롭힘을 당할 때가 있어요. 주위의 소중한 사람이 그런 상황에 처하게 될 때도 있죠. 자신 또는 소중한 사람을 위해 '그만 둬!', '괴롭히지 마!'라고 말하는 건 쉽지 않아요. 하지만 누구나 얼마든지 그렇게 말할 수 있답니다.

어려운 상황에서 올바른 말을 하면, 오히려 자신이 위험에 빠질 수 있다고 생각할 수도 있어요. 하지만 약간의 용기만 있다면 얼마든지 어려운 상황을 슬기롭게 해결할 수 있답니다. 자신이나 자신의 소중한 사람을 위해서, 다음과 같은 방법을 참고하여 멋진 해결사가 되어 보세요.

누군가가 자신을 놀리거나 괴롭힌다면

- **당신이 혼자가 아니라는 사실을 기억하세요.** 가족이나 선생님 등 믿을 수 있는 사람에게 자신을 괴롭히는 상황에 대해 솔직하게 털어 놓아요. 학교 측과 상담 교사, 괴롭히는 상대방의 부모도 함께 나서서 상황을 해결하는 데에 도움을 줄 수 있습니다.

- **선생님과 상담 교사에게 지금까지 있었던 일을 털어 놓아요.** 괴롭힘으로부터 학생을 지키고 보호하는 것은 교사의 책임 중 하나예요. 하지만 선생님들은 학생이 먼저 말하기 전에는 알기 어렵고, 도울 수도 없어요. 쉬는 시간이나 학교 일과 전후로 선생님께 상담을 요청해 사실을 알리세요.

- **시비 거는 상대에게 대응하지 않는 것이 나약하다는 뜻이 아님을 기억하세요.** 누군가의 괴롭힘에 맞서는 가장 쉬운 방법은 화를 내면서 대응하는 것이에요. 하지만 싸움으로는 문제가 해결되지 않아요. 시비를 거는 상대에게 대응하지 않는 것은, 오히려 자기 통제력이 뛰어나고 성숙한 정신을 가졌다는 뜻이랍니다.

- **가급적 괴롭히는 상대로부터 멀리 떨어지세요.** 자신을 괴롭히는 상대가 어디 있는지를 살피고, 가급적 마주치지 않는 곳으로 피하는 것이 좋아요. 피할 수 없는 상황이라면, 아무런 대응도 하지 않는 것이 가장 좋습니다.

- **혼자 있기보다 다른 친구들과 함께 있거나, 선생님 또는 어른들 곁에 있도록 해요.** 남을 괴롭히기를 좋아하는 사람은 어른이나 다른 사람들이 많을 때에는 조롱하거나 시비 거는 행동을 덜하게 됩니다.

- **당신을 걱정해 주는 사람들과 함께 어울리며 지내요.** 괴롭힘 때문에 스트레스를 받을수록, 자신의 마음과 몸을 돌보는 것이 중요해요. 그리고 당신을 걱정해 주는 사람들에게 고마움을 전하고, 친절하게 대해요.

친한 친구가 다치거나, 놀림이나 괴롭힘을 당하고 있다면

- **할 수 있다면, 친구를 놀리거나 괴롭히는 상대방에게 당당히 맞서 보세요.** 친구를 위해 말과 행동으로 나서는 모습을 보여 주세요. 누군가 친구에 대해 거짓말이나 나쁜 말을 한다면, "내 친구는 그렇지 않아. 그런 말은 하지 마."라며 당당하게 반박해 보세요. 비록 그들이 나쁜 말이나 행동을 그만두지 않더라도, 당신이 그 친구를 지키려 노력하고 있음을 보여 줄 수 있어요. 또한 당신이 친구 편에 서 있다는 사실만으로도 친구에게 큰 위로와 힘이 될 거예요.

- **친구가 평소와 다른 행동을 하지 않는지 확인해 보세요.** 친구의 행동을 잘 확인하고, 친구가 혼자 있지 않도록 곁에 있어 주세요. 당신의 지속적인 관심으로 친구는 위안을 받고, 이 상황을 극복할 수 있는 힘을 얻게 된답니다.

- **문제가 계속되면, 부모님이나 선생님께 알리도록 해요.** 괴롭히는 사람에게 직접 맞서는 것은 위험한 일이 될 수도 있어요. 작은 시비에 대응하다 보면 큰 싸움으로 번질 수도 있거든요. 또한 친구는 누구에게도 말하지 말라는 협박을 받고 있을 수도 있고, 친구 역시 자신의 일이 다른 사람에게 알려지길 원치 않을 수도 있어요. 하지만 이런 상황에서는 어른의 도움을 받아 해결하는 것이 가장 현명한 방법입니다.

새 친구를 환영하는 법

Hello!

새로 입학이나 전학을 하는 등 환경이 바뀌면 걱정이 되고 심지어 두렵기도 해요. 신입생이나 전학생을 따뜻하게 대하고 환영해 주면, 그들이 빠르게 새로운 환경에 적응하는 데에 큰 도움이 돼요.

- 상냥한 미소를 지으며 "안녕!" 하고 인사하는 것만으로도 새 친구의 긴장을 풀어 줄 수 있어요.
- 새 친구에게 학교의 시설을 안내해 주고, 지켜야 할 규칙을 알려 주세요.
- 먼저 말을 걸어 주세요. 학교나 교실에서 일어나고 있는 일에 대해 알려 주면서 대화를 시작해 보세요. 새 친구가 좋아하는 것과 잘하는 것, 싫어하는 것 등에 대해 물어보며 대화를 나눠 보세요.
- 새 친구가 말하려는 것이 있다면 귀 기울여 들어 주세요.
- 새 친구를 집으로 초대해 즐거운 시간을 보내세요.
- 다른 친구들에게 새 친구를 소개해 보세요. 방과 후의 모임이나 동아리 활동을 권하며 함께하는 것도 좋아요.

우리 가족 취재하기

아빠, 엄마 또는 할아버지, 할머니의 어릴 적 모습은 어땠는지 궁금하지 않나요? 여러분과 마찬가지로 부모님이나 할아버지, 할머니도 어릴 적의 소중한 추억들이 있을 거예요. 기자가 되어 우리 가족의 행복한 추억과 옛이야기에 귀를 기울여 보세요. 노트에 취재한 내용을 잘 기록해 둔 뒤, 몇 년이 지난 후 다시 읽어 보면 새로운 재미를 느낄 수 있답니다.

우선 가족들에게 인터뷰를 해도 좋은지 물어보세요. 그 다음 어떤 질문을 할지 곰곰이 생각해 보고, 질문 내용을 미리 적어 놓아요.

질문 내용
- 어릴 적에 살던 곳은 어디인가요?
- 어떤 음식을 좋아했나요?
- 아침 식사로 즐겨 먹었던 것은 무엇인가요?
- 좋아했던 장난감은 무엇인가요?
- 친한 친구는 누구였나요?
- 반려동물을 키웠던 적이 있나요?
- 어릴 적 저질렀던 어리석은 일은 무엇인가요?
- 어릴 적 꿈은 무엇이었나요?
- 기억에 남는 여행이 있나요?

지구를 보호하는 법

환경 문제는 어렵거나 재미없을 수도 있어요. 하지만 그 무엇보다 중요한 문제랍니다. 해양, 산림과 같은 자연이 무분별한 개발로 인해 훼손되거나, 위협받고 있어요. 지구를 보호하기 위해 여러분이 할 수 있는 일은 무엇일까요? 한번 생각해 보세요.

무엇이 환경을 파괴하고 있는지에 대해 알아보려는 마음가짐이 지구를 보호하는 첫걸음이에요. 환경 파괴를 막기 위해서는 적극적으로 나서는 사람들이 필요해요. 하지만 이 모든 것은 한 사람의 힘으로는 이루어질 수 없어요. 전 세계 각 분야 다양한 사람들의 힘이 필요합니다. 현재 인류가 직면한 환경 문제에 대해 가르치거나 배우는 사람, 새로운 기술이나 시스템을 개발해서 환경 파괴를 막는 사람, 이미 훼손된 환경을 치유하는 사람 등 많은 사람들이 힘을 모아 노력할 때 환경 파괴를 막을 수 있어요.

지구를 보호하기 위해서 할 수 있는 일

- **기후가 얼마나 변하고 있는지 알아보세요.** 환경과 관련된 책을 찾아보거나, 인터넷 검색을 통해 정보를 얻어요. 수많은 정보 속에서 특별하게 관심이 가는 주제를 찾아보세요. 예를 들면 지구의 기온을 높이는 주범이나, 높아지는 해수면으로 인한 문제 등이죠.

- **부모님이나 선생님께 도움을 구해요.** 환경 문제의 위험성과 심각성을 알리고, 어떻게 개선할 수 있는지, 개선하기 위해 당장 어떤 일들을 할 수 있는지 의논해요. 선생님도 환경 문제에 대해 학급 아이들이 함께 이야기하고 의견을 나누는 시간을 마련해 줄 수 있을 거예요. 또한 학급에서도 분리수거를 철저히 하고 일회용품 사용을 줄이는 등 생활 습관을 개선하기 위해 노력하고, 많은 사람들에게 환경 문제의 심각성을 인식하게 하는 자리를 마련할 수도 있어요.

- **일회용품의 사용을 중단해요.** 재사용 할 수 있는 스테인리스나 유리 빨대를 사용하거나, 카페에 갈 때는 개인 컵을 사용해요.

- **사전 재활용을 실천해 보세요.** 사전 재활용이란 폐기물의 사용을 줄이기 위해 포장하지 않은 물건을 사거나, 재사용·재활용이 가능한 물건을 구입하는 것을 말해요. 열과 충격에 약한 플라스틱 물병을 사는 대신 열과 충격에 강하고 오랫동안 사용할 수 있는 스테인리스 제품을 사는 것도 사전 재활용이랍니다.

- **재활용품으로 생활용품을 만들어 보세요.** 이 책에서는 재활용품을 사용한 다양한 활동들을 많이 소개하고 있어요. 창의력을 발휘해서 버려질 물건들을 멋진 생활용품들로 탄생시켜 보세요.

- **망가진 제품을 수리해서 사용할 방법을 찾아보세요.** 고장 난 장난감, 구멍 난 양말 등은 무조건 버리지 말고, 고치거나 수선해서 쓰도록 해요. 크고 복잡한 제품을 고칠 때는 어른의 도움을 받도록 해요.

- **재활용을 생활화해요.** 집은 물론이고 학교에서도 재활용하는 습관을 들이는 것이 좋아요.

- **음식물 쓰레기는 퇴비로 만들 수 있어요.** 집에 있는 작은 정원이나 화단에 잘 말린 음식물 쓰레기를 퇴비로 뿌려 보세요.

- **마을을 청소하는 봉사활동에 참석하여 마을을 깨끗하게 가꿔 보세요.**

- **물을 아껴 써요.** 칫솔질을 할 때는 수도꼭지를 잠그고 컵에 물을 받아 사용합니다.

- **집에서 낭비되는 에너지를 줄여 보세요.** 냉장고에서 식품을 꺼내거나 넣을 때, 너무 오랫동안 냉장고 문을 열어 두지 않도록 합니다. 사용하지 않는 전등은 끄고, 사용하지 않는 가전제품은 항상 플러그를 뽑아 주세요.

더 즐겨 봐!

환경 보호에 관한 유용한 정보가 있는 사이트를 소개합니다.
그린피스 www.greenpeace.org
WWF www.wwfkorea.or.kr
환경운동연합 www.kfem.or.kr
녹색연합 www.greenkorea.org

- **짧은 거리는 걷거나 대중교통을 이용하세요.** 자동차의 운행을 줄이면 자동차에서 나오는 이산화탄소의 배출량을 줄일 수 있답니다.

- **작아진 옷과 더 이상 사용하지 않는 장난감 등은 버리지 말고 기부하세요.**

- **내가 속한 지역에서 기르고 생산한 식품을 구입해요.** 지역 농민이 생산한 식품을 구입하면 탄소 배출을 줄일 뿐만 아니라 지역 경제 또한 도울 수 있습니다.

- **텃밭을 가꿔 보세요.** 텃밭을 가꿀 공간이 부족하다면, 89쪽의 양동이에 채소 기르는 법을 참고해 주세요.

- **마트나 가게에서 물건을 구입할 때는 비닐봉지 대신 장바구니를 사용해 보세요.**

- **프린트하기 전에, 먼저 프린트를 할 정도로 중요한 내용인지 생각해 보세요.** 프린트를 해야 한다면, 가급적 이면지에 프린트하세요.

- **한번 사용하고 난 종이를 바로 버리지 말고 모아 두세요.** 모은 종이는 그림을 그리거나 공부를 할 때 사용할 수 있어요. 광고지 뒷면을 메모지로 사용해도 좋고, 선물로 받은 포장지를 잘 모았다가 다시 쓰거나 다른 용도로 사용해 보세요.

알고 있나요?

플라스틱 빨대는 바다를 가장 많이 오염시키는 10가지 쓰레기 중 하나라고 해요.

1 마지막 도전!

자기 전, 오늘 하루 있었던 일들을 떠올려 보세요.
어떤 일이 일어났나요? '좀 더 잘 했으면 좋았을 걸…' 하고 아쉬움이 남는 상황이 있었나요?
자신의 이익을 위해 다른 사람을 배려하지 못했다거나, 다른 사람의 마음에 상처를 주는 말을 하지 않았는지 되돌아보세요.
매일 밤 이렇게 하루를 되돌아보고 마음을 다잡는 것으로도, 자신의 행동을 바로 잡고 좀 더 멋진 사람으로 거듭나는 데에 도움이 된답니다.

의미 있는 활동

구급상자 만들기

여행이나 캠핑, 야외 활동을 할 때 구급상자를 가지고 있으면 갑작스런 부상에 적절하게 대처할 수 있어요. 구급상자에 들어 있어야 할 기본적인 약품과 개인 구급상자를 만드는 방법을 소개합니다.

> 심각한 부상을 입은 경우에는 반드시 어른에게 알리고 119에 신고해 도움을 받도록 합니다.

1. 구급상자로 사용할 용기를 구해요. 여닫을 수 있고 튼튼한 도시락 상자나 조그만 소품 상자가 좋아요. 라벨지에 구급상자라고 크게 적은 뒤 상자에 붙여 주세요.

2. 가족의 연락처와 가족의 혈액형, 그리고 알레르기 등의 특이사항을 적어 상자 안에 붙여 두세요.

3. 다음의 응급처치 용품들로 상자를 채워 주세요.

베인 상처와 찰과상 치료용
- 상처를 깨끗이 닦아내기 위한 소독용 티슈
- 베인 상처와 찰과상을 감싸기 위한 다양한 크기의 붕대
- 큰 상처를 가려 줄 살균 거즈
- 타박상, 근육통, 벌레에 물리거나 쏘였을 때 필요한 냉찜질 팩
- 베인 상처를 만지기 전에 손을 소독할 살균제

작은 부상용
- 물집이나 수포를 보호하기 위한 부드러운 면직물
- 가시를 빼내기 위한 핀셋

기타 도구
- 의료용 가위
- 사고 상황과 응급처치 내용을 적을 펜과 종이
- 출혈 부위를 만지기 위한 고무 재질이 아닌 의료용 장갑

부엌 활동 팁

부엌에서 요리할 때는 다음과 같은 안전 수칙을 잘 지키도록 합니다.

- 뜨거운 음식이나 날카로운 도구를 다룰 때, 또는 가전제품을 사용할 때는 반드시 어른의 도움을 받도록 합니다.

- 머리카락이 흘러내리지 않도록 모자를 쓰거나 머리를 뒤로 묶어 주세요. 옷을 더럽히지 않으려면 앞치마를 착용하세요.

- 손을 자주 씻어요. 특히 음식을 만지기 전에는 비누로 10초 이상 손을 씻어요. 생고기, 생선, 달걀 등을 만진 후에는 바로 손을 씻어야 해요.

- 조리대를 깨끗하게 유지합니다. 요리하기 전후로 주방 조리대나 조리 도구를 깨끗하게 씻어 주세요.

- 과일이나 채소는 깨끗이 씻어서 요리하거나 섭취합니다. 유기농 제품이라도 흐르는 물에 깨끗이 씻어야 해요.

- 오븐이나 가스레인지, 전기레인지 등으로 달군 냄비나 그릇을 잡을 때는 반드시 오븐 장갑을 착용하세요. 데워진 냄비의 손잡이나 뚜껑은 매우 뜨겁답니다.

- 냄비나 프라이팬의 손잡이를 잡지 않을 때는 조리하는 사람이 서 있는 반대방향으로 손잡이를 돌려놓아요. 누군가 앞을 지나가다가 손잡이를 잘못 건드리면 조리 도구나 뜨거운 음식물이 떨어질 수 있기 때문이에요.

- 전자레인지에는 반드시 전자레인지에 사용해도 무방한 용기만을 사용해야 해요. 알루미늄, 스테인리스 등의 금속이나 일부 플라스틱 제품은 전자레인지에 넣어선 안 돼요. 플라스틱이나 금속이 녹거나 불이 붙는 등 큰 사고가 발생할 수 있어요.

- 어른의 허락을 받고 칼을 사용하게 되었을 때는 다음 사항들을 지키도록 해요. 절대로 칼끝이 자신을 향하게 한 상태로 사용해서는 안 돼요. 날카로운 칼날을 손가락으로 만져서도 안 되고, 칼을 잡고 있지 않은 손은 칼날에서 멀리 떨어져 있도록 항상 조심합니다.

그 밖의 유용한 정보

밀가루 반죽을 만드는 법
깨끗한 조리대에 밀가루를 뿌리고, 손에도 밀가루를 묻혀 주세요. 적당량의 물과 밀가루를 섞고 조물조물 주물러 반죽을 만들어요. 공 모양으로 동그랗게 만든 반죽을 손바닥으로 앞으로 밀듯이 눌러 줍니다. 반죽을 90도 돌려서 같은 과정을 반복합니다. 반죽이 넓게 펴졌다면 반죽을 반으로 접고 눌러 주세요. 반죽이 손에 달라붙어 다루기 힘들면 밀가루를 조금 더 뿌려 주세요. 반죽이 부드러워지고 탄력이 생길 때까지(반죽을 잡아당겨서 끊어지지 않을 때까지) 계속 주물러 주세요. 보통 10분 정도 걸려요.

마른 재료를 계량하는 법
계량 도구(컵, 티스푼, 스푼)를 사용해서 마른 재료를 가득 퍼내요. 그 다음 버터나이프나 날이 직선으로 곧게 뻗은 도구로 측정 도구의 표면을 수평으로 고르게 정돈해 주세요. 마른 재료를 스푼으로 퍼서 측정 도구에 담은 뒤, 표면을 고르게 정돈해도 좋아요.

액체 재료를 계량하는 법
투명하고 주둥이가 있는 컵을 사용하세요. 컵을 평평한 곳에 놓고, 액체 재료를 컵에 부어 주세요. 허리를 굽혀서 컵을 정면에서 보고 원하는 양만큼 따른 것인지 판단합니다.

테이블 세팅하는 법

물잔은 접시 오른쪽 위에 놓아요.

디저트에 필요한 식사 도구는 접시 위에 놓아요.

식사 도구(포크, 스푼, 나이프)를 사용하는 순서에 따라 바깥에서부터 놓아요.

포크는 항상 왼쪽에 놓아요.

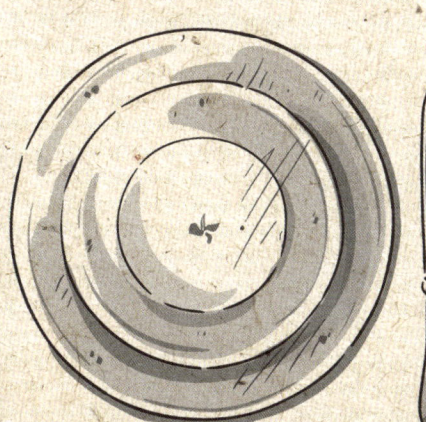

나이프와 스푼은 항상 오른쪽에 놓아요.

냅킨은 접시 왼쪽에 있어요.

샐러드를 먼저 먹는다면, 필요한 그릇을 큰 접시 위에 겹쳐 놓아 주세요.

준비된 음식에 필요한 식사 도구만 사용해 주세요.

웹사이트

지구 보호 운동에 관한 정보

- earthday.org
  지구의 날 행사와 정보

- climatekids.nasa.gov
  기후 변화에 관한 NASA(미항공우주국)의 정보

- strawfree.org
  플라스틱 쓰레기 줄이는 데 필요한 정보

- kids.niehs.nih.gov/topics/reduce/index.htm
  쓰레기 줄이는 방법

- dec.ny.gov/chemical/8826.htm
  사전 재활용 방법에 관한 정보

- dep.pa.gov/Business/Land/Waste/Recycling/PublicResources/Pages/HouseholdBatteries.aspx
  배터리 재활용에 관한 정보

- epa.gov/rad/consumers
  가전제품 폐기물 책임에 관한 정보

나무에 관한 정보

- treesaregood.org/funfacts
  나무에 관한 흥미로운 정보 제공

- treepeople.org/tree-benefits
  나무에 관한 정보

- arborday.org/kids
  나무에 관한 정보와 활동

- climatekids.nasa.gov/tree-rings
  나무와 기후변화의 관계에 관한 정보

미국 내 휴양지와 여가 활동에 관한 정보

- usa.gov/recreation
  휴양지 위치 정보

- nps.gov
  국립공원 위치와 이용에 관한 정보

- usa.gov/state-travel-and-tourism
  미국 각 주의 여행 정보

- fs.usda.gov
  국유림 위치와 이용에 관한 정보

- fws.gov/refuges
  국립 야생동물 보호지구에 관한 정보

새에 관한 정보

- fws.gov/birds/bird-enthusiasts bird-watching/youth-birding.php
  조류 관찰하는 방법에 관한 정보

- allaboutbirds.org
  새에 관한 정보

- gbbc.birdcount.org
  새의 분포와 개체수를 조사하는 시민 과학 단체 The Great Backyard Bird Count의 활동과 정보

- feederwatch.org
  새 모이통 조사를 통한 조류탐구 자원봉사단체 정보

법정 계량 단위 환산표

구분	법정 계량 단위	비 법정 계량 단위	비고(환산 단위)
길이	미터 단위 (cm, m, km)	· 자(尺), 마, 리(里) · 피트, 인치 · 마일, 야드	1자 ≒ 30.303cm 1피트 = 0.3048m 1인치 = 25.4mm 1마일 = 1.609344km 1야드 = 0.9144m
넓이	제곱미터 단위 (m^2, km^2, ha)	· 평(坪), 마지기 · 정보 및 단보 · 에이커	1평 ≒ $3.3058m^2$ 1정보 = $9917m^2$ ≒ $0.009km^2$ 1에이커 = $4046m^2$ ≒ $0.004km^2$
부피	세제곱미터 단위 (cm^3, m^3, L)	· 홉, 되, 말 · 석(섬), 가마 · 갤런	1되 = 1.8L = $1803.9cm^3$ 1말 = 18L = $18039cm^3$ 1갤런 = 3.785412L
무게	킬로그램 단위 (g, kg, t)	· 근(斤), 관(貫) · 파운드, 온스 · 돈, 냥	1근 = 600g = 0.6kg 1관 = 3750g = 3.75kg 1파운드 = 453g = 0.453kg 1온스 = 28.349g = 0.028kg 1돈 = 3.75g (1냥 = 10돈)

약어

c = cup
cm = centimeter
fl oz = fluid ounce
ft = foot
g = gram
gal = gallon
in = inch

kg = kilogram
km = kilometer
l = liter
lb = pound
m = meter
mi = mile
ml = milliliter

oz = ounce
pt = pint
qt = quart
tbsp = tablespoon
tsp = teaspoon
yd = yard

찾아보기

ㄱ

가루 만들기(클레이 음식 모형) 206
가면 만드는 방법(독특한 가면 만들기) 321
가상 숨바꼭질(자동차 게임) 51
가짜 입체 구덩이 그리기(분필을 이용한 놀이) 61
각종 향신료(과일 기르기) 96
간단하게 라자냐 만들기 105
감사 편지(메모와 편지) 144
강아지를 위한 케이크(반려동물을 위한 간식 만들기) 97
개똥지빠귀(새 관찰하기) 82
개와 고양이 관찰하기 284
거꾸로 그리기(그림을 그려 볼까요?) 123
거꾸로 얼굴 26
거북이 자세(스트레칭) 31
거푸집과 뜸틀 만들기(종이 만들기) 214
거품 목욕제 만들기 28
거품 페인팅(독특한 색칠 방법) 202
고양이를 위한 스낵(반려동물을 위한 간식 만들기) 97
곡예 비행기 접기 211
과일일까? 채소일까? 96
구급상자 만들기 365
귀뚜라미(곤충 관찰하기) 84
귀여운 강아지(종이 접기) 233
균형 잡기(스트레칭) 30
그레이트 아이시 그레이프(막대 아이스크림 만들기) 111
그림자 술래잡기(여러 가지 술래잡기) 65
근사한 투석기 만들기(미니 런처 만들기) 261
긍정적인 해답 구하기 332
기억은 기차(줄넘기 놀이) 68
기차역 레이싱(기상천외 레이싱) 62
길 꾸미기 193
까마귀(새 관찰하기) 81
깜짝 입체 카드(특별한 입체 카드 만들기) 226

꽃등에(곤충 관찰하기) 85
꿈 기록하기 150
끊임없는 거품 296

ㄴ

나누고 배우는 모임(모임을 만들어 볼까요?) 32
나만의 격언(다양한 글쓰기) 155
나만의 타임캡슐 만들기 49
나무에는 왜 나이테가 있을까?(나무 관찰하기) 77
나뭇가지 책 만들기(나만의 책 만들기) 223
나비 리조트 만들기 91
나비와 나방의 차이점(곤충 관찰하기) 84
나선형 만들기(클레이 음식 모형) 206
낙타 자세(스트레칭) 31
남은 음식으로 만드는 파이 108
납작하게 펴서 자르고 새기기(클레이 음식 모형) 207
너의 카드를 알아!(카드 마술) 176
노래 가사 바꾸기 151
노래 멈추기(청소 게임) 48
논리 추론(브레인 퀴즈) 162
놀림이나 괴롭힘에 대처하는 법 356
뇌파로 수 알아맞히기(상대방 마음 읽기) 175
눈 만들기 25
눈앞에서 사라진 동전(흥미진진 마술) 171
늘어나는 집게 만들기 318

ㄷ

다리 스트레칭(스트레칭) 30
다양한 색상 값 만들기(물감 놀이) 186
다양한 재료로 가면 꾸미기(독특한 가면 만들기) 322
단어로 그린 그림(착시 만들기) 124
단어를 맞혀 봐!(실내에서 즐기는 게임) 21
단지 채우기(브라우니 믹스 선물하기) 337
단풍나무(나무 관찰하기) 79
달콤한 살사(살사 소스 만들기) 104
달팽이(연못과 개울가 생물 관찰하기) 86

던져 봐!(실내에서 즐기는 게임) 20
도망가는 골대(전동 칫솔 로봇 만들기) 259
도전! 신기한 묘기 19
독서 모임(모임을 만들어 볼까요?) 32
동물 발자국 석고 모형 만들기 90
동전 수수께끼(브레인 퀴즈) 162
둘이서 낙서하기(드로잉 게임) 137
디토(혼자서 즐기는 게임) 161
디저트 나초(가짜 음식 만들기) 98
등을 맞댄 화가들(드로잉 게임) 137
떡갈나무(나무 관찰하기) 78
뛰어넘기 암호(암호 만들기) 143

라키 로드 브라우니 만드는 법 337
락 캔디 만들기 112
레모네이드 프리즈(막대 아이스크림 만들기) 111
레몬 배터리 만들기 298
로우 워터(줄넘기 놀이) 69
리머릭(시) 154
리본으로 묶은 신문 만들기(나만의 책 만들기) 225
립밤 만들기 319

막대 뽑기(청소 게임) 48
만화 그리기 126
맞물린 고리(브레인 퀴즈) 162
매미(곤충 관찰하기) 85
매콤한 살사(살사 소스 만들기) 104
명암 표현하기(그림을 그려 볼까요?) 122
모든 자음이 들어간 문장(다양한 글쓰기) 155
모래 삽(플라스틱 병의 재탄생) 310
모양 그리기(그림을 그려 볼까요?) 120
모자(종이 접기) 230
무늬 그리기(그림을 그려 볼까요?) 121
무릎, 꼼짝 마! 283
무지개 만들기 188
물감 섞는 법(물감 놀이) 185

물감 터뜨리기(독특한 색칠 방법) 198
물뿌리개(플라스틱 병의 재탄생) 307
물속으로 사라져요 281
물시계 만들기 286
물 풍선 던지기(물 풍선 놀이) 66
물 풍선 볼링(물 풍선 놀이) 66
물 풍선 술래잡기(물 풍선 놀이) 66
물 풍선 테니스(물 풍선 놀이) 66
물 현미경 만들기 282
미국 주 퀴즈 풀기(브레인 퀴즈) 163
미래 예측하기(흥미진진 마술) 172
미스터리 페이퍼(종이로 묘기 부리기) 244

바구니 콩트 27
바늘구멍 카메라 323
바우라인 매듭(유용한 매듭 묶기) 38
박새(새 관찰하기) 80
반딧불이(곤충 관찰하기) 84
발가락 터치 레이싱(기상천외 레이싱) 63
발 없는 레이싱(기상천외 레이싱) 62
발음하기 어려운 문장 읽기 164
배꼽 위로 레이싱(기상천외 레이싱) 63
벌새(새 관찰하기) 82
벌집 만들기 274
베리 나이스(막대 아이스크림 만들기) 110
베이식 살사(살사 소스 만들기) 104
베이킹 소다와 식초를 이용한 용암 램프 292
벽화 그리기 203
변신하는 미로 255
변화하는 가을을 사진에 담기(야외에서 사진 찍기) 75
별 위치로 방향 찾기(캠핑) 71
보글보글 거품 슬라임 302
보도에 긍정적인 메시지 남기기 331
보색 만들기(물감 놀이) 187
보트 모양 냅킨 접기(여러 가지 방법으로 냅킨 접기) 100
부엌 활동 팁 366
분필로 티셔츠 디자인하기 205
불이 켜지는 얼굴(전기 회로 구성하기) 301

불이 켜지는 텐트(전기 회로 구성하기) 300
브라우니 믹스 선물하기 336
브라운 E's(가짜 음식 만들기) 98
비가 내려요 281
비눗방울 막대 만들기(커다란 비눗방울 만들기) 67
비눗방울 용액 만들기(커다란 비눗방울 만들기) 67
비밀 언어 만들기 45
비밀 쪽지(종이 접기) 234
비치볼 레이싱(기상천외 레이싱) 63
비행 원반 만들기 326
빙글빙글 회전 미술(독특한 색칠 방법) 199
빛나는 구슬(아이스 랜턴 만들기) 325
빨대 로켓과 종이 로켓(미니 런처 만들기) 260
뼈대 만들기(상자 모양 연 만들기) 267

사각 매듭(유용한 매듭 묶기) 40
사각형 공놀이(분필을 이용한 놀이) 60
사시나무(나무 관찰하기) 78
사탕의 비밀 290
사회를 위한 모임(모임을 만들어 볼까요?) 33
삼각형을 찾아라(브레인 퀴즈) 162
상자 모양 연 만들기 267
상자 속의 배(가짜 음식 만들기) 98
새 모이통 만들기 272
새 친구를 환영하는 법 358
색상환 알아보기 183
색이 번지는 우유 192
색이 움직여요! 190
색종이 대포 253
생일은 언제일까?(줄넘기 놀이) 69
생필품 꾸러미 보내기 338
선 그리기(그림을 그려 볼까요?) 119
섞어서 색 만들기(물감 놀이) 184
세계 문화 탐사하기 53
세 글자 끝말잇기(자동차 게임) 51
셀로판지 붙이기(상자 모양 연 만들기) 270
소금쟁이(연못과 개울가 생물 관찰하기) 86
소나무(나무 관찰하기) 77

소용돌이 기법(홀치기염색) 196
소품 정리함(플라스틱 병의 재탄생) 308
손가락으로 뜨개질하기 42
손가락으로 휘파람 불기 59
손 글씨 쓰기 132
쇼핑 목록 암호(암호 만들기) 143
수를 골라 봐!(상대방 마음 읽기) 174
수 리스트(혼자서 즐기는 게임) 161
수양버들(나무 관찰하기) 76
숨바꼭질 술래잡기(여러 가지 술래잡기) 65
숫자 암호(영문)(암호 만들기) 143
스무디 만들기 107
스스로 텐트 치기(캠핑) 70
스크래치 카드 만들기(특별한 입체 카드 만들기) 229
슬픔이나 걱정에 대처하는 법 352
시보리 기법(홀치기염색) 197
식기 포켓 접기(여러 가지 방법으로 냅킨 접기) 99
신기한 원 그리기 165
신문지로 과일 그릇 만들기 220
신호등 야구(자동차 게임) 51

아보카도(과일 기르기) 95
아이스 랜턴 만들기 324
아주 작은 책 만들기(나만의 책 만들기) 224
아주 튼튼한 종이(종이로 묘기 부리기) 246
아픈 사람을 돕는 법 354
안절부절 못하는 그림(전동 칫솔 로봇 만들기) 259
알록달록 면도 거품(독특한 색칠 방법) 200
알록달록하고 구불구불한 선(착시 만들기) 125
알쏭달쏭 간식 퀴즈 114
알쏭달쏭한 문제(브레인 퀴즈) 163
앗, 실수!(다양한 글쓰기) 155
앞 또는 뒤 암호(암호 만들기) 143
액션 주사위 게임(종이 게임) 238
야외에서 사진 찍기 75
양말 퀴즈(실내에서 즐기는 게임) 20
어떻게 분리할까? 168
어치(새 관찰하기) 81

얼음 기법(홀치기염색) 196
여러 가지 모양 만들기(퀼 장식 만들기) 317
여러 장의 종이로 입체 효과 내기 219
여름 마을 박람회 64
여름 쉼터 만들기 57
연쇄 반응 장치 만들기 264
연필 수수께끼(브레인 퀴즈) 162
염색 방법(홀치기염색) 194
영화 모임(모임을 만들어 볼까요?) 33
오늘의 뉴스(드로잉 게임) 139
오일과 소금을 이용한 용암 램프 294
와이셔츠 모양 냅킨 접기(여러 가지 방법으로 냅킨 접기) 101
왕관 모양 냅킨 접기(여러 가지 방법으로 냅킨 접기) 102
용기 만들기(립밤 만들기) 319
용 꼬리 술래잡기(여러 가지 술래잡기) 65
우리 가족 취재하기 359
우리 고장의 시장이나 국회의원에게 보내는 편지(메모와 편지) 147
우스꽝스러운 캐릭터 만들기(드로잉 게임) 138
운을 맞춘 시(시) 152
유령의 방 꾸미기 29
음향 효과 내기 24
의성어와 의태어(시) 154
이달의 선물 339
이름 짓기(다양한 글쓰기) 155
이야기 잇기(글짓기 게임) 157
이중으로 보이는 그림(착시 만들기) 124
일기 쓰기 149

##

자갈 던지기(분필을 이용한 놀이) 60
자몽(과일 기르기) 95
자신에게 질문하기 : 상대방의 말을 집중해서 듣나요? 342
자연물로 작품 만들기 88
자음 게임(혼자서 즐기는 게임) 161
작은 공책 만들기 (나만의 책 만들기) 222
작은 정원 꾸미기 89
잡아당기는 카드 만들기(특별한 입체 카드 만들기) 227
장난꾸러기 컵 만들기 285
저절로 양팔 벌리기 283

전동 칫솔 로봇 만들기 258
점과 네모(드로잉 게임) 138
제한 시간 안에 청소 끝내기(청소 게임) 48
종이 나무 만들기 248
종이 눈 결정 만들기 221
종이 목걸이 만들기 218
종이비행기 만들기 266
종이 완성하기(종이 만들기) 216
종이컵(종이 접기) 230
종이 통과하기(종이로 묘기 부리기) 242
종이 풍선(종이 접기) 236
종이 펄프 만들기(종이 만들기) 215
종이 헬리콥터 만들기 212
좋아하는 작가에게 쓰는 편지(메모와 편지) 146
좋은 친구가 되는 법 344
주간 친절 계획표 335
주인공 놀이(글짓기 게임) 156
줄 매달기(상자 모양 연 만들기) 271
지구를 보호하는 법 360
지도 그리기 130
지렁이(연못과 개울가 생물 관찰하기) 87
지렁이 관찰 314
지폐 나비넥타이(종이 접기) 232
진실 혹은 거짓 166
질감 입히기(클레이 음식 모형) 206
질감 표현하기(그림을 그려 볼까요?) 122
집(ZIP)(자동차 게임) 50
쪼그려 앉아 걷기(스트레칭) 31

##

책 표지 꾸미기 136
척척 대답하는 로봇(전동 칫솔 로봇 만들기) 259
체인 술래잡기(여러 가지 술래잡기) 65
초콜릿 바나나 디저트 만들기 109
친구에게 보내는 손 편지(메모와 편지) 145
친구에게 쓰는 위로 편지(메모와 편지) 148
친구와 화해하는 법 346
친절 달력 만들기 334
친절한 돌멩이 340

친절한 메시지 341

칠교놀이(종이 게임) 240

ㅋ

카드 셔플의 비밀(카드 마술) 178

카드 집 만들기 256

캠 장치 카드 만들기 276

캠핑 음식 만들기(캠핑) 74

캠핑장에서 불 피우기(캠핑) 72

코코아 쿨러(막대 아이스크림 만들기) 111

콜라그래프 315

퀼 장식 만들기 316

크레용 돌멩이 204

클럽 런처(미니 런처 만들기) 260

ㅌ

탄산음료를 마시면 왜 트림을 할까? 295

태양열로 만드는 음식 297

테이블 세팅하는 법 367

테이블 테더볼 311

테이프로 공구 벨트 만들기 34

토끼를 위한 간식(반려동물을 위한 간식 만들기) 97

투석기 부품 만들기 261

투석기 사용법 263

투석기 조립하기 262

트로피컬(막대 아이스크림 만들기) 111

특이한 걸음 술래잡기(여러 가지 술래잡기) 65

ㅍ

파랑새(새 관찰하기) 83

파인애플(과일 기르기) 96

팔꿈치와 무릎 닿기 레이싱(기상천외 레이싱) 62

표지판 3개 · 제한 시간 3분(자동차 게임) 51

플립 북 만들기 134

폴짝폴짝 고무 밴드(흥미진진 마술) 170

ㅎ

하루살이(연못과 개울가 생물 관찰하기) 87

하이 워터(줄넘기 놀이) 69

하이, 킹!(카드 게임) 22

하이쿠(시) 153

한번 맞혀 봐! 169

한 번에 한 문장(글짓기 게임) 156

한 손으로 즐기는 게임 312

할라 빵 만들기 106

해 위치로 동서남북 찾기(캠핑) 70

해 질 녘 노을(아이스 랜턴 만들기) 325

행잉 플랜트 만들기 46

혀 내밀기(카드 게임) 22

형제들과 잘 지내는 법 348

호루라기 313

홈메이드 아이스크림 288

화를 다스리는 법 350

회오리 비행체 만들기 213

후쿠와라이(종이 게임) 239

휴대용 체커 만들기 52

영문
Oh, no!(가짜 음식 만들기) 98

숫자
2회 반 매듭(유용한 매듭 묶기) 39

8자 매듭(유용한 매듭 묶기) 37

24 만들기(카드 게임) 23

CREDITS

WRITERS

Alicia Anderson (110); Aubre Andrus (212, 213, 226, 227-228, 230, 234-235, 236-237, 248-249); Ana Appel (298-299); Caroline Arnold (95-96); Heather Bode (203); Helena Bogosian (206-207); Teresa Bonaddio (34-35, 42-44, 46-47, 88, 90, 119-123, 130-131, 132-133, 134, 149, 192, 194-197, 200-201); Jean G. Bowman (89); Rachel Bozek (338, 340-341, 360-363); Janice Bridgers (183, 184-187); Andrew Brisman (143, 256-257, 267-271, 292-294); Noreen Brophy (177); Mindy Burton (139); Shannon Caster (242-243); Sarah Chapman (112-113, 188-189, 190-191, 214-217, 307, 310, 316-317, 320-322); Lucy Clark Crawford (111); Marian Costello (143); Anjela Curtis (311); B. J. Deike (162); Ann Deiterich (51); Brademan Del Regno (165); Valerie Deneen (260); Teresa A. DiNicola (162-163; Karen Dobyns (238); Jed Duquette (60); Denise Etheridge (240-241); Ellen Feldman, M.D. (23); Lisa Glover (25, 52, 70-71, 74, 107, 205, 253-254, 255, 261-263, 264-265, 266, 276-277, 277, 281, 282, 285, 297, 300-301, 302, 308-309, 318, 319); Tamara C. Gureghian (20); Lisa Haag Kang (225); Christina Hackney (220); Lori Hancock (332-333); Olivia Hartman (283); Sue Heavenrich (284); Ted Heller (151, 155); Tim Hensley (59); Jannie Ho (126-129); Lois Hoffman (171); Ellen Javernick (63); Mamie Jefferson-Hill (178); Amy S. Johnson (288-289); Channing Kaiser (28); Allison Kane (98); Laurie Kane (267-271, 292-294); Joseph H. Klein (211); Chetra E. Kotzas (57-58); Josh Kropkof (170); Christian R. Kueng (219); Jean Kuhn (157, 222); Loralee Leavitt (290-291); Beverly J. Letchworth (91); Rosanne Lindsay (138); Thia Luby (30-31); Joanne Mattern (72-73, 76-79, 80-83); Beverly McLoughland (154); Carissa Monfalcone (239); Carmen Morais (22-23, 29, 32-33, 36-41, 45, 99-103, 144-148, 150, 152-154, 169, 172-173, 175, 176-177, 244-245, 246-247, 274-275, 296, 331); Susan O. Morelli (156); Francesca Nishimoto (163); Sandra K. Nissenberg, M.S., R.D. (105, 336-337); Chelsea Ottman Rak (139); Elizabeth Pagel-Hogan (198); Norene Paulson (193); Jenner Porter (48); Sharon R. Porterfield (60); Margaret Powers (91, 264-265); Rita Pray (27); Joan Reed Newman (20); Anne Renaud (283); Carrie Riggs (62-63); Kathy Robinson (19); Natalie Rompella (162); David Roper (170); Eileen Spinelli (152); Tami L. Stanton (218); Beth D. Stevens (68-69); Kimberly Stoney (134-136, 199, 202, 272-273); Mayzette E. Stover (314-315); Katherine Swarts (65); Diane Sweatman (312); Elizabeth Tevlin (24); Meg Thacher (286-287); Cy Tymony (258-259, 326-327); Christine Van Zandt (125); Rosanne Verlezza (315); Laurie S. Wallmark (50); Kristen White (229); Lois Wickstrom (280); Evelyn Witter (95); David Zinn (61)

ILLUSTRATORS

Tom Bingham (18, 34-35, 42-44, 56, 72-73, 94, 118, 132-133, 142, 152-154, 160, 169, 182, 186-187, 188-189, 210, 212, 213, 226-229, 248-249, 252, 256-257, 280, 306, 330); Hayelin Choi (24, 46-47, 59, 64, 65, 71, 89, 114-115, 124-125, 136, 151, 155, 162-163, 165, 172-173, 190-191, 194-197, 218, 219, 242-247, 253-254, 272-273, 286-287, 298-299, 314-315, 323, 346-347, 352-353, 356-357); Holli Conger (332-333); Avram Dumitrescu (36-41, 57-58, 67, 90, 95-96, 99-103, 134-136, 168, 170-171, 199, 202, 222-225, 232-233, 264-265, 274-275, 300-301, 312, 316-317, 326-327); Keith Frawley (25); Ethel Gold (230-231); David Helton (139); Jannie Ho (126-129); Tom Jay (16-17, 52, 54-55, 68-69, 92-93, 116-117, 140-141, 158-159, 180-181, 208-209, 250-251, 278-279, 304-305, 328-329, 344-345, 354-355); Gary LaCoste (98); Vicky Lommatzsch (26, 27, 48, 60-61, 66, 91, 112-113, 130-131, 138, 149, 151, 164, 176-178, 200-201, 214-217, 220, 221, 234-237, 258-259, 267-271, 281, 282, 283, 283, 292-294, 307-310, 338, 350-351, 358, 359); Robert L. Prince (260); Red Herring Design (119-123, 138, 240-241); Peter Sucheski (266); Beegee Tolpa (19, 20-21, 30-31, 57,

62-63, 70, 156-157, 166-167, 174-175, 193, 203, 239, 288-289, 295, 296, 297, 320-322, 331, 342-343, 348-349, 137)

PHOTOS

Key: SS=shutterstock, GI=GettyImages, GCAI=Guy Cali Associates, Inc., RHD=Red Herring Design

18: hchjj/SS (magnifying glass), Earlymorning project/SS (calendar); 22-23: Valentina Rusinova/SS (suits), Mixmike/GI (cards); 25: GCAI; 28: Maffi_Iren/GI; 29: elenafoxly/SS; 32-33: cosmaa/SS (heading), world of vector/SS (popcorn), IrishaDesign/SS (girl with sign); 34-35: RHD; 42-44: RHD; 49: Sanny11/GI; 50-51: zizi_mentos/SS (stopwatch), ourlifelooklikeballoon/GI (cars); 53: Mooi Design/SS; 56: zizi_mentos/SS (stopwatch), 9george/SS (clouds); 60-61: Bildagentur Zoonar GmbH/SS (triangle toss), David Zinn (fake hole); 67: khalus/GI; 68-69: New Africa/SS; 72-73: Pigdevil Photo/SS (leaf), Analgin/SS (pine needles), xpixel/SS (kindling), JIANG HONGYAN/SS (firewood); 74: GCAI; 75: Sergey Sidorov/GI (boy), AlexLinch/GI (shadows), lacuarela/SS (camera); 76-79: Zerbor/SS (willow, oak), ulumi/GI (willow leaf), Nadezhda79/SS (pine), kathykonkle/GI (pine bough), khalus/GI (tree ring), OK-SANA/SS (oak leaf), LEAF87/SS (aspen leaf), Maksym Bondarchuk/SS (aspen), Le Do/SS (maple), oleg7799/GI (maple leaf); 80-83: chas53/GI (chickadee), SkyF/GI (crow), AbbieImages/GI (blue jay), ronniechua/GI (robin), PrinPrince/GI (bluebird), Dopeyden/GI (hummingbird); 84-85: William Cho/GI (cricket), ABDESIGN/GI (firefly), Ines CarraraGI (flower fly), traveler1116/GI (cicada), 1st-ArtZone/SS (moth), Lightspring/SS (butterfly); 86-87: Aleksandar Dickov/SS (snail), knorre/GI (strider), Eric Isselee/SS (mayfly), motorolka/GI (earthworm); 88: RHD; 95-96: ben phillips/GI (grapefruit), Floortje/GI (avocado), Андрей Елкин/GI (forks), Pektoral/GI (strawberry), Andrey Elkin/GI (broccoli), Bozena_Fulawka/GI (kiwi); 97: adogslifephoto/iStock (animals), Nastco/iStock (party hats), GCAI (snacks); 100: RHD;102-103: RHD; 104: GCAI; 105: GCAI; 106-107: GCAI; 107: GCAI; 108: GCAI; 109: RHD; 110-111: GCAI; 112-113: arcimages/GI; 123: Andrey Nyunin/SS; 124-125: Martin Janecek/SS; 130-131: zak00/GI; 144: phototastic/SS (index cards), spacezerocom/SS (pencil, shavings); 145: schab/SS; 146-147: Phant/SS (pen), Vector things/SS (paper); 148: Mega Pixel/SS (pen), umesh chandra/GI (card); 160: facebook.com/okolaamicrostock/GI; 161: borisyankov/GI (pencil), stockcam/GI (paper); 162-163: TokenPhoto/GI (pennies), Fourleaflover/GI (map); 164: stockcam/GI; 183: PeterHermes Furian/GI; 184-185: vejaa/GI (bottom left), RHD (steps); 187: PeterHermesFurian/GI; 188-189: RHD; 192: RHD; 194-197: RHD (banded pillow case), CHAIWATPHOTOS/GI (blank pillow), Premyuda Yospim/GI (ice, swirl), Pink_Cactus/GI (shibori); 198: GCAI; 199-202 : RHD; 204: RHD; 205: GCAI; 206-207: GCAI; 211: RHD; 212: RHD; 213: RHD; 218: RHD; 220: GCAI; 221: RHD; 222-225: RHD; 226-229: RHD; 230-237: RHD; 238: GCAI; 248-249: RHD; 253-254: GCAI; 255: GCAI; 260-263: GCAI; 266: GCAI; 272-273: chas53/GI; 274-275: HHelene/GI; 276-277: GCAI; 282: photohampster/GI (leaves), Imo/GI (flower); 284: vitalytitov/GI (cat), GlobalP/GI (dog); 285: GCAI; 288-289: prairie_eye/GI; 290-291: GCAI; 302: GCAI; 311: GCAI; 313: GCAI; 315: GCAI; 318: GCAI; 319: GCAI; 324-325: GCAI; 334-335: Stockbyte/GI (pom-poms), OGI75/GI (coin jar); 336-337: ahirao_photo/GI (brownies), sydmsix/GI (card), GCAI (jar); 338: Roman Valiev/GI (background), oleksii arseniuk (stamp); 340-341: Elen11/GI (stroke), Susan Shadle Erb (page 340 top left and 341), Judy Tuman Burinsky (page 340 top right), GCAI (rocks); 358: vectorplusb/GI; 359: subjug/GI; 360-363: ChooChin/GI (flower), robertsrob/GI (Earth), Rawpixel/GI (girl), max-kegfire/GI (boy); 364-372: estherspoon/SS (background), kamieshkova/SS (dishes), Ataur/GI (map), Sergey Furtaev/SS (kit)